보험사기

A Deep Exploring for Insurance Fraud

집중탐구

김헌수

박영사

본 저서는 (사)대산신용호기념사업회의 지원을 받아 연구되었음.

머리말

인간 본성에 대한 현자들의 생각은 일치하지 않는다. 맹자는 '인간의 본성은 선하다'는 성선설을 주장하였다. 그 근거로 사람을 불쌍히 여기는 측은지심, 죄를 지으면 부끄러워하는 수오지심, 좋은 것도 한두 번 사양하는 사양지심, 그리고 옳고 그른 것을 아는 시비지금을 제시했다. 순자는 반대로 성악설을 주장했다. 성악설은 '인간은 태어나면서부터 악으로 기우는 경향을 있다'는 의미이다. 순자에 의하면 이 악에 빠지지 않기 위해서 스스로 수행해야 하고 법과 규범에 의해서 다스려져야 한다. 기독교에서 아담과 이브의 후손인 인간은 원죄를 가지고 태어난다고 보는데 이는 성악설에 가깝고 선불교의 영향을 받은 한국 불교는 성선설에 가깝다는 생각이다.

정도의 차이가 있을 뿐 인간은 성선설과 성악설을 충족할 특성을 함께 가지고 있다. 인간은 선하지만 생존을 위해 경쟁해야 한다. 스스로의 생존에 장애가 되면 타인을 해치기도 한다. 이는 다윈이 '종의 기원'에서 말하는 환경에 적응하는 개체가 생존한다는 주장과 궤를 같이 한다고 볼 수 있다. 생물 집단은 변화에 적응하고 그 변화를 축적해서 집단 전체의 특성을 변화시키고, 나아가 새로운 종을 탄생시킨다는 진화론은 현대 과학의 핵심이다. 도킨스는 '이기적 유전자'에서 진화의 주체를 개체가 아닌 유전자이며 인간은 유전자 보존을 위해 존재하는 개체에 불과하다고 주장했다. 진화의 주체가 개체이든 유전자이든 환경에 적응해서 생존하고 진화한다. 문제는 생물이나 인간은 생존하기 위한 경쟁에서 타자의 이익을 침해하는 상황이 발생하면서 소위 '정글의 법칙'이 작동한다. 특히 인간 사회에 아무런 보호 장치가 없다면 강자가 약자를, 나아가 범죄자가 선량한 시민에게 피해를 주는 문제가 발생한다.

모세 십계명에는 신앙에 대한 내용은 네 개뿐이며 나머지 여섯 개는 가정과 사회가 잘 유지되기 위해 지켜야 할 도덕과 윤리다. 즉 부모에게 효도하라, 살인하지 말라, 간음하지 말라, 도둑질하지 말라, 거짓 증언 하지 말라, 남의 아내를 탐내지 말라, 남의 재물을 탐내지 말라가 그 것이다. 십계명에 금지하는 내용은 현대 형법에서 범죄에 해당한다. 원시 시대나 현대나 질서를 위협하는 범죄는 존재한다. 많은 사람이 범죄가 없는 사회를 꿈꾸고 '선한 인간'이 집단을 이루었지만 역사 이래 범죄가 사라진 적은 없다. 인간의 이기심이 선을 넘게 되면 타인의 재산을 탐하고 타인을 해치게 된다. 범죄는 인간 사회에서 피할 수 없는 숙명과 마찬가지다.

인간 세상을 '적자생존' 논리가 지배한다면 약자들은 전부 사라지는 것일까? 그렇지 않다. 성선설에서 말하는 '선한 인간'은 약자를 위해 나선다. 선량한 사람이 집단을 이루면 불의에 빠진 사람을 구할 수 있다는 해결할 수 있다는 것이 바로 보험이다. 우발적으로 사고를 당했거나 병을 앓았을 때를 대비해 선조들은 집단이 이루어 사고로부터 생존할 수 있는 시스템을 구축한 것이다. 보험의 위대한 점은 약자와 불행한 자를 돕는 것이다. 그래서 보험은 성선설을 기본으로 한다. 그런데 이 선한 보험 제도를 최대한 이용하려는 인간의 이기심 또한 존재한다. 그 예가 도덕적 해이이다. 도덕적 해이가 극단으로 가면 타인을 속이고 보험금을 편취하는 보험사기가 된다. 인간에게 본래 악한 면이 있다는 성악설이 작동하는 순간이다. 인간에서 선한 면과 악한 면이 동시에 존재하듯이,

보험도 바람직한 면과 나쁜 면이 동시에 존재한다. 보험사기라는 악은 보험의 뒷면인 것이다.

'필요악'이라는 개념이 있다. 행정학에서 필요악이란 국가 또는 권력은 국민에게 부담을 주고 자유를 억압한다는 점에서는 악(evil)으로 볼 수 있지만 더 중요한 사회 질서의 유지와 통일성의 확보를 위해서는 허용되어야 한다는 근대자유주의 사상의 국가관 또는 권력관을 말한다.[1] 인간은 자신의 이해를 추구한다. 다만 자신의 이해관계가 공동체의 이해관계와 충돌할 때 자신의 이해관계를 억제하는 이성이 작동한다. 이성이 감정을 통제하는 것이다. 본인의 이익을 추구하다가 타인 또는 공동체를 해치는 자는 공동체에서 벌을 받았다. 원시 사회에서도 개인의 이익과 공동체의 이익이 충돌할 때 개인의 이익을 양보하는 것이 하나의 규칙으로 유지했다는 것은 의미심장하다. 이는 인간이 공동체 생활을 시작했던 원시시대부터 시작되었다. 보험사기도 보험과 공존하는 악이다. 보험제도가 존재하는 한 피할 수 없는 문제, 즉 악이다. 이 악은 국가처럼 꼭 필요하지는 않지만 피할 수 없는 악이다.

보험사기는 현재진행형이며 사라지지 않을 것이다. 우리의 목표는 '보험사기를 어떻게 제어하고 줄여갈 것인가'이다. 보험소비자 권리를 보호하면서 동시에 보험사기를 예방하고 적발하고 처벌하기 위해서는 굳건한 원칙과 세밀한 전략이 필요하다. 많은 연구 결과는 보험사기를 효과적으로 통제하는 방법은 소비자와 보험회사가 힘을 합치는 것, 상생의 길이라는 점을 시사한다. 공급자와 수요자가 상생할 수 있도록 정부와 감독당국은 제도적 장치를 마련해야 한다. 이 방법이

---

1 A necessary evil is an evil that must be allowed for a greater good to result
   (http://terms.naver.com/entry.nhn?docId=78358&cid=50298&categoryId=50298)

유일하게 보험사기를 최소화할 수 있다고 확신한다.

보험의 어두운 그림자, 보험사기를 누구나 비판하지만 골치아픈 분야로 생각하고 그 분야를 지속적으로 연구하고 개선하려는 노력은 부족한 듯하다. 이 졸저는 저자가 연구하고 발표한 보험사기 관련 내용을 기초로 통섭적 관점에서 보험사기에 대한 총체적 이해를 돕고자 만들어졌다. 보험 현장에서 보험을 전파하고 보험사기 예방과 적발에 땀 흘리고 있는 모든 분들에게 부족한 이 졸저를 올린다.

저술을 지원해 준 대산신용호기념사업회에 감사하며 이 책을 출판하기로 한 박영사에게도 인사드린다. 보험을 인연으로 만난 아인삐, 보미학 도반의 우정에 감사한다. 행복과 에너지의 원천인 마리나, 성범, 혜수에게 깊은 사랑을 전한다.

2022년 1월
가을이 깊은 동사힐에서

차 례

Ⅰ 보험사기에 대한 이해

제1장 보험사기 기초

▌ 보험사기란 무엇인가	3
▌ 보험의 연대(solidarity)와 보험사기	5
▌ 보험사기와 보험범죄의 차이	8
▌ 보험사기 관련 법률	9
▌ 우리나라의 범죄와 사기 그리고 보험사기	12
▌ 보험사기로 인한 피해	18
▌ 보험사기 적발의 정의	20

제2장 보험사기 적발 규모

▌ 민영보험의 총 적발 규모	21
▌ 생명보험과 손해보험의 적발 규모	22
▌ 보험종목별 적발 추이	24
▌ 사고 유형별 보험사기 분류	25
▌ 사고 유형별 적발 규모 추이	27
▌ 조직적 보험사기 적발 규모	30
▌ 보험사기자의 인구통계	32

제3장 사회보험의 보험사기

▌국민건강보험 재정과 부정수급 문제　　　　　36

▌노인장기요양보험 재정과 부정수급 문제　　　38

▌고용보험 재정과 부정수급 문제　　　　　　40

▌산재보험 재정과 부정수급 문제　　　　　　42

제4장 보험사기에 대한 대응 현황

▌정부의 보험사기 대응 조직 현황　　　　　　44

▌금융감독원의 보험사기 대응 현황　　　　　45

▌보험협회의 역할　　　　　　　　　　　　48

▌보험회사 SIU 현황　　　　　　　　　　　49

II 보험사기 사례 분석

제5장 보험사기의 역사

▌고대의 보험사기　　　　　　　　　　　　53

▌중세 이후 초기의 도박보험　　　　　　　　54

▌우리나라 최초의 보험사기　　　　　　　　58

제6장 경성사기 사례 분석

▌ 잔혹동화-3자매 연쇄 사망사건(SBS 그것이 알고 싶다 925화 2014년 1월 11일) 60

▌ 홍천강 괴담의 비밀(SBS 그것이 알고 싶다 954회 2014년 9월 13일) 62

▌ 인생을 훔친 여자의 비밀(SBS 그것이 알고 싶다 838회 2012년 3월 3일) 64

▌ 눈 먼 가족의 비극(MBN 기막힌 이야기 실제상황 38화 2015년 1월 29일) 65

▌ 명품보살 무속인 보험범죄(동아일보 2012년 7월 12일) 67

▌ 2.2초 속 마지막 퍼즐(SBS 그것이 알고 싶다 1086회 2017년 7월 29일) 68

▌ 보험살인의 특성 분석 70

▌ 경성사기(보험살인) 가상 사례 분석 72

▌ 보험이 흉악 범죄에 악용되는 것을 방지하려면? 76

▌ 해외에서 사망했다고 위장한 사건(연합뉴스 2009년 12월 29일) 78

▌ 태백 '허위입원' 150억대 사상최대 보험사기(연합뉴스 2011년 11월 6일) 78

▌ 암환자에게 치료횟수 부풀려 청구(매일경제 2015년 4월 29일) 80

▌ 성형수술비를 실손보험으로 진료내용 조작(문화일보 2016년 6월 29일) 81

▌ "보험금 더 타게 해줄게"(아시아투데이 2015년 4월 30일) 81

▌ 제 발로 경찰 찾는 이상한 보험사기(KBS 뉴스 취재 후 2015년 7월 13일) 82

▌ 건강보험 부정수급(메디컬투데이 2015년 6월 10일) 84

제7장 연성사기와 도덕적 해이 사례 분석

▌ 연성사기(기회주의적 보험사기) 86

▌ 도덕적 해이(Moral Hazard) 87

❙ 자동차보험과 한방 치료비 사례   89

❙ 2021년 자동차보험 도덕적 해이에 대한 제도 개선   92

❙ 백내장 실손보험금 사례   94

❙ 여성시대건강보험 사례   97

❙ 도덕적 해이 사례의 시사점   99

Ⅲ 보험사기에 대한 연구

제8장 경제학적 연구 성과

❙ 보험사기 연구의 학문적 분류   103

❙ 보험사기에 대한 경제학적 연구 성과   104

제9장 경영학적 연구 성과

❙ 보험사기 적발 관련 연구   112

❙ 보험사기 적발 관련 국내 논문   118

❙ 보험정책 관련된 국내 논문   121

제10장 사회과학 분야 연구 성과

❙ 범죄학 연구 성과   123

❙ 사회학 연구 성과   126

❙ 심리학 연구 성과   127

▎ 보험사기에 대한 태도에 대한 연구   129

제11장 적발모형 실무 적용 및 향후 전망

▎ 보험사기 적발모형 적용 사례   133

▎ 보험사기 연구의 전망   141

IV 주요국의 보험사기 대응

제12장 미국의 보험사기 대응

▎ 시장 개관   147

▎ 미국의 보험사기 관련 법제   152

▎ 보험범죄에 대한 미국 정부와 공적조직의 대응   154

▎ 뉴욕 주의 보험사기 대응   155

▎ 매사추세츠 주의 보험사기 대응   158

▎ 뉴저지 주의 보험사기 규제   161

▎ 미국 보험회사와 민영조직의 대응   166

▎ 미국의 보험사기 사례   168

▎ 미국 사례의 시사점   171

제13장 영국의 보험사기 대응

▎ 시장 개요   173

▎영국의 보험사기 현황 174

▎영국의 보험사기 규제 175

▎영국 정부와 기관의 보험사기 대응 178

▎영국의 CMC 보험사기 사례 183

▎영국 사례의 시사점 185

제14장 독일 사례

▎시장 개요 187

▎보험사기에 대한 법제 188

▎보험사기에 대한 정부와 공적조직의 대응 190

▎보험사기에 대한 민영조직 및 회사의 대응 191

▎독일의 보험계약정보의 처리와 보험사기 방지 192

▎독일 사례의 시사점 195

Ⅴ 보험사기 이슈와 쟁점

제15장 보험사기와 소비자보호

▎보험사기에 엄격한 대응은 소비자보호와 충돌하나 199

▎보험은 왜 분쟁이 많나 201

제16장 보험사기 실제 피해 규모와 최적조사   205

제17장 범죄로서 보험사기의 유죄 입증

┃ 미국 매사추세츠 주 사례   211
┃ 우리나라의 허위과다입원 유죄입증의 법적 이슈   213

제18장 SIU 보험사기 조사전문가 인터뷰   218

제19장 보험사기에 대한 최적 대응

┃ 시민의 보험사기 대응   224
┃ 보험회사의 역할과 책임   226
┃ 금융 당국의 역할 확대   230
┃ 보험사기에 참여한 병의원 등에 대한 제재 강화   233
┃ 경찰과 검찰의 보험사기 수사조직 상설화   236
┃ 보험사기에 대한 최적 대응 전략   237

미주   243
참고문헌   249

[부록1] 자동차보험에 대한 보험사기 분류   259

[부록2] 자동차보험을 제외한 보험(생보, 손보)에 대한 보험사기 분류

                                                    260

[부록3] 미국 각 주의 보험범죄 정보교환 면책 규정   261

[부록4] 보험사기조사와 자본시장조사 비교   263

I
보험사기에 대한 이해

보험사기 집중 탐구

보험사기 집중 탐구

제1장   보험사기 기초

▎보험사기란 무엇인가

보험사기(insurance fraud)는 도덕적 해이의 극단적인 행태로 보험제도가 생긴 이래 지속된 현상이다. 보험이 현대인의 필수 금융상품이 되면서, 나아가 복지국가를 구성하는 사회보험이 확대되면서 보험사기는 사회와 국가에 큰 부담을 지우게 되었다. 이 책에서 보험사기는 보험가입자가 금전을 편취하기 위해서 보험자(보험회사 등)를 속이는 행위로 정의한다. 이 정의에 의하면 보험자를 속여서 가입할 수 없는 보험에 가입한다거나 보험료를 현저히 낮추는 행위와 같은 '보험료 사기'도 포함된다. 하지만 보험공급자, 보험판매자 등이 서로 속이거나 또는 보험가입자를 속이는 행위는 포함하지 않는다.[1] 보험사기는 민영보험에서 많이 발생한다고 이미 알려져 있다. 사회보험도 상당한 피해를 보고 있지만 피해 규모는 거의 밝혀지지 않고 있다.

보험사기는 단순히 보험금을 편취하는 문제가 아니라 심각한 사회적인 문제이다. 보험사기가 사회적 문제인 이유는 첫째, 복지국가의 틀인 국민의 상호부조 정신을 갉아먹고 연대의 정신을 붕괴시킨다. 보험사기는 민영보험을 혼탁하게 하며 복지국가의 틀인 사회보험 체계를 붕괴시킬 수 있다. 시민들이 사회보험 보험금을 부정하게 수급하는 것에 익숙해진다면 국가의 복지시스템이나 사회보험은 유지될 수 없다. 둘째, 보험사기는 범죄조직의 자금원이 될 수 있다. 보험사기는 한 개인의 일탈일 수도 있지만 조직적으로 보험사기를 기획하는 경우도 많다. 보험사기로 쉽게 보험금을 편취한다면 범죄조직들은 결코 사라지지 않을 것이다. 셋째, 보험사기는 선의의 피해자를 만들고 사회 구성원 간에 불신을 확대시킨다. 보험사기로 보험금을 편취하는 보험사기범으로 인해서 필연적으로 보험비용은 증가하며, 이 비용은 선의의 소비자에게 전가된다. 소비자들은 보험회사와 다른 소비자를 의심하게 되고 이런 악순환은 사회 구성원의 상호 신뢰를 저하하게 된다.

보험사기는 사건의 발생 양상에 따라 경성 보험사기(경성사기, hard insurance fraud)와 연성 보험사기(연성사기, soft insurance fraud)로 구분한다. 경성 보험사기는 고의로 사고가 우연히 발생한 것처럼 위장하거나, 의도적으로 보험사기를 기획한 사건이다. 경성 보험사기는 형법적으로 사기 범죄로 정의될 수 있다. 반면 연성 보험사기는 사고는 우연히 발생하였지만 사후적으로 보험금을 편취하려고 거짓말을 하거나, 피해 규모를 과장하는 경우를 말한다. 자동차사고 후 보험금을 받기 위해 운전자를 바꿔치기 하거나, 정비소에서 자동차를 수리할 때 원래 있었던 흠까지 수리하는 행위 등이 이에 해당한다. 연성 보험사기는 더 자주 일어나지만 적발하기는 매우 어렵고 적발했다고 하더라도 형사적으로 처벌하기도 어렵다.

모든 사람이 정직하다면 보험사기는 일어나지 않을 것이라는 가정은 '모든 사람이 착하면 범죄는 없을 것이다'와 마찬가지로 현실에서는 진정 무의미하다. 인류의 역사를 보면 범죄가 사라지지 않듯이 보험사기 또한 보험의 탄생과 함께 시작되었다고 볼 수 있다. 즉, 보험금 지급을 약속한 보험자(보험회사, 보험기관)가 보험가입자의 행위를 관찰하기 어렵고 보험가입자의 의도 또한 파악하기도 어렵다는 것을 보험가입자는 알고 있다. 보험자가 보험가입자의 정보를 알 수 없는 상태, 즉 정보의 비대칭 상태가 존재하는 한 경제적 이익을 극대화하려는 욕망에 의해 보험사기는 발생한다. 경제적 이익을 극대화하려는 개인의 욕망을 도덕과 양심이 통제하지 못하면 보험사기 발생은 필연적이다. 특히 자본주의 발달로 빈부의 격차가 벌어지면 질수록 보험사기를 통한 이익 편취 유혹이 이를 제어하려는 개인의 도덕성을 압도할 가능성이 높다. 인간의 정직성(도덕적 수준)이 일정한 수준이라고 가정한다면 자본주의의 발달에 의해서 빈부 격차가 점점 심해질 것이고 금전에 대한 욕구 또한 점점 증가할 것이기 때문이다.

보험사기는 도덕적 해이의 극단적인 형태이지만 한 개인을 대상으로 한 사기가 아니고 보험회사나 보험기관을 대상으로 한 사기행위이다 보니 피해금액에 비해 처벌 수위가 낮고 보험사기자의 죄의식이 희박한 특징이 있다. 특히 2000년대부터 증가한 기회주의적 보험사기인 연성 보험사기는 '낸 보험료만큼 보험금으로 돌려받겠다'라는 잘못된 생각으로 보험체계를 왜곡시키고 있다.[2] 특히 연성 보험사기는 전염되는 특성이 있어 보험사기자의 악습이 다수의 소비자에게 확산되면 결국 보험제도라는 상호부조의 사회안전망은 붕괴될 수도 있다. 미국, 영국, 독일 등도 보험사기의 부정적인 파괴력 때문에 점점 엄격하게 보험사기를 제재하고 있다. 선진국에 진입한 우리나라도 보험사기로 인한 보험금 누수 및 사회적 비용이 크게 증가하고 있다. 2020년 한 해 적발된 보험사기 금액만 해도 9천억 원이며 적발하지 못한 보험사기 금액과 사회보험에서 누수된 보험사기 금액을 포함하면 그야말로 수조 원을 넘는다.[3] 이 사회적 비용을 줄이기 위해서 지속적으로 조사와 연구가 필요하다.

보험의 연대(solidarity)와 보험사기[4]

인류는 출현한 이후 집단을 이루어 서로 협력하고 함께 살아왔다. 인류의 집단화는 씨족사회, 부족사회를 거쳐 국가를 이루게 된다. 사회의 구성원은 공동 경험, 교류 및 상호이해를 통해서 자연스럽게 상호 간의 우애와 헌신하는데 이것이 발달하면서 상호 안전과 공동목표를 위해 단결하면서 사회적 연대(social solidarity) 또는 연대(solidarity)라는 개념이 탄생한다. 연대는 분야와 상황에 따라 다양하게 정의될 수 있는데 포괄적으로 '집단 구성원의 단결심, 공동목표나 이해관계의 구현 노력, 구성원 상호 간의 우애와 헌신, 상호책무, 약자에 대한 배려, 공동의 적이나 억압 구조 앞에서의 협조, 이상적 공동체의 원리'를 의미한다. 전문가들은 연대라는 용어의 어원을 로마법에서 '공동체의 책임 또는 의무 내지 보증'을 의미하였던 연대보증이라는 뜻이 프랑스 민법에 도입되면서 사용된 것으로 본다. 연대라는 단어는 프랑스혁명이 끝나는 즈음에 기존의 채권법적 의미를 넘어 개인 간의 상호연대의 개념을 가지고 시작하였다. 즉, 연대의 개념이 단순히 연대보증이라는 집단적 단위의 책임이라는 법률적 의미를 넘어 "둘 이상의 다수자 사이에 성립하는 상호책임"이라는 정의로 발전하게 된 것이다. 법률적 개념으로서 연대 개념이 현대와 비슷한 사회적·정치적 개념으로 분명히 자리 잡게 된 데에는 프랑스혁명 이후 전개되는 근대사회의 변화, 특히 개인과 결사체 간의 관계, 집단과 집단 간의 관계에 대해 보다 바람직한 방향을 모색하기 위한 사회주의자들의 기여가 크게 작용하였다고 알려져 있다. 찰스 푸리에는 1821년 저서 "통일의 이론"에서 연대 개념을 사회학의 주제로 끌어올리면서 특히 보험, 자원공유, 공동체 감정, 최저소득보장 및 가족지원과 같은 매우 근대적 의미를 담는 연대의 구성 요소를 구체적으로 제시하였다.

현대사회에서 국가는 비록 개인의 자유와 재산권을 제한적으로 통제하기도 하지만 이를 사회 구성원의 안전과 행복을 위해 최소한의 장치라는 것을 이해한다. 경제적으로 사회보험을 통해서 공통의 위험인 건강 리스크, 실업 리스크 및 노후소득 리스크에 대비한다. 사회보험에서 연대 정신은 확실하다.

그렇다면 민영보험에도 연대(solidarity)가 있는가? 그렇다. 민영보험도 사회보험과 마찬가지로 상호부조 즉, 연대를 전제로 하기 때문이다. 보험은 민영보험 또는 사회보험 관계없이 다음 세 가지 기준으로 정의할 수 있다. 첫째, 가입자는 보험료(회비)를 내고 자신의 위험을 보험시스템(보험회사, 보험기관)에 전가한다. 둘째, 다수의 가입자가 존재하며 위험집단화(risk pooling)가 이루어지고 특정 가입자가 있은 손실을 전 가입자가 공동 부담한다. 셋째, 손실을 당한 가입자에 대해서 보험자(조합, 보험회사, 보험기관) 등은 경제적 보상을 한다. 이때 경제적 보상은 이전의 상태로 원상복구시키는 것이 원칙(실손보상)인 손해보험과 보상액을 특정 가치로 정한 생명보험도 있다. 근대적 의미의 보험이 되기 위해서는 보험수리적 계산이 이루어지는 등 보험기술적 조건이 갖추어져야 한다. 이상의 보험의 정의에서 보험은 위험에 처한 사람끼리 서로 돕는 상호부조, 연대가 기본이라는 것을 알 수 있다. 이 상호부조 정신은 기원전 2250년 함무라비법전에서 상인들이 위험을 전가하는 방식이나 기원전 3000년 중국 선단들이 양자강에서 농작물을 운반할 때 발생하는 위험에 대응하는 방식, 혹은 우리나라의 계나 두레를 통해 불의의 사고를 대비하는 방식에서도 쉽게 찾아볼 수 있다. 민영보험과 사회보험이 차이는 계약자(조합원)에 대한 보험료 부과 방식이 위험 수준을 기초로 하면 민영보험이 되는 것이고 위험 수준과 관계없이 소득(재산) 수준 등으로 한다면 이는 사회보험이 되는 것이다. 나아가 민영보험은 보험자가 다수의 보험회사이고 사회보험은 보험자가 하나의 기관(단체)이다.

전술한 바와 같이 민영보험도 보험풀(insurance pool)에 가입한 보험계약자 간의 상호부조 즉, 연대로 보험은 유지되고 운영된다. 보험사기로 보험풀에 있는 A라는 사람이 보험금을 불법으로 편취한다면 A를 제외한 나머지 가입자가 그 부담을 지는 것이다. 따라서 보험에서 보험금을 수령하게 되는 사고를 조작하는 것은 사전적이든 사후적이든 보험사기이며 보험시스템을 파괴하는 행위이다. 보험풀에 들어온 계약자에게 공정성(fairness)은 대단히 중요하다. 보험회사가 특정 계약자를 우대한다면 다른 계약자를 차별하는 것인데, 보험사기를 통해 특정 계약자가 부정하게 보험금을 수령한다면 다른 계약자의 부담금이 증가하는 것이 순리다. 그 보험풀의 손해율이 증가하면서 그 보험풀에 가입한 계약자의 보험료가 증가하게 될 것이다.

초기 영국의 많은 생명보험회사가 파산한 이유 중 하나는 일종의 보험사기이다. 당시 영국에서는 '피보험이익'이라는 개념이 없는 상태에서 다른 사람의 생명을 대상으로 보험계약에 가입할 수 있었다. 예를 들면, 명망 있는 K라는 인물의 목숨을 대상으로 제3자가 생명보험에 가입하는 것이다. 만약 정해진 보험기간 내에 K라는 인물이 사망하면 생명보험에 가입한 그 제3자가 보험금을 받는 '피보험이익'이 없는 일종의 도박이다. 이 상황에서 보험금을 받기 위해서 K를 살해하는 사건이 빈번하게 발생하는 사회적 문제가 발생하였다. K를 살해한 것은 당연히 형법상 살인죄에 해당하지만 보험사기이기도 하다. 보험금을 편취하기 위해서 사고를 조작했기 때문이다.

▌ 보험사기와 보험범죄의 차이

보험사기와 보험범죄는 혼용되지만 거의 같은 의미이다. 보험사기를 형사적 '범죄'라고 간주하는 입장에서는 보험범죄라는 용어를 사용한다. 법적으로 '보험사기'란 보험계약관계자가(제3자 포함) 보험자를 악의로 기망하여 보험계약을 체결하거나 보험사고를 조작 혹은 가장하거나 고의로 발생시키는 제반 행위 및 보험금 편취를 목적으로 보험금을 현저하게 과다하게 청구하는 행위 등을 의미한다. 형법상 보험범죄와 보험사기를 동일한 의미로 판단하는 경향도 있지만 특성상 차이가 있다. 형법상 보험범죄는 보험과 관련된 범죄라는 의미로 사용되며, 보험사기는 형법상 사기죄에 해당하는 행동 중 보험을 대상으로 하는 것으로 본다. 따라서 보험범죄는 사기죄가 성립할 정도의 적극적인 고의 또는 기망행위가 수반되지 않으나, 보험금을 부당하게 취득하기 위한 행위인 보험사기뿐만 아니라 보험사기를 위해 행하는 모든 범죄를 포함하는 용어로 사용되므로 보험범죄가 보험사기보다 넓은 개념이라는 견해도 있다.

그러나 사법상 보험사기가 모두 범죄구성요건을 포함하는 것이거나 범죄라고 결론짓기에는 가혹한 경우도 많다. 그러한 측면에서 악의에 의하여 보험자를 기망할 의도로 보험사고를 조작 혹은 가장하거나 고의로 발생시키는 일련의 행위를 보험사기로 본다면 보험사기에 보험범죄가 포함된다고 보는 것이 합리적이다. 왜냐하면 보험사기를 형법상 사기죄의 구성요건으로 한정하여 보는 것은 너무 좁은 해석이고, 나이롱환자나 보험금 과다청구자 등 비교적 경미한 모든 보험사기자를 형법상 사기죄로 다스리는 것은 가혹한 처사이기도 하다. 따라서 보험사기는 악의적으로 보험자를 기망하여 보험사고를 조작 또는 가장하거나 고의로 발생시키는 일련의 행위로 보는 것이 타당하고, 그러한 측면에서 보험사기를 보험범죄보다 더 광의의 개념으로 이해하는 것이 적절하다. 즉, 보험범죄는 구체적인 위법행위로 발전된 결과만을 의미함에 반하여, 보험사기는 보험계약자나 피보험자가 보험계약 체결 시 고지의무를 위반하거나 또는 사기로 초과보험계약이나 중복보험계약 체결을 위해 보험자에게 이미 체결된 보험계약을 숨기는 행위도 모두 사기행위로 볼 수 있다는 점에서, 보험사기는 보험범죄의 개념보다 더 넓은 개념으로 볼 수 있다.

보험사기 관련 법률

최근까지 우리나라 법체계는 보험사기의 정의에 대하여 명문 규정을 두고 있지는 아니하였다. 보험을 다룬 보험계약법과 보험업법에 일부 보험계약이 사기로 체결된 경우와 보험사기를 금지하는 선언적 규정이 있다. 보험계약법 제669조 제4항, 제672조 등을 통하여 보험계약이 사기에 의하여 초과보험이나 중복보험이 체결된 경우를 규정하여 그 효과로서 계약의 무효를 정하고 있다.

또한 보험업법 제102조의2(보험계약자 등의 의무)는 보험계약자, 피보험자, 보험금을 취득할 자, 그 밖에 보험계약에 관하여 이해관계가 있는 자는 보험사기 행위를 하여서는 아니 된다"라고 규정하고 있으나, 이는 벌칙규정이 부재하여 보험사기에 관한 감독법상 보험사기에 대한 선언적 규정에 불과하다. 또한 보험업법 제102조의3에서는 "보험회사의 임직원, 보험설계사, 보험대리점, 보험중개사, 손해사정사, 그 밖에 보험 관계 업무에 종사하는 자는 보험계약자, 피보험자, 보험금을 취득할 자, 그 밖에 보험계약에 관하여 이해가 있는 자로 하여금 고의로 보험사고를 발생시키거나 발생하지 아니한 보험사고를 발생한 것처럼 조작하여 보험금을 수령하도록 하는 행위 및 보험계약자, 피보험자, 보험금을 취득할 자, 그 밖에 보험계약에 관하여 이해가 있는 자로 하여금 이미 발생한 보험사고의 원인, 시기 또는 내용 등을 조작하거나 피해의 정도를 과장하여 보험금을 수령하도록 하는 행위를 하여서는 아니 된다"라고 하여 보험업에 종사하는 자에 대한 사기 방조행위를 금지하고 있다. 이처럼 현행 법제 하에서는 보험사기에 대한 명확한 정의나 그 범위에 대하여 규정하고 있지 않다. 대신 보험사기를 포함한 모든 사기행위에 대하여 형법상의 사기죄로 다스렸다.[5]

2016년 9월 30일부터 금융위원회에서 발의한 보험사기방지 특별법이 시행 되면서 보험사기에 대해 보다 구체적인 내용이 정리되었다. 아래에서 보듯이 보험사기방지 특별법에서는 가장 보편적으로 사용하는 보험사기 정의를 받아들 였다. 동 법에 의하면 보험사기행위를 "보험사고의 발생, 원인 또는 내용에 관하여 보험자를 기망하여 보험금을 청구하는 행위"라고 정의하여 보험사기는 보험금을 편취하는 행위에 대한 것으로 한정하고 보험료 사기나 고지의무 위반 등은 포함하지 않고 있다. 이 책의 보험사기에 대한 정의도 보험사기방지

특별법과 동일하다. 현재 보험사기방지 특별법에 대한 다수의 개정안이 국회에 계류 중이다. 개정안에 대한 논의는 19장에서 하도록 한다.

[표 1] 보험사기방지 특별법 시행 2016.9.30 [법률 제14123호, 2016.3.29., 제정]

제1조(목적) 이 법은 보험사기행위의 조사·방지·처벌에 관한 사항을 정함으로써 보험계약자, 피보험자, 그 밖의 이해관계인의 권익을 보호하고 보험업의 건전한 육성과 국민의 복리증진에 이바지함을 목적으로 한다.

제2조(정의) 이 법에서 사용하는 용어의 뜻은 다음과 같다.
  1. "보험사기행위"란 보험사고의 발생, 원인 또는 내용에 관하여 보험자를 기망하여 보험금을 청구하는 행위를 말한다.
  2. "보험회사"란 「보험업법」 제4조에 따른 허가를 받아 보험업을 경영하는 자를 말한다.

제3조(다른 법률과의 관계) 보험사기행위의 조사·방지 및 보험사기행위자의 처벌에 관하여는 다른 법률에 우선하여 이 법을 적용한다.

제4조(보험사기행위의 보고 등) 보험회사는 보험계약의 보험계약자, 피보험자, 보험금을 취득할 자, 그 밖에 보험계약 또는 보험금 지급에 관하여 이해관계가 있는 자(이하 "보험계약자등"이라 한다)의 행위가 보험사기행위로 의심할 만한 합당한 근거가 있는 경우에는 금융위원회에 보고할 수 있다.

제5조(보험계약자등의 보호) ① 보험회사는 보험사고 조사 과정에서 보험계약자등의 개인정보를 침해하지 아니하도록 노력하여야 한다.
② 보험회사는 대통령령으로 정하는 사유 없이 보험사고 조사를 이유로 보험금의 지급을 지체 또는 거절하거나 삭감하여 지급하여서는 아니 된다.

제6조(수사기관 등에 대한 통보) ① 금융위원회, 금융감독원, 보험회사는 보험계약자등의 행위가 보험사기행위로 의심할 만한 합당한 근거가 있는 경우에는 관할 수사기관에 고발 또는 수사의뢰하거나 그 밖에 필요한 조치를 취하여야 한다.
② 제1항에 따라 관할 수사기관에 고발 또는 수사의뢰를 한 경우에는 해당 보험사고와 관련된 자료를 수사기관에 송부하여야 한다.

제7조(수사기관의 입원적정성 심사의뢰 등) ① 수사기관은 보험사기행위 수사를 위하여 보험계약자등의 입원이 적정한 것인지 여부(이하 "입원적정성"이라 한다)에 대한 심사가 필요하다고 판단되는 경우 「국민건강보험법」 제62조에 따른 건강보험심사평가원(이하 "건강보험심사평가원"이라 한다)에 그 심사를 의뢰할 수 있다.
② 건강보험심사평가원은 제1항에 따른 의뢰를 받은 경우 보험계약자등의 입원적정성을 심사하여 그 결과를 수사기관에 통보하여야 한다.

제8조(보험사기죄) 보험사기행위로 보험금을 취득하거나 제3자에게 보험금을 취득하게 한 자는 10년 이하의 징역 또는 5천만 원 이하의 벌금에 처한다.

제9조(상습범) 상습으로 제8조의 죄를 범한 자는 그 죄에 정한 형의 2분의 1까지 가중한다.

제10조(미수범) 제8조 및 제9조의 미수범은 처벌한다.

제11조(보험사기죄의 가중처벌) ① 제8조 및 제9조의 죄를 범한 사람은 그 범죄행위로 인하여

취득하거나 제3자로 하여금 취득하게 한 보험금의 가액(이하 이 조에서 "보험사기이득액"이라 한다)이 5억 원 이상일 때에는 다음 각 호의 구분에 따라 가중처벌한다.

    1. 보험사기이득액이 50억 원 이상일 때: 무기 또는 5년 이상의 징역

    2. 보험사기이득액이 5억 원 이상 50억 원 미만일 때: 3년 이상의 유기징역

② 제1항의 경우 보험사기이득액 이하에 상당하는 벌금을 병과할 수 있다.

제12조(비밀유지의무) 보험사기행위 조사업무에 종사하는 자 또는 해당 업무에 종사하였던 자는 직무수행 중 취득한 정보나 자료를 타인에게 제공 또는 누설하거나 직무상 목적 외의 용도로 사용하여서는 아니 된다.

제13조(권한의 위탁) 금융위원회는 필요한 경우에는 이 법에 따른 권한의 일부를 대통령령으로 정하는 바에 따라 금융감독원의 원장에게 위탁할 수 있다.

제14조(벌칙) 제12조를 위반하여 직무수행 중 취득한 정보나 자료를 타인에게 제공 또는 누설하거나 목적 외의 용도로 사용한 자는 3년 이하의 징역 또는 3천만 원 이하의 벌금에 처한다.

제15조(과태료) ① 제5조제2항을 위반하여 보험금의 지급을 지체 또는 거절하거나 보험금을 삭감하여 지급한 보험회사에게는 1천만 원 이하의 과태료를 부과한다.

② 제1항에 따른 과태료는 대통령령으로 정하는 바에 따라 금융위원회가 부과·징수한다. **제16조(준용규정)** 제11조를 위반하여 처벌받은 사람에 대하여는 「특정경제범죄 가중처벌 등에 관한 법률」 제14조를 준용한다.

▎ 우리나라의 범죄와 사기 그리고 보험사기

보험사기로 인한 피해 금액이 1조 원에 육박하면서 일부에서는 우리나라의 보험사기 규모가 다른 나라에 비해서 극심하다고 주장하지만 합리적인 근거는 부족하다. 우리나라는 선진국 중 유일하게 보험사기 적발 통계를 국가에서 집계하고 있어 매년 보험사기 적발 금액이 보고되고 있다. 여기서 주의해야 할 것은 '보험사기 적발'의 정의는 나라마다, 기관마다 상이하다는 사실이다. 특히 보험사기 피해 금액은 다수의 면책 건수가 포함되어 있으므로 형사적으로 유죄판결을 받은 건수와는 전혀 다르다. 하지만 자본주의와 보험이 발달한 선진국일수록 보험사기가 많다는 것은 사실이다. 미국, 영국이 대표적이고 한국도 우려할 수준인 것은 사실이다.

보험사기와 가장 유사한 사회적 문제는 타인을 기망하는 사기 범죄이다.

대검찰청이 2020년에 발행한 범죄 통계를 기초로 범죄 현황을 살펴보자. 아래 [그림 1]은 최근 10년간 인구 10만 명당 총 범죄(교통범죄 포함)와 교통범죄를 제외한 범죄의 발생 건수 추이를 보여준다. 총 범죄 건수(교통사고 포함)는 2010년 3,795.5건에서 2020년 3,409.2건으로 10년간 10% 감소하였다. 교통사고를 제외한 범죄 건수도 2010년 2,532.9건에서 2,626.2건으로 10년간 3% 증가하였다. 즉, 교통사고 범죄는 감소하였고 일반범죄는 매우 미미하게 증가하였다.

[그림 1] 인구 10만 명 기준 범죄 발생 건수 추이

자료: 대검찰청, 2020

범죄 중 절도와 사기를 구분하여 최근 10년 추이를 비교하여 보았다. 아래 표에서 보듯이 2010년부터 2014년까지는 절도가 더 많이 발생했지만 그 이후로는 사기가 더 많이 발생해 차이를 점점 벌리고 있다. 2019년 사기 범죄에 대한 한 언론의 기획보도가 있었다.6 그 기사는 대검찰청이 발표한 '2018 범죄현황'을 기본 자료로 제시한다. 대검찰청에 의하면 2014년까지는 절도가 1위를 차지했지만 2015년 사기 발생 건수가 25만 7,620건을 기록하며 절도 발생

건수(24만 6,424건)를 앞질렀다. 이후 2017년 사기 발생 건수는 24만 1,642건으로 18만 4,355건이 발생한 절도와 차이는 크게 벌어졌다. 나라마다 조금씩 차이는 있는데, 전 세계적으로 가장 많이 일어나는 범죄는 절도지만 한국은 유독 사기 범죄가 절도를 앞서 수위를 달리고 있다는 사실은 주목할 만하다. 우리나라에서 사기 범죄가 많이 발생한 이유와 보험사기가 많이 발생하는 이유는 유사할 것으로 추측할 수 있다.

[그림 2] 인구 10만 명 기준 절도와 사기 발생 건수 추이

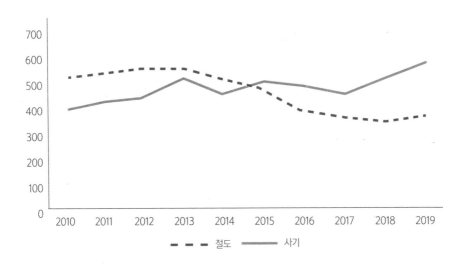

자료: 대검찰청 2020 범죄분석(https://www.spo.go.kr/site/spo/crimeAnalysis.do)

우리나라에 사기 범죄가 증가한 원인을 전문가들은 크게 세 가지로 본다.[7] 첫째, 사기 고소·고발이 용이해졌기 때문이다. 검찰 관계자는 "사기 사건의 대부분은 고소·고발로 이뤄지는데 2010년 이후 사기 고소가 수월해진 면이 있고, 2012년 이후 중고 거래 등 전자상거래 관련 사기 사건이 급증했다"며 "인터넷 등을 통한 신종 사기 사건과 고소·고발이 늘어난 점이 사기 범죄율 증가의 원인으로 보인다"고 설명했다. 실제 '2018 범죄현황'에 따르면 2011년

1만 건이 채 안 되던 전자상거래 관련 사기는 2012년 2만 2,000여 건으로 늘더니 2014년에는 4만 3,000여 건까지 급증했다.

둘째, 한국의 특수한 상황, 즉 '민사의 형사화'가 사기 범죄율을 높였기 때문이다. 개인의 이권 다툼은 민사 문제로 해결하면 되는데 이것을 고소·고발을 통해서 형사 문제로 해결하려는 것을 말한다. 그 결과 민사 문제에 국가가 과도하게 형벌권을 동원해 인권 침해를 당하는 국민을 만든다는 지적이 나온다. 대표적인 것이 사기다. 돈을 빌렸다가 갚지 못한다고 다 사기는 아니다. 사기죄는 어떤 방식으로든 사람을 속여 돈이나 물건 등 재산상 이익을 얻어낼 때 해당된다. 사기죄의 핵심은 '상대방을 속여서'이다. 단지 돈을 빌렸다가 형편이 악화되어서 돈을 갚지 못한다고 사기가 되는 것은 아니다. 이 경우 민사소송으로 해결해야 하지만 시간이 오래 걸리고 받아내기가 어렵다보니 채권자가 채무자를 사기로 고소해 문제를 해결하려는 경우가 많다. 검찰 관계자는 "사기 사건이 고발 사건 중 1위인데, 실제 사기를 많이 치기도 하고 고소·고발이 많이 이뤄지는 면도 있어 반반 정도로 보인다"며 "일단 검찰에 고소를 하면 검사가 알아서 해주는 것이 있으니 변호사가 형사 고소를 하라고 조언을 하기도 한다"라고 말했다. 수사 기관이 나서면 증거를 찾아내기 쉽고, 이를 근거로 민사소송을 걸 경우 재판에서 유리하게 사용할 수 있기 때문에 사기에 대한 형사 고소가 많다는 것이다.

셋째, 윤리보다 돈이 더 중요해진 세태가 사기 범죄율을 높였다고 주장한다. 머니투데이 기사는 흥사단 투명사회운동본부가 초·중·고등학생 2만 명을 대상으로 실시한 '2017년 청소년 정직지수' 조사 결과를 예로 제시하였다. 10대들은 '범죄의 대가로 10억 원을 받는다면 1년간 감옥에 들어가도 괜찮은가?'라는 질문에 37.1%가 긍정적으로 답했다. 특히 고등학생은 긍정적인 답변이 54.7%에 달했다. 윤리보다 돈이 더 중요하다는 인식은 자본주의를 기본으로 하는 모든 선진국의 보편적 현상일 것이다. 윤리와 돈에 대한 인식에 대해서는 향후 정교한 국가별 비교 연구가 필요하다고 하겠다.

우리나라 사기 범죄자는 피고용자가 가장 많았고 그 다음은 무직자, 자영업자, 학생, 주부 순서였다. '그럴듯한 말솜씨'를 통한 사기 범행이 가장 흔했다. 대검찰청이 발간한 '2018 범죄분석'에 따르면 사기 범죄를 주로 저지르는 이들은 사오십대 남성이었다. 전체 24만 1,600여 건의 사기 범죄 중 검거된 사기 범죄자의 77.9%는 남성인 반면 여성 범죄자 비중은 22.1%에 그쳤다. 사기 범죄자는 41~50세가 26.1%로 가장 많았고 51~60세가 24.7%로 뒤를 이었다. 20대(18.2%), 30대(18.5%)나 60대 이상(9.6%)의 비중은 상대적으로 적었다.

직업별로는 전체 피의자 22만 3,000여 명 중 일반 회사원 등 피고용자 신분으로 범행을 저지른 이들이 5만 5,100여 명으로 가장 많았다. 눈에 띄는 것은 무직자 신분으로 사기 범행을 저지른 이들이 5만 3,000여 명으로 전체 자영업자보다 많았다. 사기 범죄자 4명 중 1명은 무직자 신분이라는 의미이다. 자영업자(5만 600여 명) 전문직(7,000여 명) 공무원(500여 명) 등이 뒤를 이었다. 학생(1만 9,000여 명) 주부(2,900여 명) 등도 주요 피의자 분류에 꼽혔다.

전체 사기 범죄 중 '기타 유형'(44.6%)을 제외하고 '매매를 가장한 사기'(23.2%)가 가장 흔한 수법으로 조사됐다. '가짜를 진짜로 속이는 경우'(16.8%), '차용 관련 사기'(10.3%) 등이 뒤를 이었고 '모집 사기', '알선 사기', '부동산 사기' 등의 비중은 1~2% 선에 그쳤다. 사기 유형에서 공·사문서 위조에 의한 사기는 같은 기간 6.3%에서 0.8%로 급격히 줄었고 보이스피싱(2012년 16.7% → 2016년 8.2%), 전화 허위광고(2012년 8.2% → 2016년 1.5%) 등 상대적으로 전통적 방식의 사기 수법에 의한 피해는 크게 줄어든 것으로 나타났다. 방송·신문이나 전단지, 거리 유인물 등을 통한 허위광고를 통한 사기 범죄는 그 비중이 조사 기간에 걸쳐 그 비중이 1~3% 수준에 그쳤다.

사기 범죄의 피해 내용도 사기 수법에 비례하는 경향을 보인다. 가장 흔한 피해의 유형은 '변제 의사·능력 없이 차입한 후 갚지 않는 경우'로 피해 유형의 58%(중복 응답 포함)에 달했다. 돈을 떼먹는 이 같은 유형의 사기는 2012년 32.5%에서 26%p 가까이 큰 폭으로 늘었다. 수사기관 관계자나 국세청 등 당국, 은행·신용카드사 직원 등을 사칭한 사기 피해의 비중은 2012년 20.7%에서 2016년 9.2%로 줄었다. 가짜 은행 홈페이지에서 비밀번호 등 입력을 유도하는 유형(2.5%→1%) 등 과거 수법을 이용한 사기의 비중도 줄어드는 모습이다. 형사정책연구원은 여성에게 남성보다 사기 피해 발생 정도가 높은 것으로 조사됐다고 밝혔다. 연령대별로는 30대, 교육 수준별로는 대학원 이상 교육을 받은 사람, 직업별로는 단순 노무직 종사자나 서비스·판매직 종사자, 혼인 상태별로는 현재 배우자가 있는 사람이 미혼 또는 사별·이혼을 경험한 사람보다 사기 범죄 피해 발생 가능성이 더 높았다.

우리나라는 전체 범죄율은 낮은 편이지만 사기 범죄 건수가 절도 범죄 건수보다 높은 것이 사실이다. 그렇다고 우리나라의 사기 범죄 발생 비율이 세계 최고 수준으로 높다는 주장은 근거가 없다. 앞서 지적한 것처럼 우리나라에서는 민사소송보다 형사소송이 훨씬 빈번하다. 미국의 경우 개인이나 조직이 이익 침해를 당한 경우 민사소송이 기본이다. 민사소송의 경우 배심원에 의한 죄의 유무를 결정하고 '징벌적 배상'이 가능하여 민사소송이 매우 보편화 되어 있다. 하지만 우리나라는 민사소송은 문제를 질질 끌 뿐, 정의를 실현할 수도 없고 손해에 대한 배상을 받기도 어렵다는 인식이 강하다. 나아가 대검찰청에 집계된 발생한 사기 범죄 건수의 무죄율도 80% 정도로 매우 높다. 나아가 한국에서는 무혐의 사건과 특별법 범죄가 범죄 통계에 전부 잡히고 상당 부분이 무혐의나 공소권 없음 등의 종결사건인데도 범죄 발생 건수에 포함된다. 이에 비해 타 국가는 범죄 발생 통계 방식이 다르다. 예를 들면, 일본은 범죄가 경미해 공소를 제기하지 않는 '미죄처분' 제도를 두고 있다. 이를 통해 공식 범죄 통계에서 빠지는 건수가 매우 많다.

국가 간의 상이한 통계 방식과 범죄의 정의를 무시하고 비교하면 왜곡이 발생한다. 2004년 범죄 발생 건수를 기준으로 독일은 인구 10만 명당 1,142건이고 한국과 일본은(2003년 기준) 각각 512건과 47.2건이다. 그렇다면 독일은 일본보다 24배 사기성이 높은가? 그렇지 않다. 국가별로 범죄와 사기의 정의가 상이하며 사기에 대한 법제와 관행이 다르게 때문에 계량적인 건수 비교는 의미가 없다. 전문가들도 국가 간 범죄 통계를 내는 방식이 다르기 때문에 UN 국제범죄통계도 살인을 제외하면 국가 간 비교는 무의미하다. 유엔 마약 범죄 사무소(UNODC)에서도 각국별 범죄 통계자료를 낼 때 강도, 절도, 납치, 성범죄 등의 통계를 수집하지만 사기 범죄는 위에서 언급한 문제로 포함되지 않는다. 정리하면 범죄 발생 빈도 등 국가별 범죄 통계를 수치로 배경 제도에 대한 이해 없이 바로 비교하는 것은 부적절하다. 각국의 법제와 관행 및 문화를 먼저 이해해야 하며 나아가 범죄 및 사기의 정의, 통계 집적 방법 등을 세밀히 분석한 후 비교해야 할 것이다.

▌ 보험사기로 인한 피해

보험회사는 보험사기의 피해에 대한 조사를 오래전부터 하고 있었다. 보험사기의 심각성을 실증적으로 보여준 연구는 Weisberg와 Derrig(1991)의 매사추세츠의 자동차보험 보상 연구였다.[8] 많은 연구자는 '도덕적 해이라는 숨겨진 본능이 어떻게 데이터로 드러나는가, 그리고 보험사기에 어떻게 효과적으로 대응할 수 있나'에 관심을 가지고 있다. 보험사기는 민영보험을 대상으로 주로 연구되지만 사회보험에서도 보험사기의 피해는 심각하다. 보험사기로 인한 보험금 누수도 문제지만 보험사기는 사회안전망인 보험시스템을 감염시켜 종국에는 공동체의 사회적 연대(solidarity)를 붕괴시킬 수 있다는 것이 더 심각한 문제이다.9

보험사기는 법제, 관습, 대응 수단 등이 나라마다 판이하기 때문에 국가별로 보험사기 피해 규모를 비교하기는 어렵다. 대부분의 선진국가는 우리나라와 달리 보험사기 데이터를 통합하여 관리하고 있지 않다. 따라서 선진국가의 보험사기 피해 규모 등의 자료는 신망 있는 기관의 자료를 인용할 수밖에 없다. 보험사기에 대해서 가장 적극적으로 대응하고 있는 나라는 미국이다.

미국 FBI는 보험사기를 중요한 수사 대상으로 하고 있다. FBI에 의하면 보험사기 피해 금액은 건강보험을 제외하고 약 400억 달러(44조 원)로 추정하며 이는 미국 가구당 400~700달러의 보험료 손해로 보고한다. FBI 자료에 흥미로운 것은 허리케인 카트리나 관련 보험사기 사례이다. 2005년 미국 걸프만을 강타한 허리케인 카트리나는 1,000억 달러의 경제적 손실을 입혔다. 관련 피해를 보상받기 위해서 160만 명 정도의 소비자가 보험금을 청구했고 344억 달러의 보험금이 지급되었다. 미국 정부도 800억 달러의 자금을 투여해서 시설 등을 복구했다. 그런데 허리케인 카트리나와 관련한 보험사기 규모는 대략 60억 달러로 추정한다고 FBI는 보고했다. FBI는 2007년 카트리나와 관련한 사기 사건 수사하여 70여 명을 기소하였고 그중 60명이 죄를 인정하였다.10 허리케인으로 거대한 보험금이 지급되면서 보험사기도 덩달아 기승을 부린 것이다.

보험사기 적발의 정의

우리나라는 선진국 중 아마 유일하게 보험사기 적발 통계를 국가에서 관리하고 있다. 보험사기 적발 통계를 집적하는 금융감독원에 의하면 '보험사기 적발'이란 보험금 지급 후 1차 수사기관에서 보험사기 혐의로 적발한 건이나 보험사기를 실현 또는 실현가능성이 있다고 추측되는 사건을 조사하여 보험금 지급을 거부·합의종결한 건으로 정의된다. 보험사기로 수사기관에서 적발된 수사건과 보험금 지급심사 단계에서 보험사기 혐의로 적발되어 보험회사가 자체 거부(면책처리 등)한 건 또는 보험금 지급 후 보험조사 과정에서 합의종결(자진반납 등)이 된 비수사건으로 구분된다. 비수사건의 경우 SIU 또는 손해사정기관의 조사 결과보고서, 혐의자 자인서 등 기망행위를 객관적으로 증명할 수 있는 서류를 확보한 경우에 해당하며 보험금 지급과 관련한 소송이 진행 중인 건은 제외된다.

보험사기 산정기준은 수사건의 경우 수사기관 입건시점(검찰송치)이며 비수사건의 경우 보험회사 결재시점(사건종결)이다. 수사건과 혼합된 비수사건은 수사건 보고시점에서 함께 전송한다. 보험사기 적발 금액을 산정하는 기준은 보험회사별로 먼저 집적되는데, 수사 건은 수사기관에서 적발 금액으로 확정한 금액, 비수사건은 조사 결과 혐의자가 보험사고로 인해 수령 가능하다고 추산되는 보험금액이다. 보험금이 지급된 후 적발된 경우에는 보험금 지급금액으로 보고하며 보험금 지급 전 적발된 경우에는 보험사기로 수령 가능한 금액(예상손해액)으로 보고한다.[11] 하지만 지급의무가 있는 금액, 예를 들면 자동차손해배상보장법상 책임보험금 한도는 제외된다. 다음 장에서는 보험사기 적발 통계를 살펴본다.

제2장 보험사기 적발 규모[12]

▌ 민영보험의 총 적발 규모

아래 [그림 3]은 1998년부터 2020년까지 보험사기로 적발된 인원 추이이다. 1997년까지는 보험사기 적발 데이터를 잘 관리하지 않아 보험사기 적발 자료는 1998년부터 보고되었다. 보험사기 적발된 인원은 1998년 2,700명이었지만 2020년에는 98,800명으로 무려 37배가 되었다. 통계를 집적하기 시작한 초기에는 보험사기 적발 체계도 사실상 없었고 보험사기 적발에 대한 정의도 일관되지 않아 통계의 신뢰성이 떨어진다. 하지만 대략 2010년 정도부터는 보험사기 적발 통계가 안정화되면서 대략 7~8만 명 수준이었는데, 2020년에는 98,800명으로 보험사기 적발자의 숫자가 상당히 증가한 것은 분명하다.

[그림 3] 보험사기 적발 인원 추이

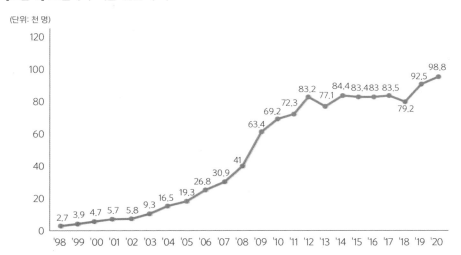

(단위: 천 명)

[그림 4]에 나타난 보험사기 적발 금액도 1998년 300억 원에서 2020년 8,990억 원으로 약 30배 증가하였다. 그렇다고 동기간 동안 보험사기가 갑자기 증가한 것이라고 보기보다는 초기 보험사기 적발 통계는 신뢰성이 떨어진다고 봐야 한다. 2010년 약 7천억 원에서 10년만에 9천억 원으로 증가했다. 이는 보험사기 발생이 증가한 면도 있지만 수사기관, 감독당국 및 보험회사 등의 적극적인 적발 노력의 성과이기도 하다.13

[그림 4] 보험사기 적발 금액 추이

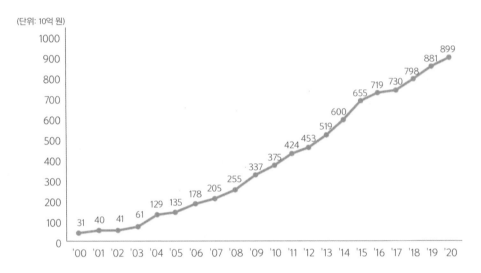

생명보험과 손해보험의 적발 규모

[그림 5]는 보험사기 적발 인원을 생명보험과 손해보험으로 구분하여 보여주고 있다. 2000년 초반까지만 해도 보험사기의 대상은 손해보험인 자동차보험이 대부분이었고 생명보험에서 보험사기 적발은 미미하였다. 생명보험의 보험사기 건수는 2003년 600명에서 2020년 11,700명으로 약 20배가 증가하였다. 손해보험은 같은 기간 2003년 8,700명에서 2020년 87,100명으로 10배가 증가하여

생명보험 보험사기 증가율이 손해보험보다 2배 빠르다. 이는 실손보험 등을 생명보험회사에서도 적극적으로 판매하면서 관련 보험사기가 증가한 것이 가장 큰 원인이다.

[그림 5] 생명보험과 손해보험의 보험사기 적발 인원 추이

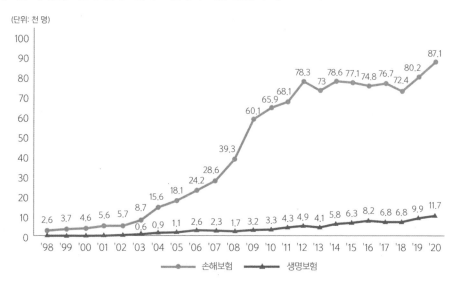

아래 [그림 6]은 생명보험과 손해보험에서 발생한 적발 금액을 보여준다. 2005년 무렵부터 적발 금액은 급격하게 증가한다. 2020년 생명보험은 771억 원 정도로 2013년 743억 원에 비해 7년 동안 3%만 증가하였다. 반면 손해보험은 2013년 4,450억 원에서 2020년 8,210억 원으로 84%가 증가하였다. 보험사기가 손해보험의 자동차보험이나 장기보험에 집중하고 있다는 사실을 보여준다.

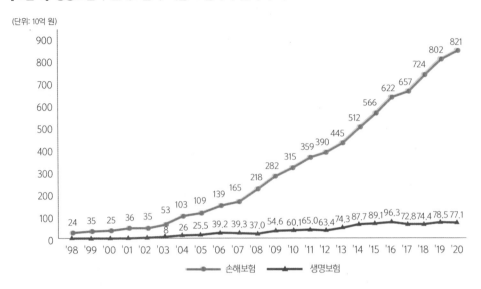

[그림 6] 생명보험과 손해보험의 적발 보험사기 금액 추이

(단위: 10억 원)

보험종목별 적발 추이

아래 [그림 7]은 주요 보험종목별 보험사기 금액의 추이를 보여준다. 전통적으로 자동차보험 비중이 가장 높았지만 증가율은 장기손해보험이 두드러지고 총 금액도 장기손해보험과 자동차보험이 거의 동일하다. 장기손해보험 중 실손의료보험에서 야기된 보험사기 증가율이 다른 종목보다 훨씬 높기 때문인데, 실손의료보험은 3,500만 명 이상이 가입하여 일반화된 보험이기 때문에 실손의료보험이 관련된 보험사기도 당분간 지속될 전망이다. 반면 생명보험은 최근 오히려 조금 줄어드는 추세이다.

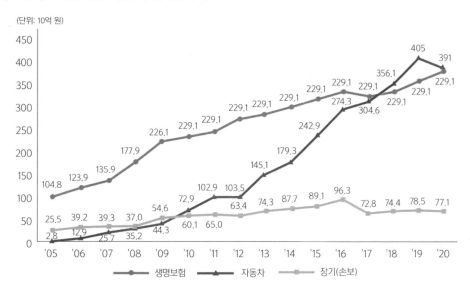

[그림 7] 보험종목별 보험사기 금액의 추이

(단위: 10억 원)

생명보험 ● 자동차 ▲ 장기(손보) ■

▌ 사고 유형별 보험사기 분류

보험사기는 유형별로 고의, 허위(과다), 피해과장, 그리고 기타로 분류된다. 고의사기란 보험계약자 등이 고의로 사고를 유발시켰음에도 불구하고 우연히 사고가 발생한 것처럼 꾸며서 보험금을 청구한 사기 행위이다. 허위사기는 실제로는 사고가 일어나지 않았음에도 사고가 발생한 것처럼 허위사실을 날조하여 보험금을 청구하는 사기 행위이다. 피해과장은 자동차보험에서 피해를 과장해서 청구한 행위다.

[표 2] 보험사기 발행 유형별 분류*

구분		보험	내용
대분류	소분류	종류	
고의	자살, 자해	전부	자해와 관련된 부당 보험금 청구.
	살인, 상해	전부	살인, 상해와 관련된 부당 보험금 청구
	고의충돌	자동차	법규위반, 여성운전자, 음주운전자 등 제3차량을 대상으로 한 고의추돌 및 지인들 간 가피 공모사고 유발
	자기재산손괴	전부	자기재물 고의파손 등
	방화	전부	보험금을 목적으로 한 방화
허위 · 과다	허위(과다)입원	전부	서류상 입원으로 실제로 입원하지 않거나, 경미한 질병·재해로 인한 피해를 의도적으로 부풀려 보험금 청구
	허위(과다)진단	전부	발병 사실이 없음에도 진단을 허위 또는 의도적으로 과장하여 받아내는 경우
	허위(과다)장해	전부	장해가 없음에도 장해가 발생한 것으로 위장하거나, 의도적으로 장해정도를 부풀려 보험금 청구
	허위사망 · 실종	전부	실제 사망 또는 실종되지 않음
	허위수술	전부	수술하지 않았음에도 수술한 것처럼 청구
	사고내용 조작	전부	발생하지 않은 사고나 사고 내용을 허위 조작, 질병을 상해사고로 조작, 배상책임보험 등 사고가 발생한 피해물을 부풀리거나 허위로 사고를 조작하여 보험금 청구 등
	고지의무 위반	전부	상법 제651조 준용하여 고지의무 위반으로 '부지급(면책) 해지' 처리한 건만 실적 인정하는 것을 원칙으로 하되, 기망의도를 명확히 확인할 수 있는 경우에만 인정
	피해자(물) 끼워주기	자동차	사고가 발생하지 않는 피해자(물)를 부풀려 보험금 과다 청구
	사고내용 조작	전부	발생하지 않은 사고나 사고 내용을 허위 조작 (일반 상해를 자동차사고로 조작 등)
	음주 · 무면허	자동차	운전이 허락되지 않는 운전자(음주, 무면허 등)의 운행으로 인한 사고 조작
	사고 발생 후 보험가입	자동차	자동차사고 일자 조작 등
	운전자 바꿔치기	자동차	자동차사고 후 운전자 바꿔치기
	사고차량 바꿔치기	자동차	자동차사고 후 사고차량 바꿔치기
	차량도난	자동차	허위 차량도난신고 또는 차량도난 후 국내·외 유통
피해 과장	자동차사고 피해과장	자동차	피보험자 등에 인한 피해과장
	병원의 과장 청구	자동차	병원관계자들의 치료비 등 허위, 과다청구 및 의료법 위반 행위를 통한 부당보험금 수령 등
	정비공장의 과장 청구	자동차	정비공장 관계자들의 수리비 허위, 과다, 편승청구 등
기타	기타	전부	위 사고 유형에 들어 있지 않은 경우

*보험종류는 모든 보험에 해당하는 경우는 전부, 자동차보험에만 해당하는 경우는 자동차로 표시. 보험사기 자세한 유형 분류는 부록1과 부록2를 참고하기 바람
자료: 금융감독원 자료를 일부 재구성함

▌사고 유형별 적발 규모 추이

아래 [표 3]은 사기유형별 보험사기 적발 인원 추이를 보여준다. 2016년 83,012명에서 2020년 98,826명으로 지난 5년 동안 19% 증가하였다. '허위ㆍ과다'는 비중이 2016년에는 81.8%였지만 꾸준히 감소하여 2020년 72.8%를 차지하고 있다. '고의사고'비중은 2016년 7.9%에서 다소 증가하여 2020년에는 10.3%를 차지하고 있다. (자동차보험) 피해과장도 증가하여 2016년 6.6%에서 2020년에는 8.3%로 증가하였다.

고의사고의 구체적인 항목을 살펴보면 사회적으로 물의를 일으키는 살인, 상해로 적발된 인원은 2016년 164명에서 2020년 72명으로 절반 이하로 줄어들었다. 자살, 상해도 동 기간 1,080명에서 858명으로 감소하였다. 조사기관 등 사회적인 감시 효과가 작동한 것으로 평가된다. 반면 기타 고의사고는 상당히 증가하여 비정형화된 고의사고 보험사기가 등장하고 있다는 것을 시사한다. 허위(과다) 보험사기 세부항목을 살펴보면 음주, 무면허운전 사기자가 동 기간 17,692명에서 14,754명으로 감소하여 사회적인 감시체계가 작동하는 것으로 판단한다. 고지의무 위반은 10,951명(13.2%)에서 15,774명(16.0%)로 적발 인원 및 상대적 비중에서 모두 크게 증가하였다. 향후 청약 및 판매 시점에서 스크리닝이 더 필요하다는 것을 시사한다. 허위(과다) 입원ㆍ진단ㆍ장애도 10,866명(13.1%)에서 14,532명(14.7%)으로 적발 인원과 상대적 비중에서 상당히 증가하였다. 실손보험 등 건강보험과 관련된 상품에서 극단적인 도덕적 해이가 심하다는 사실을 나타낸다. (자동차보험) 피해과장에서는 병원의 과장 청구가 2020년 급격히 증가하여 이에 대한 조사를 강화해야 할 것으로 본다.

[표 3] 사기 유형별 적발 인원 5년 추이 (단위: 명)

구분	세부항목	2016	2017	2018	2019	2020
고의 사고	자살, 자해	1,080	608	778	791	858(0.9%)
	살인, 상해	164	100	36	46	72(0.1%)
	기타 고의사고	5,280	5,740	5,631	6,994	9,295(9.4%)
	소계	6,524	6,448	6,445	7,831	10,225(10.3%)
허위 (과다)	허위(과다) 입원, 진단, 장애	10,866	12,836	12,344	12,800	14,532(14.7%)
	사고내용 조작	11,695	11,627	11,424	18,512	13,608(13.8%)
	음주, 무면허운전	17,692	16,604	13,398	15,327	14,754(14.9%)
	고지의무 위반	10,951	9,670	10,254	12,505	15,774(16.0%)
	기타 허위사고	16,685	15,346	14,988	15,842	13,247(13.4%)
	소계	67,889	66,083	62,408	74,986	71,913(72.8%)
자보· 피해 과장	자동차사고 피해과장	4,151	3,638	2,691	2,499	3,440(3.5%)
	병원 과장 청구	641	878	791	372	3,161(3.2%)
	정비공장 과장 청구	720	1,216	2,836	2,284	1,554(1.6%)
	소계	5,512	5,732	6,318	5,155	8,155(8.3%)
기타		2,650	4,635	3,288	3,634	7,552(7.6%)
합계		83,012	83,535	79,179	92,538	98,826(100%)

자료: 금융감독원 통계 자료를 재구성함

아래 [그림 8]은 최근까지 23년간 적발 금액을 4가지 사기 유형별로 구분한 추이이다. 유형별 적발 금액에서 가장 비중이 높은 허위(과다)가 2020년 65.8% 로 1998년에 비해 비중이 현저히 증가하였다. 고의사기는 2020년 15.4%, 자동차보험에만 해당하는 피해과장은 9.8%, 기타의 순서이다.

[그림 8] 사기유형별 적발 금액 추이

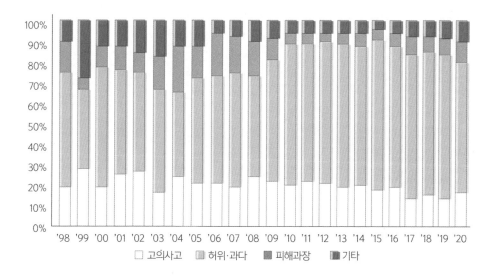

지난 5년간 적발 금액은 7,185억 원에서 8,986억 원으로 25% 증가하였다. 사기 유형별 세부항목으로 적발 금액을 살펴보면 의료, 병원 등 실손보험과 관련된 허위(과다) 입원 등이 가장 비중이 높고(21.2%) 사고내용 조작(16.4%)이 두 번째다. 지난 5년의 추이를 보면 살인·상해와 음주·고지의무 위반은 절대 금액이 감소할 정도로 비중이 감소하였다. 정부와 사회의 지속적인 감시와 감독 효과가 있었다고 본다. 하지만 치료, 병원과 관련된 보험사기는 증가하였다. 예를 들면 병원 과장 청구가 2016년 1.3%에서 2020년 3.1%로 크게 증가하였고 허위(과다)입원·진단·장애 등도 20.2%에서 21.2%로 증가하였다.

[표 4] 사기 유형별 적발 금액 추이 (단위: 백만 원, %)

구분	세부항목	2016	2017	2018	2019	2020
고의 사고	자살, 자해	76,398	45,772	54,336	63,728	71,283(7.9%)
	살인, 상해	4,271	3,915	2,020	3,325	3,718(0.4%)
	기타 고의사고	40,861	39,423	51,834	43,095	63,545(7.1%)
	소계	121,530	89,110	108,190	110,148	138,546(15.4%)
허위 (과다)	허위(과다) 입원, 진단, 장애	144,900	176,662	177,695	198,521	190,779(21.2%)
	사고내용 조작	126,614	116,087	165,655	185,501	147,258(16.4%)
	음주, 무면허운전	85,197	80,570	74,268	87,813	81,340(9.1%)
	고지의무 위반	76,451	84,597	82,697	85,571	97,722(10.9%)
	기타 허위사고	76,541	76,599	80,692	87,428	74,346(8.3%)
	소계	509,703	534,515	581,007	644,834	591,445(65.8%)
자보 · 피해 과장	자동차사고 피해 과장	26,703	28,255	6,058	36,049	44,837(5.0%)
	병원 과장 청구	9,688	19,095	24,748	5,430	28,071(3.1%)
	정비공장 과장 청구	12,135	6,860	23,048	12,634	14,908(1.7%)
	소계	48,526	54,210	53,854	54,113	87,816(9.8%)
기타		38,747	52,344	55,110	71,816	80,785(9.0%)
합계		718,506	730,180	798,161	880,911	898,592(100%)

자료: 금융감독원 통계 자료를 재구성함

▎조직적 보험사기 적발 규모

보험사기 중에서도 '조직적 보험사기'는 다른 범죄로 연결되거나 전염될 수 있어 죄질이 나쁘다. 조직적 보험사기는 보험사기를 기획하고, 필요한 공범자로 청소년 등을 모집하며 병원이나 정비업체 조직을 끼고 보험금을 조직적으로 편취하는 형태를 취한다. [그림 9]는 전체 보험사기자 대비 조직적 보험사기자의 비율 추이를 보여준다. 2009년 13,800명(22%)에서 2018년 14,481명(18.8%)으로 관련 적발 인원은 증가하였지만 상대적 비중은 조금 감소하였다. 이는 조직적 보험사기가 줄었다고 보기보다는 보험사기가 많이 증가하였고, 조직적 보험사기로 적발되는 인원이 줄어들면서 일종의 풍선효과가 있었을 것이라고 추측한다. 다른 해석은 조직적 보험범죄자의 수법이 고도화되면서 적발이 더 어려워진 것도 원인이라고 추측한다.

[그림 9] 조직적 보험사기 적발 인원 추이

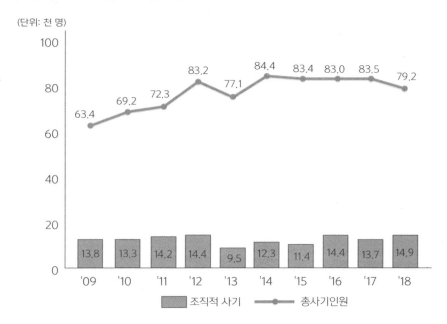

아래 [표 5]는 '조직적 보험사기'의 세부 형태별 적발된 인원과 금액을 보여주고 있다. 2014년 단순한 '조직적 보험사기'인 '자동차 가피 공모' 인원 비중은 22.3%였지만 2018년 14.4%로 대폭 감소하였다. 금액 비중은 동기간 13%에서 7%로 급격히 감소하였다. 이는 CCTV나 블랙박스 등이 많이 보급되면서 가피 공모가 어려워졌기 때문일 것이다. 공모에서 가장 비중이 높은 '병원관계자 및 보험설계사가 연루된 공모 사건'은 2014년 적발 인원 59.4%, 적발 금액 47.7%에서 2018년에는 적발 인원 29.1%, 적발 금액 37.2%로 상대적 비중이 상당히 축소되었다. 보험회사와 조사·수사당국의 적극적인 조사와 수사가

역할을 했던 것으로 평가한다. 또한, 적발 인원이나 금액에서 기타 항목 비중이 점점 증가하는 것은 보험사기 패턴이 점점 진화하고 변한다는 사실을 암시한다.

[표 5] 조직적 보험사기 인원과 금액 추이

구분	공모 종류	2014	2015	2016	2017	2018
인원 (명)	병원관계자 및 보험 설계자가 연루된 공모	6,746	4,664	5,499	6,268	4,331 (29.1%)
	정비업체/렌트카업체 종사자가 연루 공모	365	365	601	870	2,397 (16.1%)
	자동차사고 가피 공모	2,530	2,530	2,851	2,197	2,139 (14.4%)
	기타 공모 사건	3,801	3,801	5,476	4,341	6,014 (40.4%)
	총계	11,360	11,360	14,427	13,676	14,881 (100%)
금액 (백만 원)	병원관계자 및 보험 설계자가 연루된 공모	44,966	34,230	35,205	80,346	50,245 (37.2%)
	정비업체/렌트카업체 종사자가 연루 공모	4,088	4,951	11,438	4,873	22,484 (16.7%)
	자동차사고 가피 공모	12,234	12,910	16,222	8,185	9,558 (7.1%)
	기타 공모 사건	33,000	44,309	61,726	36,186	52,655 (39.0%)
	총계	94,288	96,400	124,591	129,590	134,942 (100%)

▍보험사기자의 인구통계

보험사기자가 대부분 남성이라는 사실은 지난 16년 동안 큰 변함이 없다. 하지만 보험사기 적발자 중 남성은 2005년 15,251명에서 2020년 67,137명으로 엄청나게 증가한 듯 보이지만 남성의 비중은 79%에서 68%으로 10% 이상 감소하였다.[14] 여성의 사회참여가 점점 활발해지면서 보험사기자에서 여성의 비중은 다소 증가할 것으로 예상된다.

[그림 10] 보험사기 적발 인원의 성별 추이

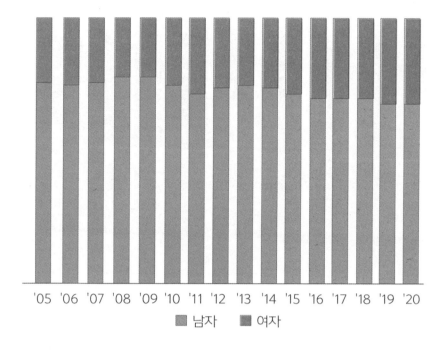

'05 '06 '07 '08 '09 '10 '11 '12 '13 '14 '15 '16 '17 '18 '19 '20
■ 남자　■ 여자

　[그림 11]은 2005년부터 2020년까지 보험사기자의 연령대별 상대적 비중 추이를 보여준다. 청소년(10대) 비중은 1%에서 2%로 늘었지만 청년(20대) 비중은 19%에서 16.7%로 감소하였다. 30대와 40대의 비중도 동기간 각각 감소하였다. 그러나 50대의 비중은 15%(2,882명)에서 25%(24,563명)로 크게 증가하였고, 60대의 비중도 5%(736명)에서 16.4%(16,177명)로 3배 이상 증가하였다. 50대와 60대가 증가한 원인은 인구 저출산·고령화라는 인구구조 변화가 가장 중요한 원인이며 이와 함께 경제적인 문제도 원인도 영향을 주었을 것으로 본다.

[그림 11] 보험사기자의 연령대별 비중

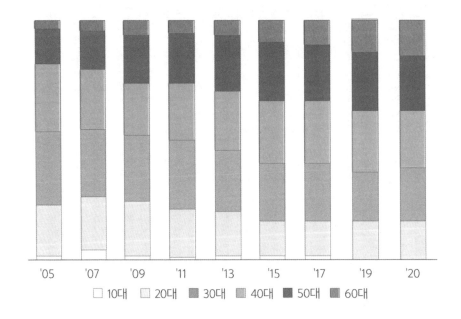

| '05 | '07 | '09 | '11 | '13 | '15 | '17 | '19 | '20 |

□ 10대　□ 20대　■ 30대　■ 40대　■ 50대　■ 60대

　[표 6]은 2005년부터 2020년까지 보험사기자 수가 어떻게 변했는지 보여준다. 2005년과 2006년의 보험사기자 수와 2019년과 2020년을 비교한 것이다. 보험사기자는 2005년 19,631명에서 16년이 지난 2020년 98,826명으로 5배 증가하였다. 2020년 기준 보험사기자의 절대 수가 많은 순서로 보면 기타를 제외하고 회사원, 무직ㆍ일용직, 학생, 운수업자, 기타일반자영업자 순서였다. 지난 16년간 안정된 일자리가 부족해지면서 무직ㆍ일용직 및 학생의 보험사기 가담이 증가한 것으로 추측할 수 있다. 앞서 언급한 2020년 대검찰청이 발표한 자료에서도 사기 범죄자 중 피고용자와 무직자 비중이 가장 높았다. 2005년에 비해 2020년 직업군별로 보험사기가 가장 많이 증가한 직업은 교육 관련 종사자(43.4배), 공무원(20.5배), 공장제조업(19.7배), 학생(18.1배)이었다. 사교육 종사자가 급격히 증가하면서 교육 관련 종사자가 증가한 것이 아닐까 하고 추측한다.

[표 6] 보험사기자별 인원 및 증가 정도   (단위: 명)

구분	2005	2006	2019	2020	증가 정도(배) (2020/ 2005)
모집종사자	178	233	1,600	1,408	8.0
유흥업소종사자	66	174	150	126	1.9
운수업종사자	752	1,197	3,571	3,796	5.1
회사원	2,886	6,086	17,148	19,275	6.7
학생	255	692	3,837	4,616	18.1
무직·일용직	2,376	3,264	8,766	10,338	4.4
병원 종사자	391	253	1,233	944	2.4
정비업소종사자	169	221	1,071	1,138	6.7
공장(제조업)	107	742	1,901	2,110	19.7
기타일반자영업	1,847	3,068	2,895	2,944	1.6
군인	30	57	295	240	8
교육 관련 종사자	30	70	975	1,302	43.4
공무원(교사 제외)	30	61	562	614	20.5
운동선수	30	6	58	34	1.1
기타	10,484	10,630	48,476	49,941	4.8
계	19,631	26,754	92,538	98,826	5.0

제3장 사회보험의 보험사기

▎ 국민건강보험 재정과 부정수급 문제

우리나라에는 5대 사회보험이 있다.[15] 건강보험, 고용보험, 산재보험, 노인장기요양보험 및 국민연금이 그것이다. 사회보험은 사회복지의 한 축으로 운영되므로 보험금 지급이 민영보험처럼 까다롭지 않아 보험사기(부정수급)에 취약하다. 사회보험을 운영하는 공공기관들은 민영보험회사보다 보험사기 적발에 덜 적극적이며 적발기법도 부족하다. 저출산 및 고령화로 모든 사회보험의 수입은 감소하고 있으며 반면에 지출은 증가하고 있다. 사회보험을 효율적으로 운영하기 위해서는 보험사기(부정수급)을 적발하고 최소화하는 것이 중요한 이유이다.

국민건강보험(이하 건강보험)은 사회보험의 핵심축이다. 하지만 건강보험 보험료 부담이 점점 증가하면서 국민들은 건강보험 보험료가 제대로 사용되고 있는지 누수는 없는지 관심이 높다. 건강보험은 보험료는 거의 모든 국민이 내고, 운영과 관리를 국민건강보험공단이 하며 의료공급자들이 공단으로부터 진료에 대한 대가를 받는 방식이다. 우리나라 건강보험제도는 모든 나라에서 부러워할 정도로 좋은 제도인 것은 분명하다. 하지만 저출산 및 고령화로 최근 급여 지출이 보험료 수입보다 빠르게 증가하고 있다. 2019년 건강보험은 수입 67.8조 원, 지출 71.9조 원으로 4.1조 원 적자이다. 이 재정 적자 추세는 지속적인데, 2028년에는 10.7조 원으로 증가할 것으로 예상된다. 국민의 치료와 건강관리를 위해서 소요되는 재원이지만 지속적으로 적자가 계속되는 것은 건강보험체계를 불안하게 한다.

[표 7] 건강보험의 재정수지 전망(2019~2028)   (단위: 조 원, %)

구분	2019	2020	2021	2022	2024	2026	2028	연평균 증가율
수입	67.8	74.3	81.3	87.7	102.4	124.9	131.0	7.6
지출	71.9	78.1	84.6	91.8	106.1	131.8	141.7	7.8
재정수지	△4.1	△3.7	△3.3	△4.2	△3.8	△6.9	△10.7	-
적립금	16.5	12.8	9.5	5.3	△3.1	-	-	

자료: 국회 예산정책처 2019~2028년 8대 사회보험 재정 전망(2019년 11월)을 재정리함

　국민건강보험공단이 실시한 여론조사 결과 80.9%의 응답자가 "보험료 인상률이 높다."고 응답했다고 한다. 향후 보험료를 자주 인상하는 것은 국민적 반대가 클 것이다. 그렇다면 재정 효율화 측면에서 잘못 지출된 부분이나 부정수급(보험사기)은 없는지 살펴야 한다. 2028년 재정수지 전망도 131조 원 수입에 142조 원 지출의 거대한 규모이다. 따라서 보험사기(부정수급)가 1~2%만 있어도 누수금액은 1.4~2.8조 원이 된다. 건강보험 부정수급에는 소비자인 시민의 부정수급도 일부 있지만 일부 의료공급업자의 부정수급이 대부분이다. 건강보험공단에 의하면 2019년 부정사용자는 1,178명이었고 부정사용금액은 421억 원이었다. 건강보험증 대여·도용으로 부정수급한 인원은 878명이었다. 2019년 형사고발된 75명 중 18명은 징역형을 57명은 벌금형을 받았다.

　건강보험에서 가장 큰 문제는 의료기관의 불법이다. 대표적으로 사무장병원 등 불법의료기관의 부정수급액 규모가 갈수록 커지는 반면 징수율은 5%도 안 되는 수준이다. 건강보험공단은 불법의료기관 폐업이나 소송 등의 사유로 징수가 어렵다고 설명한다. 최근 5년간 건보공단이 사무장병원과 같이 불법의료 개설기관에 대해 요양급여 부정수급 환수결정한 사례는 749곳으로 약 2조 6,534억 원에 달했다. 하지만 건강보험공단이 환수결정을 내린 금액 대비 실제로 징수한 금액은 매우 저조한 것으로 보고되었다.[16]

연도별로 불법의료기관 수는 줄어들지만 오히려 환수결정액은 증가 추세이다. 2016년 요양급여 부정수급 불법의료개설기관은 220곳에서 2019년도에 135건으로 줄었지만, 환수결정액은 약 4,181억 원에서 약 9,475억 원으로 2배 이상 늘었다. 불법의료개설기관 1개소당 부정수급액은 2016년 약 19억 원이었지만, 매년 증가해 2020년 6월 기준으로는 약 87억 원이었다. 5배 가까이 늘어난 것이다.

▌ 노인장기요양보험 재정과 부정수급 문제[17]

노인장기요양보험은 고령이나 노인성 질병 등의 사유로 일상생활을 혼자서 수행하기 어려운 노인 등에게 신체활동 또는 가사활동 지원 등 장기요양급여를 제공하는 사회보험제도를 말한다. 노인장기요양보험은 다른 사회보험인 건강보험, 국민연금, 고용보험, 산재보험에 비해 규모가 적지만 노령화가 가속화되면서 규모도 증가하고 재정 수요도 급증하고 있다. 따라서 부정수급도 증가하고 있다고 추측된다. 2020년 10월 13일 보건복지부가 국회에 제출한 '노인장기요양보험 부정청구 현황' 자료에 의하면 부정청구 금액 및 적발 기관이 매년 증가하고 있는 것으로 나타났다.

[표 8] 노인장기요양보험의 재정수지 전망(2019~2028년)　　　　　　(단위: 조 원, %)

구분	2019	2020	2021	2022	2024	2026	2028	연평균 증가율
수입	7.5	9.6	10.7	11.6	13.8	16.3	18.5	10.6
지출	8.3	9.6	11.0	12.8	16.4	20.4	25.4	13.3
재정 수지	△0.8	0.0	△0.4	△1.1	△2.6	△4.1	△6.9	
적립금	0.6	0.6	0.2	△0.9	–	–	–	

자료: 국회 예산정책처(2019)의 2019~2028년 8대 사회보험 재정 전망을 재정리함

노인 인구 증가에 따라 노인장기요양보험 수급자는 매년 15% 정도 증가하고 있는데, 2020년 6월 기준 80만 2,632명이다. 2019년 기준으로 수입 7.5조 원, 지출 8.3조 원으로 재정적자는 8천억 원 정도이다. 이 재정 적자는 인구고령화와 함께 점점 증가하여 2028년에는 6.9조 원이 될 전망이다. 노인장기요양보험은 수급자 수 증가와 함께 부정수급액 역시 증가하는 것으로 나타났다. 2017년부터 2020년 6월까지 지난 4년간 노인장기요양보험 부정수급액은 602억 8,500만 원이었다. 연도별로는 2017년 149억 4,200만 원, 2018년 150억 3,700만 원, 2019년 212억 3,500만 원으로 해마다 늘었고 2020년은 6월까지 90억 7,100만 원이었다. 부정청구 유형은 인건비 과다청구, 서비스 미제공, 급여제공 기준위반 등으로 구분되는데 '인건비 과다청구'가 최근 4년간 부정청구 적발 금액의 75.8%를 차지할 만큼 대표적인 부정수급 유형인 것으로 나타났다. 인건비 과다청구 사례는 실제 근무를 하지 않았음에도 출근부 등을 허위로 작성한 후 월 기준 근무시간 이상의 근무시간으로 등록해 급여비용을 청구하거나 등급외자 2명에 대해 입소신고를 하지 않고 실제 정원을 초과했음에도 초과하지 않은 것으로 일자별 현원을 산정한 후 급여비용을 감액 없이 청구한 것 등으로 인력배치기준 위반, 인력추가배치 가산기준 위반, 정원초과 기준 위반 등의 유형이 있다.

　적발기관 수 또한 2017년 731개소, 2018년 742개소, 2019년 784개소로 증가세를 보이고 있으며 2020년 6월까지 329개소가 적발됐는데 그에 따른 경고, 업무정지, 취정취소 등의 행정처분을 받은 기관 역시 2017년 458개소, 2018년 521개소, 2019년 555개소, 2020년은 6월까지 233개소였다. 지난 4년간 행정처분을 받은 1,767개소 중 95%인 1,678개소가 업무정지처분을 받았고 지정취소는 24개소에 불과한 것으로 나타났다. 한 국회의원은 "부정청구로 국민이 낸 보험료와 국고지원금이 줄줄 새고 있다."며 "수급자 수 증가세가 뚜렷한 만큼 부정청구에 대한 지도·감독을 철저히 할 필요가 있다"고 강조했다.

고용보험 재정과 부정수급 문제[18]

　　고용보험도 사회보험의 중요한 축이다. 고용보험은 사용자(고용주)의 사정이나 피보험자(근로자)의 불가피한 사유로 직장을 잃게 된 경우 피보험자의 구직활동 및 재교육을 지원하는 사회보험이다. 실직 시 본인이 재취업을 위한 노력을하는 것을 조건으로 가입기간에 따라 최소 120일, 최장 270일 동안 실업급여를받을 수 있다. 고용보험은 실업급여가 가장 중요하지만, 그 외에 취업 알선과직무 교육 등의 서비스도 지원한다. 고용보험은 경제 양극화와 함께 디지털화가가속화되면서 실업률이 증가하고 있어 향후 중요성이 점점 증가할 것이다. 2021년 고용보험 재정수지는 어둡다. 코로나19의 영향으로 고용보험 재정은직접적인 타격을 입었다. 전년 대비 실업급여 지출은 급증하였으나, 보험료수입 또한 조금 감소하였다.

[표 9] 고용보험의 재정수지 전망(2019~2021년)　　　　　　　　　　(단위: 조 원, %)

구분	2019	2020	2021 (계획)	2021* (2차 추경)
수입	11.8	19.8	18.5	18.8
지출	14.0	20.4	19.0	20.8
재정수지	△2.1	△0.6	△0.4	△2.0
적립금	7.3	6.6	6.2	4.7

*공적자금 예산금 7.9조 원 제외 시 적립금은 1.5조 원으로 축소됨
자료: 위 국회 예산정책처 자료와 고용노동부(www.moel.go.kr) 자료를 종합함

　　고용보험기금은 2017년까지만 해도 적립금이 10조 9,660억 원에 달했지만 2019년에는 7조 227억 원으로 줄었다. 이 수치만 보면 4조 원 가량 감소한 것으로 보이지만, 이는 정부 지원 등이 합쳐진 결과로 실제 적자는 더 심각하다. 고용보험기금은 2020년 적자로 돌아서 정부가 추경으로 편성한 6조 2,000억여 원과 공공자금관리기금에서 빌려온 예수금(4조 7,000억 원)을 투입해 기금 부족

분을 메워주었다. 2021년은 코로나로 기금 지출은 급증하고 있다. 고용노동부에 의하면 실업급여 지급액은 2021년 2~6월 동안 5개월 연속 1조 원대를 유지하고 있다. 이를 포함한 2021년 상반기 실업급여 지급액은 6조 4,843억 원(반기 기준 역대 최대)이다. 올해 실업급여 지출예산(고용보험기금 실업급여 계정)인 11조 3,000억 원 중 57%가 소요된 것이다.

위 표의 내용처럼 기금 지출 확대에 따른 적립금 고갈 방지를 위해 2021년 2차 추경 편성을 통해 기금 부족분을 보전해줄 계획이다. 작년처럼 국민 세금을 또다시 투입하고, 공공자금관리기금에서 수조 원의 예수금을 추가로 빌리는 방안도 검토 중인 것으로 전해진다. 예수금은 향후 기금에서 갚아야 하는 돈이다.

실업급여의 가파른 지출증가는 복합적인 이유가 있다. 코로나19로 인한 실업 증가가 가장 큰 원인이다. 여기에 정부는 지급액 상향을 단행했고, 상대적으로 실업이 잦은 고용불안계층을 실업급여 대상으로 확대해 나가고 있다. 통상 실업급여로 불리는 구직급여는 실직 근로자의 안정적인 생활과 구직 활동을 돕기 위해 지급하는 수당이다. 6개월(주휴일 포함 180일) 동안 고용보험에 가입하고 비자발적 퇴사를 했을 경우 실업급여를 4~9개월간 받을 수 있다. 실업급여 하한액은 하루 6만 120원, 한 달에 약 181만 원이다.

여기에도 보험사기가 있다. 일부 시민은 실업급여 반복 수급하는 방식으로 고용보험 고갈을 앞당겨 왔다. 국회 홍석준 의원실에 의하면 최근 5년간 3회 이상 실업급여를 수령한 사람은 2016년 7만 7,000명에서 지난해 9만 4,000명으로 22% 증가했다. 이들의 수령 금액도 2,180억 원에서 4,800억 원으로 두 배 이상 급증했다. 부정수급도 급증해 2015년 2만 1,415건이던 구직급여 부정수급 건수는 지난해 2만 4,271건으로 늘었다. 지난해 부정수급액도 237억 5,700여만 원으로 5년 전(145억 7,100만 원)에 비해 100억 원 가까이 증가했다. 코로나19 위기를 넘기면 정부는 고용보험기금 확충을 위해 고용보험료 인상을 통해 기금 적자를 메울 가능성이 높다. 이는 결국 사업주와 근로자들의 부담을 증가시키는 요인이 될 수밖에 없다.

산재보험 재정과 부정수급 문제

산재보험(산업재해보상보험)은 사회보험 중 하나로 근로자의 업무상 상해에 대해 사업주의 보상 의무를 구체화 한 것으로 근로자가 업무 중 다쳤을 때 사업주가 근로기준법에 따라 보상하는데, 이를 산재보험으로 처리하는 것이다. 산재보험은 1963년 제정되어 큰 사업장에만 적용되다가 2018년에는 사업장이라면 상시 근로자가 1명 미만인 경우까지 확대되었다. 산재보험은 근로복지공단에서 운영·관리한다.

산재보험 부정수급은 사업장 관련 부상이 아닌 경우에도 보상을 받는다든지 산재노동자가 아님에도 산재노동자인 것처럼 속이거나 평균임금을 조작하여 더 많은 산재보상을 받는 등 부정한 방법으로 산재승인을 받거나 과다하게 보상을 받는 행위이다. 산재보험 부정수급은 산재보상의 신속, 공정성에 악영향을 미치고 보험재정의 건전성도 훼손하는 범죄다.

산재보험은 고용보험, 건강보험 및 노인장기요양보험 등에 비해 코로나19 영향을 조금 덜 받아 재정이 상대적으로 건전한 편이다. 하지만 미국에서는 산재보험(worker's compensation)에서 보험사기가 매우 많다는 것을 감안하면 우리나라에서도 산재보험 보험사기(부정수급)를 걸러낼 수 있는 체계적 대응이 필요하다. 고용노동부 자료에 의하면 산재보험 부정수급은 2017년 379건(63억 원), 2018년 288건(44억 원), 2019년 258건(69억 원), 2020년 8월까지 274건(55억 원)이었다. 하지만 2017~2000년 8월까지 부정수급 환수액은 2억 9천만 원으로 환수율은 2.63%에 불과하였다.[19]

[표 10] 산재보험의 재정수지 전망(2019~2028년)   (단위: 조 원, %)

구분	2019	2020	2021	2022	2024	2026	2028
수입	8.9	9.4	10.0	10.4	11.4	12.4	13.3
지출	6.8	7.4	7.7	8.1	8.8	9.6	10.3
재정수지	2.1	2.0	2.2	2.3	2.6	2.8	3.0
적립금	20.0	22.0	24.2	26.5	31.6	37.2	43.2

자료: 국회 예산정책처(2019)의 2019~2028년 8대 사회보험 재정 전망을 재정리함

제4장 보험사기에 대한 대응 현황

▍정부의 보험사기 대응 조직 현황

정부는 검찰과 경찰을 중심으로 보험범죄에 대응하고 있다. 국가정책조정회의에서는 검찰과 경찰뿐만 아니라 국토교통부, 금융감독원, 건강보험심사평가원, 국민건강보험공단, 근로복지공단, 손해보험협회, 생명보험협회 등 9개 기관이 참여하는 비상설기구인 '보험범죄전담 합동대책반'을 서울중앙지방검찰청에 설치하도록 하였고(형사 4부장검사가 반장 겸임) 2017년 12월까지 연장되어 운영되었다. 그 이후에도 서울중앙지검에 소속되어 있다가 2019년 3월 대검찰청으로 이관되어 있는 상태이다. 그 외에도 일부 지방검찰청 형사부에는 보험범죄 담당 검사를 지정하여 운영하는 경우도 있고 보험사기 건을 일반 사기 건과 동일하게 처리하여 수사하기도 한다.

국가적으로 큰 변화는 2021년 검·경수사권 조정결과 경찰국가수사본부가 출범하였고 검찰의 수사지휘권이 폐지되어 경찰이 1차 수사종결권을 갖게 되면서 원칙적으로 검·경은 상호협력관계로서 검찰의 직접수사범위가 축소되면서 보험사기 수사 환경에도 큰 변화가 있었다.[20] 경찰은 국가수사본부, 국가경찰, 자치경찰로 분리하면서 국가수사본부를 중심으로 전국 18개 시·도경찰청으로 수사조직이 대폭 확대되었다. 기존에 주로 시·도경찰청 계 단위 규모의 지능범죄수사대, 광역수사대 중심으로 이루어지던 보험사기 등 경제범죄 수사를 과단위의 경제범죄수사과, 금융범죄수사대, 강력범죄수사대, 반부패 경제(공공)범죄수사대, 광역수사대 등으로 대폭 확대 개편하여 다양한 부서에서 보험범죄수사가 가능하게 되었다. 나아가 시·도경찰청 중심으로 수사체계를 확립하고 수사관 자격관리제 등 전문성도 강화하였다.[21] 자동차 관련 보험사기 등 교통범죄 수사는 기존에는 지방경찰청별 교통사고조사계에서 담당하였으나 국가수사본부의 출범에 따라 국가수사본부 소관으로 이관하였다. 보험회사나 금융감독원에서 기초조사를 통해서 보험사기 혐의가 상당하면 경찰에 수사를 요청하고, 경찰은 수사 후 검찰에 송치하면 검찰이 기소하는 체계의 3단계 체계가 만들어졌다.

▎금융감독원의 보험사기 대응 현황

금융감독원은 설립 초기부터 보험사기의 심각성을 인지하고 보험사기 조사 전담조직인 조사3국을 신설하였다. 그러나 신설 초기 정보, 인프라 부족 및 자체 사정 등으로 조사3국은 보험감독국 산하의 '팀'으로 축소되었다가 2001년 보험검사국 내의 '실'로 신설되었다. 이후 몇 번의 조직 변화를 거친 후 지금은 보험사기대응단 부서 내에 3개팀 16명으로 다소 축소되어 운영되고 있다.

금융감독원이 보험사기를 조사하는 절차는 크게 다섯 단계로 나누어진다. 먼저 '사전조사단계'에서는 기초적인 정보와 분석 결과로 본조사를 할 것인가를 결정한다. 두 번째 단계는 '조사실시단계'로 혐의자별 정보를 요청하고 분석하여 보험사기 혐의점을 분석한다. 세 번째 단계인 '조사 결과 보고 및 혐의사실 통보단계'에서는 조사한 결과를 보고하고 보험사기 혐의사실은 수사기관에 통보하면서 수사를 의뢰한다. 이 단계에서는 보험사의 SIU(Special Investigation Unit: 보험사기특별조사반)와 함께 수사기관의 수사를 지원한다. 마지막 단계는 '사후관리단계'로 재판결과를 지켜보면서 향후 보험사기에 더욱 효과적으로 대응할 수 있는 방안을 모색한다. 아래의 [그림 12]에는 금융감독원의 보험범죄 (사기) 조사절차와 내용이 정리되어 있다.

[그림 12] 금융감독원 보험사기 조사 절차 및 조사 내용

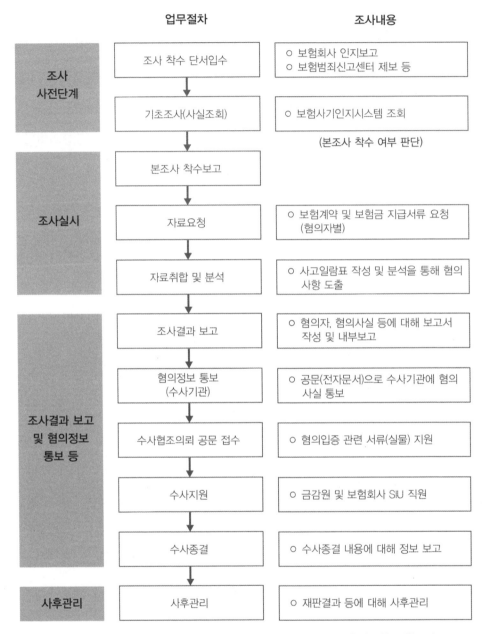

업무절차 / 조사내용

조사 사전단계

조사 착수 단서입수
- ○ 보험회사 인지보고
- ○ 보험범죄신고센터 제보 등

기초조사(사실조회)
- ○ 보험사기인지시스템 조회

(본조사 착수 여부 판단)

조사실시

본조사 착수보고

자료요청
- ○ 보험계약 및 보험금 지급서류 요청 (혐의자별)

자료취합 및 분석
- ○ 사고일람표 작성 및 분석을 통해 혐의 사항 도출

조사결과 보고 및 혐의정보 통보 등

조사결과 보고
- ○ 혐의자, 혐의사실 등에 대해 보고서 작성 및 내부보고

혐의정보 통보 (수사기관)
- ○ 공문(전자문서)으로 수사기관에 혐의 사실 통보

수사협조의뢰 공문 접수
- ○ 혐의입증 관련 서류(실물) 지원

수사지원
- ○ 금감원 및 보험회사 SIU 직원

수사종결
- ○ 수사종결 내용에 대해 정보 보고

사후관리

사후관리
- ○ 재판결과 등에 대해 사후관리

자료: 금융감독원 보험조사국, 2015

보험사기는 행정 및 민사적 제재도 있지만 형사적 제재가 가장 중요하다. 형사적 처분은 수사기관이 주도하는데, 보험사기 혐의자에 대해 수사한 후 검찰에서 기소하여 법원에서 유죄판결을 받게 하는 것이 목표이다.[22] 경성 보험사기(hard insurance fraud)의 경우 보험사기와 수반되는 살인, 상해, 교통사고처리특례법 위반 등의 범죄에 대한 기소 및 형사소송이 같이 진행된다. 보험사기 형사 재판에서 유죄판결이 확정되면 보험회사는 보험금을 환수하기 위해서 민사소송 절차를 별도로 진행한다. 유죄판결이 내려졌다고 하더라도 보험금 환수권이 부여되지 않기 때문에 별도로 민사소송을 제기해야 한다. 증거불충분 등의 이유로 형사재판에서 무죄판결이 내려졌다고 하더라도 보험회사는 민사소송을 통해서 보험금 지급을 다툴 수도 있다.

　　금융감독원에서 매년 보험사기 적발 통계를 제공하지만, 적발 이후 수사 및 형사재판 단계의 통계는 별도로 집적되지 않고 있다. 따라서 보험사기 적발 대비 기소율이나, 기소 대비 유죄선고율 그리고 유죄판결 확정 후 최종 환수금액에 대한 통계는 파악하기 어렵다. 보험회사나 금융감독원에서 적발된 건 중 연성사기에 근접한 상당수는 보험금 지급을 면책 처리하고 형사입건 되지 않지만 보험금이 고액이거나 경성사기에 해당하는 경우 통상 형사소송 절차가 진행된다. 금융감독원은 적발된 보험사기 사건 중 약 25%를 수사의뢰를 하고 있다고 한다. 2019년 법원에서 유죄확정 판결 관련한 민사소송 (보험금 환수소송) 신규 건수는 생명보험이 440건, 손해보험이 1,309건으로 총 1,749건이다. 이 건수는 같은 기간 형사1심 재판 피고인 수(접수 862명, 처리 576명)와 차이가 있다. 이 차이는 보험사기방지특별법 시행(2016년 9월) 이전 발생 사건이 수사기관 및 법원 통계에 반영되지 않은 점도 영향이 있을 것이라고 추측한다.[23]

[표 11] 보험사기 형사분쟁 현황

기관별 현황		2017	2018	2019
감독당국 (적발)	적발 금액	7,302억 원	7,982억 원	8,809억 원
	적발 인원	83,535명	79,179명	92,538명
수사기관 (수사·기소)	건수 (검거/입건)	1,195건/ 1,227건	2,500건/ 2,559건	3,080건/ 3,163건
	검거인원	2,656명	7,159명	9,759명
법원 (형사재판)	형사1심 피고인 수	–	228명	862명

자료: 보험연구원(2020), CEO Report 2020-07, 보험산업 진단과 과제(Ⅳ): 보험분쟁과 법제

보험협회의 역할

손해보험협회와 생명보험협회는 세 가지 측면에서 보험사기 적발과 예방에 노력하고 있다. 첫째, 보험사기 적발 및 예방을 위한 각종 법령(보험사기방지특별법, 신용정보법, 의료법 등)의 제정 및 개정을 위해 노력해왔다. 나아가 국가 차원의 보험사기에 대한 수사 강화를 위한 시스템 구축도 지속적으로 건의했다. 둘째, 보험사기 공동조사 추진 및 도덕적 해이 대응방안을 강화하였다. 보험회사가 단독으로 대응하기 어려운 고의 교통사고 등 조직적 범죄 및 병의원·정비업체의 보험금 허위청구 등에 대하여 협회 차원의 공동조사를 추진하고 수사를 지원하였다. 2004년 공동조사 개시 이후 2021년 말까지 약 8,700건을 접수하였고 이 중 5,200건에 대한 조사를 종결하도록 지원하였다. 장기 보험사기 브로커 및 도덕적 해이가 심한 한방병·의원에 대한 대응도 강화하였다. 셋째, 보험사기 적발과 예방을 위한 교육과 홍보이다. 2001년부터 매년 3~4회(총 51회) '보험범죄 아카데미'를 개설하여 지금까지 보험사기 조사전문가와 수사전문가 총 4,244명(경찰 3,044명, SIU 1,038명)이 수료하였다. 언론을 통해서 지속적으로 보험사기의 문제점과 부작용을 홍보하였고 학교 등을 통해서 보험사기(범죄) 방지

연구를 지원하였으며 2019년 10월에는 '보험범죄방지연구포럼'의 설립을 지원
하였다.

▌ 보험회사 SIU 현황

보험사기자를 일선에서 가장 먼저 조사하는 것은 보험회사의 SIU(Special
Investigation Unit: 보험사기특별조사반)이다. 보험사기가 증가하면서 보험업계
도 SIU 인원을 꾸준히 늘려왔다. 보험회사의 SIU 인원은 2005년 183명에서(손
보사 169명, 생보사 14명) 2012년 총 472명(손보사 314명, 생보사 158명)으로, 그리고
2020년 현재 총 640명(손보사 378명, 생보사 262명)으로 증가하였다. 금융감독원
내 보험조사실의 인력은 2011년 39명(금감원 직원 20명, 수견직원 19명)에서 2020
년 37명(금감원 직원 17명, 수견직원 20명)으로 다소 감소하였다. 2000년대 중반
이후 보험사기 조사 인력이 증가했지만 최근에는 AI모형 등 적발모형을 고도화
하여 적발 실적을 제고하려고 하고 있다.

[표 12] 보험회사 SIU의 인원 증가 추이 (단위: 명)

구분	2012	2013	2014	2015	2016	2017	2018	2019	2020
생명보험사	158	170	174	184	224	252	287	261	262
손해보험사	314	320	328	320	337	370	369	389	378
합계	472	490	502	504	561	622	656	650	640

II

보험사기 사례 분석

보험사기 집중 탐구

보험사기 집중 탐구

제5장	보험사기의 역사

고대의 보험사기

함무라비법전(Code of Hammurabi)은 기원전 1792년에서 1750년에 바빌론을 통치한 함무라비 왕이 반포한 법전(code)이다. 법전은 서문, 본문 282조, 맺음말로 되어 있는데 공법(형법)으로 '눈에는 눈으로'라는 탈리오 원칙이 잘 알려져 있다. 하지만 그 외 사법 영역에도 많은 내용이 있는데 그중에는 보험에 대한 내용도 있다. 예를 들면, 채무자가 홍수를 당했거나, 일을 할 수 없는 상태의 사고나 사망했다면 빚을 갚을 필요가 없다고 명시하여 원시 농작물보험과 같은 체계를 설명하고 있다. 함무라비법전에는 해상무역에 대한 법도 있다. 선주가 물건을 선적하기 위해 차입한 경우 대출자는 선박이 침몰하거나 선적한 물건이 도난당하면 대출금을 갚을 필요가 없다고 규정한다. 다만 그 대가로 선주는 대출자에게 일정한 수수료(일종의 보험료)를 지불하도록 하였다. 이 제도는 현대의 해상보험과 큰 차이가 없다.

세계 최초라고 알려진 보험사기 사건은 기원전 300년에 그리스 상인 헤게스트라토스가 저질렀다고 전해진다. 헤게스트라토스는 "bottomry"라는 선박 보험을 이용해 보험금을 편취하려고 배를 침몰시키려고 했으나 선원들에게 발각되었다. 이 보험은 선박의 항해가 완료될 때까지 용골과 선체를 대상으로 대출을 제공했다. 배가 침몰한 경우 대출을 상환할 필요가 없었고, 모든 위험은 보험자(보험회사)에게 있었다. 선원들을 모두 익사시키려는 음모가 밝혀지자 헤게스트라토스는 바다에 뛰어들어 목숨을 끊었다. 이러한 종류의 대출은 많은 선장이 긴 항해 동안 긴급 수리를 하는 데 확실히 도움이 되었지만, 헤게스트라토스 사건

이후 이 보험에 가입하는 선박은 줄어들었고 많은 선박이 해저에서 침몰된 상태로 잠자고 있다.[24]

로마시대에도 보험제도가 있었고 따라서 보험사기에 대한 법규도 있었다. 서기 133년 설립된 매장조합(가입자의 장례비용을 지급하는 일종의 사망보험) 라누비움의 규약을 보면 보험사기와 관련된 내용이 있다.[25] 조합 회원이 마을 밖에서 사망한 경우 그곳이 마을로부터 4마일 이내이고 그 통지가 있었다는 조건이라면, 구성원 3인의 도움으로 장례를 행하고 사망급부금을 지급(그 3인에게는 일당을 지급)하지만 이를 부정으로 착복하는 경우 4배를 반환해야 한다. 지역 간 교통이 매우 불편하여 망자의 사망을 확인하기 어려웠기 때문에 '사망을 위조'하고 부정 착복할 수 있어 이에 대한 대비책으로 4배를 반환하도록 하는 규약이 만들어졌을 것이다. 또한 그 규약에는 "사망급부금은 채권자, 해방노예, 노예의 주인이라고 할지라도 상속인이 아니면 청구할 수 없다"라는 규정이 있다. 이 역시 보험금 청구권이 상속인에게만 있다는 것을 분명히 하고 부정한 청구를 방지하고자 한 것이다. 로마시대 라누비움에도 "자살에 대해서는 일체 급부금을 지급하지 않는다"라고 정하고 있어 역선택과 도덕적 해이를 방지하고자 하였다.

▌ 중세 이후 초기의 도박보험

십자군전쟁(1095~1291년) 이후 상업과 무역이 매우 발달하였다. 항해와 해상무역 발달은 해상보험과 도박보험을 탄생시킨다. 해상무역이 활성화되는데 로마시대에서부터 일종의 해상보험인 해상대차(fornus nauticum)가 활용되었는데, 자본가들은 높은 이자(24~36%)를 목적으로 투기적으로 해상대차를 활용하기도 했다.[26] 하지만 13세기 이자를 금지한 그레고리우스 9세의 칙령(1230~1934년)에 따라 높은 이자가 명기된 해상대차계약이 금지되면서 해상대차는 무이자로 위장한 계약으로 등장한다. 위장된 대차계약이 생기면서 관련된 사기도 발생했을 것으로 추측한다. 해상대차의 이런 부작용을 해결하기 위해서 보험계약자가 직접 보험료를 지불하는 해상보험이 14세기에 등장하게 된다.

브라운(1925)에 의하면 해상보험에 가까운 대차계약에 관한 현존하는 문서 중 오래된 것은 제노바에서 1347년 10월 23일 라틴어로 작성된 계약이다. 이 시점을 기점으로 '보험대차'는 보험료를 지급하고 사고 발생 시 보험금을 보장받는 보험계약으로 발전하게 된다. 해상보험제도는 이탈리아에서 네덜란드의 거대한 상업중심지(예: 부류쥬)로 수출된다. 선박이나 적하를 해상보험으로 부보한 것과 같이 그 선박으로 운반하는 노예도 보험에 가입하는 것도 자연스러운 현상이 되었다. 그러다가 선주는 선장이나 선원 나아가 승객이 해난사고로 사망한 경우나 해적을 만나 인질이 되는 위험에 대비해서 생명에 대한 여행자보험에 드는 것이 일반화되었다. 이 경우 선주는 보험계약 중에 해당 선원의 성명, 선박명, 기항할 항구, 각각의 정박기간, 몸값, 몸값의 지불처 등을 명시해야 한다. 보험자는 인질이 된 사실이 입증되고 선주에게 보험증권만 있으면 통상적인 경우처럼 2개월 기한을 기다리거나 적하나 선하증권에 대한 형식요건을 요구하지도 않고 15일 이내에 몸값을 위한 금액을 지불할 의무가 있었다. 이 여행자보험은 14세기 이후 해상보험회의소와 해상보험중개인이 주로 취급하였는데, 여기서 사람의 생명을 보험의 대상으로 할 수 있다는 생각으로 발전하게 된다. 하지만 당시에는 사고의 확률이나 피보험자의 생존확률이 계산되지 않아서 사람의 생명에 대한 보험은 도박보험 수준에 머물렀다.

중세 이탈리아에서 사망보험의 한 형태로 임신한 여성의 보험이 만들어졌다. 이 보험은 여자노예에 대한 보험으로 출발하여, 임신한 아내의 보험도 생겨났다. 여자노예보험의 경우 여자노예를 임신시킨 인물은 그녀가 출산으로 사망한 경우 노예 주인에게 배상책임을 지도록 한 것이다. 남편도 아내가 출산으로 사망하는 경우에 대비하여 보험에 가입하기도 하였다. 도박이 성행하던 당시 많은 대상이 도박 생명보험의 대상이 되었다. 당시 피보험이익에 대한 개념이 없었기 때문에 제3자의 생명을 대상으로 누구나 보험에 가입하고 그 당사자가 사망하면 보험금을 받을 수 있었다. 특히 영주나 교황 등 고위층 사람의 생사 등이 도박 생명보험의 단골 대상이었다. 도박 생명보험이 사회적인 문제가 되면서 페리패 2세는 1570년 이러한 생명보험을 금지하는 칙령을 내린다. 생명보험을 금지하는 칙령은 교황청 및 루이 14세 등에 의해 유럽대륙에 광범위하게 제정되었다.

유럽대륙과 달리 영국은 도박은 합법이었고 생명보험을 금지하는 명시적 규정이 없었다. 영국에 최초로 도박 생명보험계약이 체결된 것은 1583년이다. 이것은 런던시 참사회원 리차드 마틴(Richard Martin)을 위한 계약이다. 피보험자는 윌리엄 기본스(Willams Gybbons)이며, 그가 1년 이내에 사망하는 경우에는 400파운드를 지급하는 것이다. 보험료는 30파운드였다. 1661년의 판례를 보면 당시 망명 중인 국왕 찰스 2세가 12개월 이내에 영국 국왕이 되는 경우 20파운드를 지불하는 도박보험도 있었는데, 보험료는 20실링이었다. 이 내기에 진 사람이 약속한 20파운드를 지불하지 않으려고 했지만 재판부는 지불을 명하였다. 당시 영국에서 중상주의적 또는 농본주의적인 견고함이 서서히 퇴색되고, 자본주의 정신이 자라나면서 보험의 저변이 급격하게 확대된 것이다. 도박보험은 보험이라는 이름으로 시민들에게 개인적인 도박을 유혹하였다. 확률적 근거가 없는 도박보험을 일부는 투기로 이용하여 돈을 벌기도 했지만 대부분 실패했고, 정부와 소비자들로 하여금 생명보험이라고 하면 곧 도박이라는 불신감을 갖게 하는 부작용이 생기게 되었다.

해상보험의 지속적인 발달로 해상무역은 활발해졌지만 한편으로 해상대차의 도박적 성격 때문에 보험사기도 많았을 것으로 추측한다. 중세시대 해상보험

보험사기에 대한 기록은 찾기가 어렵지만 19세기에 적발된 보험사기도 적지 않았다. 1862년 컬버트(Calvert)는 12,000파운드에 포세이돈(Poseidon)이라는 석유 화물선을 보험에 가입할 때, 로이드(Lloyd's)의 언더라이터를 속이려 했다. 칼버트 씨는 해적들이 승선해 배에 불을 질렀다고 거짓 주장했지만 조사 결과 칼버트 씨가 문서를 위조했으며 포세이돈은 처음부터 존재하지 않았다는 것이 밝혀졌다.

살렘(Salem)은 1980년 1월 17일 기니 앞바다에서 고의적으로 난파된 초대형 유조선이었다. 조사관들은 난파된 배에 200,000톤의 기름이 배에 실려 있었지만 난파선 근처 바다에 유출된 기름은 그렇게 많지 않다는 것을 알아차렸다. 또 다른 수상한 점은 선원들이 소지품을 모두 챙기고 도시락까지 챙겨가는 모습이 지나가던 배에 의해 구조되면서 밝혀졌다. 보험업자는 선박 손실에 대한 주장을 성공적으로 반박했으며 그 결과 주요 공모자들은 감옥에서 복역했다.

영국에서 근대적인 생명보험회사의 효시인 에퀴터블생명(The Equitable Life Assurance Society)이 설립된 1762년은 '보험살인의 원년'이라고 불리기도 한다. 이네스라는 남자가 양녀에게 에퀴터블생명에 1천 파운드짜리 생명보험을 들게 한 뒤 독살한 사건이 바로 그 해 일어났다. 이네스는 그를 유산상속인으로 한다는 양녀의 자필 유서를 제출해 보험금을 타내려다 회사의 의심을 샀고, 유서의 증인 2명 가운데 1명이 위조된 유서임을 폭로해 결국 범행사실이 들통났다. 이네스는 사형에 처해졌다.[27]

영국에서 발생한 악명높은 보험사기 건은 로이드(Lloyd's)에 부보한 보험이었다. 카메론(Cameron)의 아내는 진주 목걸이를 가지고 있었고 로이드 보험에 가입했지만 나중에 도난당했다고 주장했다. 보험사들은 사기를 의심했고 나중에 목걸이가 실제로 도난당한 것이 아니라는 사실이 밝혀졌다. 1911년, 카메론과 그의 아내 루비(Ruby)는 사기 혐의로 유죄 판결을 받았고 사기를 시도한 혐의로

3년형을 선고받았다. 카메론은 자신을 변호하는 증거를 제시하기를 거부하고 복역했다. 카메론의 아내는 그녀가 범인이며 남편은 범죄에 가담하지 않았다고 자백했다. 카메론의 아내가 감옥에서 석방된 후 그들의 결혼 생활이 지속되었는 지 여부는 확실하지 않지만 카메론은 완전한 사면을 받고 감옥에서 풀려났다. 슬프게도 그는 나중에 40세의 나이로 쉐필드(Sheffield)의 힐스브로그 배럭 (Hillsborough Barracks)에서 자살했다.[28]

우리나라 최초의 보험사기[29]

우리나라에는 신라시대의 창(倉), 고려시대의 보(寶), 조선시대의 계(契)라는 일종의 보험제도가 있었다. 특히 삼한시대부터 이어져 내려온 두레 또는 계는 여러 사람이 돈, 곡식 등을 모아서 사고를 당한 사람을 돕는 상호부조 형태였는데, 현대에 와서는 이웃끼리 '푼돈을 모아 목돈을 만드는' 저축계 형태로 발전하였다.

1876년 강화도조약으로 열강이 우리나라에 진출하였고 무역상사들이 보험 의 필요성에 따라 보험대리점을 겸하면서부터 근대적 보험이 도입되었다. 우리 나라 최초의 보험회사는 1921년에 설립된 조선생명주식회사이고, 처음으로 설립된 손해보험회사는 1922년에 설립된 조선화재 해상보험주식회사이다. 우리자본에 의한 최초의 생명보험회사는 대한생명으로 1946년에 설립되었다. 우리나라 최초의 보고된 보험사기는 최초 보험회사가 설립된 지 3년이 지난 1924년에 발생했다. 1924년 4월 2일자 매일신보에는 "보험외교원(보험모집인) 의 협작"이란 제목으로 보험가입 후 허위로 사망 신고를 하고 보험금을 편취했다 가 적발됐다는 기사가 실렸다. 보험외교원 조 씨는 송 씨 등과 공모하여 1923년 8월경에 수원군 마도면에 사는 이 씨의 처가 병이 중하여 위독한 것을 알고 다른 여자를 이 씨의 처인 것처럼 속여 양로보험 5천 원에 계약한 후 몇 개월이

지나도록 이 씨의 처가 사망하지 않자 1923년 10월경에 살아있는 이 씨의 처가 사망하였다고 허위의 사망 신고를 당국에 제출하고 보험금 5천 원을 편취하였다 결국 발각되어 법정에서 징역형을 받은 사건이다. 손해보험협회가 2005년 12월 27일에 발간한 '보험범죄 조사'라는 책자에 의하면 1921년 국내 최초의 보험회사인 조선생명보험회사가 설립된지 3년만에 보험범죄가 발생하였다. 또한 우리나라에서 보고된 최초의 보험살인은 1975년 '박분례 사건'이다. 언니, 형부, 조카를 방화로 살해하고 시동생마저 독살한 뒤 147만 원의 보험금을 타냈다가 경찰에 체포되었다.[30]

제6장   경성사기 사례 분석[31]

경성사기 중 가장 극단적인 범죄가 보험금을 편취하기 위해서 살인을 저지르는 경우이다. 아래 내용은 언론에서 보도된 내용을 중심으로 보험살인 등 경성사기 사건을 정리한 후 적발 관점에서 시사점을 분석한다.

▌잔혹동화 – 3자매 연쇄 사망사건(SBS 그것이 알고 싶다 925화 2014년 1월 11일)

혈연관계가 전혀 없는 세 아이가 같은 증상으로 사망하는 사건이 발생했다. 세 자매의 부모인 오 씨(가명) 부부의 첫째 딸(친딸)은 불과 생후 20개월 만에 원인을 알 수 없는 장출혈 증상으로 사망했다. 그러나 첫째 딸을 잃은 아이 엄마는 집 주변 보육시설에 자원봉사를 다니면서 버려진 아이들을 보살폈다. 경제적으로 넉넉하지 않은 형편이었기에 심한 주변의 만류에도 꿋꿋하게 입양을 결정했다고 한다. 그런데 입양한 딸 또한 첫째 딸과 같이 원인을 알 수 없는 장출혈 증상으로 투병 생활을 하게 되었다. 이 안타까운 사정이 알려지자 여러 TV프로그램을 통해 부부는 수천만 원의 후원금을 받았으나 결국 둘째 딸은 생후 15개월 만에 사망하게 된다. 둘째 딸의 사망 후 부부는 아이의 유골함과 함께 식사하고 잠을 자는 등 이상행동을 보이기도 했다고 한다. 그리고 2년 뒤 다시 딸을 입양했지만 놀랍게도 셋째 딸도 생후 28개월 만에 첫째, 둘째와 동일한 원인불명 장출혈로 투병을 했다. 혈연관계가 전혀 없는 세 아이가 모두 같은 증상이 생겼다는 사실은 학계에 보고될 만큼 희귀한 사례였다고 한다. 셋째 딸은 오랜 기간 투병하다

호흡 곤란으로 사망하게 된다. 세 자매의 직접적 사인은 모두 갑작스런 호흡부전이었다.

수차례 신문과 TV프로그램에 나와서 원인이라도 알고 싶다며 울부짖던 부모는 둘째의 부검을 거부했으며 아이가 사망하고 바로 화장을 해버려 아이들의 죽음에 관한 단서가 사라지게 했다는 것부터 의문점이 시작되었다. 셋째는 소아과 병동 다인실에 입원했었는데, 당시 한 병실을 썼던 여고생은 아이 엄마가 이상했다고 진술했다. 아이가 아빠를 볼 때 보다 엄마를 보면 유난히 자지러지며 울고 경기를 일으켰다고 한다. 아이가 중환자실에 가 있던 날에도 아이 엄마는 웃으며 다녔다고 한다. 결정적인 기억은 셋째가 사망하던 날 아이 엄마가 환자복으로 아이 얼굴을 짓누르는 장면을 목격했다고 한다. 그날 아이는 사망했다.

경찰관계자는 가장 먼저 보험가입 내역을 확인했다. 보험조사관은 셋째가 2008년부터 2010년까지 2년 동안 병원을 다니면서 4천만 원 가량의 보험금을 받은 내역을 찾았다. 세 아이는 모두 비슷한 보험에 가입되어 있었고 세 아이 앞으로 지급된 보험금은 약 6천만 원이었다. 임산부 행세를 하며 보험에 가입했던 것이다. 뚜렷한 범행동기로 보였다. 마침내 셋째 딸이 사망했을 때 아이 엄마는 경찰에 긴급 체포되었다. 경찰 조사 결과 아이 엄마는 아이들은 사망보험금을 받는 보험에 가입할 수 없어 대신 아이를 병에 걸리게 만들어 꾸준히 입원비와 치료비를 받아왔다. 아기 주변에 있는 더러운 이불이나 젖병을 소독하지 않는 등 비위생적인 환경에 아이들을 노출시켜 지속적으로 장염에 걸린 아이를 병원에 입원시키고 보험금을 받아 생활한 것으로 밝혀졌다.

이 사례는 건강보험 특히 정액형 건강보험이 보험사기에 취약할 수 있다는 것을 잘 보여준다. 미국에서는 건강(의료)보험 보험사기를 일반 보험사기와 분리할 정도로 건강보험은 보험사기에 취약하다. 그리고 임신한 아이를 피보험자로 보험에 가입하려는 경우 병원에서 임신 확인서를 발급받는 것이 도덕적 해이를 통제하는 데 도움이 될 것으로 본다. 건강보험은 사기 의도를 가진 보험가입자뿐만 아니라 의료공급자에게도 매우 취약하여 상품 개발, 계약인수 및 보상 과정에서 면밀한 검토가 필요하다.

▌ 홍천강 괴담의 비밀(SBS 그것이 알고 싶다 954회 2014년 9월 13일)

2012년 8월 6일 강원도 홍천강에서 휴가 중이던 여자가 익사체로 발견되는 사건이 발생했다. 신고를 받고 출동한 경찰은 현장에 다슬기가 담겨있는 통이 발견된 것으로 보아 다슬기를 줍기 위해 물 속에 들어가던 여자가 발을 헛디뎌 물에 빠진 단순 익사 사고로 판단했다. 그러나 사망한 박 씨의 큰딸은 평소 물을 매우 두려워하던 엄마가 튜브를 끼고 깊은 물 속을 걸어 들어간 것이 의문스럽다며 이의를 제기했다. 딸의 이의 제기로 화장하기 직전 부검을 진행하였으며 이로 인해 사건은 새로운 국면을 맞이하게 된다. 부검결과 익사로 보고된 박 씨의 목에는 손자국이 있었고 얼굴에는 목을 조를 때 생기는 출혈이 함께 발견되어 살인 가능성으로 주변을 놀라게 했다. 전문가들은 목 쪽에 어떤 외력이 작용한 분명한 근거와 물속에서 숨을 쉬었다는 것으로 보아 물에 빠뜨린 채 목을 조른 것이 가장 자연스러운 추론이라고 결론지었다. 또한 저항의 증거인 방어흔 또한 발견되지 않아 의문은 더욱 증폭되었다.

용의자로는 피해자가 경계하지 않았으며 휴가기간 내내 사망한 박 씨 옆에 있었던 남편이 선상에 오르게 되었다. 두 사람은 각자 딸 한 명씩을 키우고 있던 이혼한 남녀였다. 그러한 두 사람이 만났지만 주변 이웃들은 평소 두 사람이 서로에게 애정이 넘쳤으며 좋은 이야기만 했다고 증언했다. 그러나 수사를 하던 중 박 씨가 사망하기 6개월 전 가족과 함께 차를 타고 이동하던 중 직선도로에서 갑자기 전봇대를 들이받는 사고를 당했으며 박 씨만 큰 부상을 입고 1년 동안 병원에 다닌 기록을 발견하였다. 이 사고로 보험금이 4,600만 원 가량 지급받은 내용이 확인되었으며 박 씨는 큰 딸(박 씨의 친딸)에게 남편이 자신을 죽이려고 한 것 같다며 무섭다고 이야기 한 적이 있다고 큰 딸은 증언했다. 아내가 사망하기 이전에 이미 남편은 2006년부터 꾸준히 크고 작은 질병과 사고로 보험금을 수령하는 전형적인 보험사기의 패턴을 보이고 있다고 전문가는 분석했다. 또한 그는 아내가 사망하기 9개월 전 경영악화로 자신이 힘들게 운영하던 빵집을 정리했다. 경제적 어려움에 닥쳐 있던 박 씨의 남편은 박 씨 사망 한 달 후 사망보험금 6억 원을 수령했다. 그리고 그는 주식을 사서 구속되기 전 자신의 친딸인 둘째 딸 명의로 돌려놓았던 정황이 밝혀졌다. 남편은 제기되는 의문에 대해 반론했지만 그 또한 전문가들은 상황과 맞지 않는 반론이라고 판단했으며, 그는 국민참여재판결과 유죄가 재판부에 권고되었으나 항소를 제기했다.

이 사례의 보험사기 적발 관점에서 시사점은 두 가지다. "바늘도둑이 소도둑 된다"는 옛말이 잘 맞는 것이 보험사기이다. 한번 보험사기로 쉽게 돈을 편취한 자는 보험사기를 다시 할 가능성이 높다. 특히 사전에 계획된 고의사고를 야기하여 작은 보험금이라도 편취한 보험사기자는 향후 큰 보험금을 편취하려는 보험사기를 벌일 가능성이 높다고 판단한다. 그래서 청약과 계약심사 당시 사기 가능성에 대한 심사가 더 철저해야한다. 특히 고의사고를 야기한 보험사기자에 대한 데이터는 보험업을 영위하는 회사와 기관이 공동으로 관리하도록 하는 법제적 변화를 모색해야한다고 본다. 또한 보험수익자, 보험계약자 등을 변경하는 경우 보험회사는 그 이유와 신원을 명확하게 확인하고 그 근거를 남기도록 하는 절차가 필요가 있다.

▌인생을 훔친 여자의 비밀(SBS 그것이 알고 싶다 838회 2012년 3월 3일)

명문 사립대를 졸업한 K라는 젊은 여성이 있었다. 그녀는 부모로부터 수십억 원의 재산을 상속받아 해외로 떠날 준비를 하고 있었다. 게다가 연하 남자친구 사이에서 새로운 생명까지 잉태해 행복한 결혼을 꿈꾸고 있었다. 그런데 K가 보험금을 찾으러 보험회사를 방문했을 때 기다리던 강력반 형사가 그녀를 체포하였다. 경찰에 따르면 K는 3개월 전 이미 사망 신고가 되어 있던 40대 여성 신혜수(가명)이며 그녀가 실제 K의 실종과 연관되었다는 것이었다. 즉 사망 신고되었던 신혜수는 버젓이 살아 있으며 그녀는 사라진 K의 인생을 대신 살았다는 것이다. 영화 '화차'가 현실에 있었던 것이다.

신혜수가 소지한 주민등록증의 주인공인 K는 대구의 한 노숙자 쉼터에서 생활하던 20대 여성으로 밝혀졌다. 지인들은 K가 불우한 가정환경 때문에 노숙자 쉼터에서 생활했지만 누구보다 성실하고 품행이 바른 사람이었다고 기억했다. 신혜수는 K와 자살 사이트에서 우연히 만났다고 주장했지만 두 사람은 사건 이전에도 알고 있는 사이였다. 신혜수는 노숙자 쉼터에 연락해서 자신을 부산에서 어린이집을 운영 중인 사람으로 소개하고, 연고가 없는 여성 보육교사를 구하고 있다고 접근해서 K를 소개받았다고 한다. 그리고 2010년 6월 16일 대구 노숙자 쉼터로 가서 K를 데리고 부산으로 출발했다. 그런데 새로운 직장이라는 부푼 꿈을 안고 신혜수를 따라나섰던 K는 바로 그 다음 날 죽음을 맞이한다. 신혜수는 사망할 때까지 K와 함께 있었고 자신이 신분을 바꿔치기한 것도 사실이지만 그녀의 죽음만은 자신과 무관하다고 주장하였다. 신혜수는 K를 응급실로 데리고 와서 담당 의사에게 "갑자기 가슴이 아프다고 해서 응급실로 급히 왔는데 오는 차 안에서도 처음에는 의식이 있었는데 나중에 의식이 사라졌다."라고 설명하였다. 의사는 심폐소생술 등 다양한 치료를 했지만 환자는 이미 사망한 상태란 것을 확인했다. 결국 K는 정식으로 사망 판단을 받았는데 사인은 급성심근경색이었다. 그 후 경찰의 사체 검안까지 받아 장의사에 의해 K는 화장처리 되었다.

경찰은 신혜수는 사망 전 6개월 동안 무려 40억 원에 이르는 다수의 생명보험에 집중 가입했고 자신의 자살을 예고한 편지까지 유서처럼 작성한 것으로 보아 치밀하게 '보험살인'을 준비했고 이와 합당한 대상을 물색했던 것으로 판단했다. 그런데 실제 보험금 청구 서류에서 죽었던 신혜수(보험계약자)의 사인과 보험금을 찾으려고 온 사람(보험수익자) 필체가 동일하다는 사실이 우연히 포착되었고, 결정적으로 보험회사 CCTV에 그녀의 모습이 드러남으로써 발각되고 말았다. 신혜수는 현재는 무기징역을 선고받고 복역 중이다.

이 사례는 살인으로 일획천금을 하려는 살인범의 전형이다. 다수의 생명보험, 손해보험 그리고 유사 보험에 가입하고 가입 후 일정기간 이후 범죄를 저지르는 스타일이다. 사망사고가 발생하는 경우에는 경찰은 반드시 유사보험 및 특약을 포함한 모든 사망보험금 규모를 체크해야 한다. 나아가 보험회사들은 사망보장 금액을 소득과 재산 수준과 연계한 계약심사 프로세스가 작동되도록 해야 한다.

▎눈 먼 가족의 비극(MBN 기막힌 이야기 실제상황 38화 2015년 1월 29일)

한 여성의 주변에 실명한 사람이 4명이나 발생하는 이상한 사건이 발생했다. 여성의 이름은 최화영(가명)으로 첫 번째 남편, 두 번째 남편 심지어는 엄마, 오빠까지 실명을 했다. 이 사건은 최화영이 첫 번째 남편과의 사이에서 출산한 아이가 불의의 사고로 사망하면서 시작되었다. 최 씨는 아이를 잃고 난 뒤 극심한 우울증을 앓았다. 이러한 그녀가 우울에서 벗어나기 위해 선택한 최선의 방법은 바로 명품 쇼핑이었다. 명품 쇼핑 중독에 빠진 최 씨는 명품을 사기 위해 돈이 필요했다. 그녀는 보험설계사로 근무한 경력이 있었기 때문에 사망보험금 다음으로 실명 보험금이 크다는 사실을 알고 있을 정도로 보험에 대해 해박한 지식이 있었다.

그녀의 수법은 다음과 같다. 먼저, 다량의 신경안정제와 수면제를 주스나 한약에 섞어 피해자들에게 마시도록 한다. 약에 취해 쓰러지듯 잠든 피해자들의 눈에 길고 얇은 바늘로 수차례 찔러 손상시켰다. 이렇게 첫 번째 남편은 실명 후 몇 개월 생활하다가 의문의 복부 출혈로 사망하였다. 그리고 최 씨는 재혼했다. 재혼한 두 번째 남편 또한 같은 방법으로 실명하게 만든 후 보험금을 수령했다. 이혼 후 최 씨는 엄마 정진숙(가명), 오빠 최동현(가명)의 집에 들어가 살게 되었다. 그런데 마찬가지로 최 씨는 몇 개월 뒤 잔인하게도 똑같은 범행을 저질렀다. 눈을 실명시키고도 극진히 보살피는 듯하였으나, 동생이 준 약만 먹으면 정신을 잃듯 잠들어버리는 것이 미심쩍었던 최동현(오빠)은 여자친구에게 부탁해 방에 CCTV를 설치했었다. 그러던 어느 날 실명한 오빠의 신경질적인 언행과 행동을 보고 화가 난 최 씨(피의자)는 오빠 방에 불을 질러놓고 나가버렸다. 우연히 방문했던 최동현(오빠)의 여자친구에 의해 큰 사고는 면할 수 있었다. 그러나 이러한 범행 모습이 고스란히 녹화되었고 오빠는 동생을 경찰에 신고했다.

조사 결과 최화영은 첫 번째 남편의 보험금 2억 8천만 원과 두 번째 남편 실명 후 3천 9백만 원의 보험금을 수령하였으며 엄마와 오빠는 사고로 위장해 총 2억 6천만 원의 보험금을 수령하였다. 엄마와 오빠의 보험금 수령이 의심받지 않고 넘어갈 수 있었던 가장 큰 이유는 보험금 수령자였다. 엄마의 보험금 수령자는 오빠의 이름으로 해놓고, 오빠의 보험금 수령자는 엄마의 이름으로 등록하여 범행의 의심을 피해갈 수 있었다. 이러한 잔인한 범행이 밝혀졌고 최 씨는 현재 무기징역을 선고받아 복역 중이다.

살인과 같은 흉악한 경성사기를 저지르는 자들은 보험상품을 잘 알고 있는 경향이 있으며 보험상품의 약점을 파고들어 범죄를 저지른다. 보험상품을 잘 아는 사람으로 보험설계사 경험이 있었던 사람이 보험사기자로 둔갑하는 경우가 종종 있다. 보험회사는 보험회사 직원이나 보험설계사에 대한 지속적인 교육뿐만 아니라 퇴직 이후에도 관련 보험정보를 잘 관리하여 보험회사 스스로 나서 반드시 적발하도록 해야 한다.

▌명품보살 무속인 보험범죄(동아일보 2012년 7월 12일)

30억 원이 넘는 보험금을 편취하려고 노숙인으로 추정되는 여인을 죽인 뒤 마치 자신이 죽은 것처럼 꾸민 무속인이 경찰에 체포되었다. 서울지방경찰청은 보험금을 노리고 '시체 바꾸기'를 한 무속인 안모 씨(44·여)와 안 씨의 친언니(47), 동거남 김모 씨(44), 보험설계사 최모 씨(42·여) 등 4명을 살인 및 사기 혐의로 구속하고 12일 검찰에 송치한다고 11일 밝혔다. 경찰은 또 안 씨의 범행을 도운 남동생과 지인 2명, 허위 진단서를 발급해준 의사 등 4명을 불구속 입건했다.

경찰에 따르면 안 씨는 2011년 12월 30일 서울 강서구 화곡동에 있는 자신의 집에서 50대로 추정되는 여성 노숙인에게 수면제 10일 치를 섞은 한약을 마시게 해 숨지도록 한 혐의다. 이어 안 씨의 언니 등은 인근 대학병원에서 안 씨 본인이 뇌출혈로 사망한 것으로 시체검안서를 발급받아, 안 씨를 피보험자로 가입한 34억 원의 생명보험금을 타내려 한 혐의를 받고 있다.

조사 결과 안 씨는 빌린 돈으로 부동산과 건설업 등에 투자해 큰 손해를 보자 친언니, 동거남, 보험설계사 등과 돈을 나눠 갖기로 하고 범행을 계획한 것으로 드러났다. 안 씨는 미리 가입해 둔 보험 2건 중 1건의 보험금 1억 원을 받은 뒤 언니를 통해 나머지 A보험사에 보험금 33억 원을 요구하던 중 경찰에 덜미가 잡혔다. 경찰은 A보험사에 보험료(월 120만 원)를 2회만 낸 점을 수상히 여기고 수사에 착수해 이달 3일 광주 서구 월산동 무속인 마을에 숨어 지내던 안 씨 등을 긴급 체포했다. 경찰은 숨진 여성의 신원 파악에 주력하면서 사망진단서를 발급해준 병원의 절차상 문제점도 수사 중이다. 범인 안 씨는 노숙인을 수면제 과목복용으로 살해하기 10일 전에 가사도우미에게 한약에 수면제를 타서 살해하려다가 실패하기도 하였다. 안 씨는 7년형으로 받아 복역 중이다.

이 사례도 안 씨가 34억 원의 사망보험에 가입했다면 중복보험일 가능성이 매우 높다. 보험회사, 유사 금융기관 등은 서로 중복보험을 체크하고 소득과 재산에 비해서 과도하게 사망보험금을 높게 책정하는 보험가입자에 대해서는 계약심사를 보다 엄밀히 해야 한다.

2.2 초 속 마지막 퍼즐(SBS 그것이 알고 싶다 1086회 2017년 7월 29일)

2014년 8월 23일 경부고속도로 하행 천안 부근에서 승합차가 갓길에 정차한 화물차 후방에 추돌하면서 조수석 부분이 화물차 밑으로 깔려 들어가 24세 여성인 아내가 사망하였다. 아내는 임신 7개월이었다. 아내가 앉았던 조수석은 추돌로 큰 충격을 받았지만 운전석은 경미한 충격만을 받아 A(남편)은 큰 부상을 입지 않았다. 하지만 단순한 졸음운전 사고로 생각했던 이 사건은 크게 두 의문을 가지고 있었다. 첫째, 졸음운전이 아니라 계획적 추돌일 가능성이다. '그것이 알고 싶다'의 시뮬레이션 결과 졸음운전으로 우조향만 했다면 화물차와 추돌하기보다는 그 옆에 있는 가드레일과 추돌하게 된다는 의견이다. 전문가들은 승합차가 살짝 우조향해서 갓길로 진입한 후 화물차 후미를 향해 직진하다가 추돌 직전 다시 살짝 좌조향했다는 주장을 한다. 하지만 대법원에서는 추돌 직전 우조향 후 다시 좌조향했다는 근거는 없다고 판단하였다. 둘째, A는 아내를 피보험자로 26개 보험에 가입하였고 매월 400만 원 이상의 보험료를 납부하고 있었고 사망보험금은 대략 95억 원이었다. 생명보험 평균 사망보험금이 2~3억 원인 점을 감안하면 A의 보험가입 행태는 분명히 비정상적이다.

1심 재판부는 간접 증거만으로 범행을 증명할 수 없다며 A에게 무죄를 선고했다. 그러나 2심 재판부는 보험 추가 가입 정황 등을 근거로 무기징역을 선고했다. 하지만 대법원은 2017년 7월 첫 번째 상고심에서 범행동기가 선명하지 못하다며 무죄 취지로 사건을 파기환송했다. 대전고법은 "졸음운전을 했다"는 공소사실만 유죄로 인정하고 상고심 판단 취지에 따라 살인과 보험금 청구 사기 혐의를 무죄로 판결했다. 당시 재판부는 살인 혐의 무죄에 대해 "피해자 사망에 따른 보험금 95억 원 중 54억 원이 일시에 나오는 것이 아닌데다 피고인(A) 혼자가 아닌 다른 법정 상속인과 나눠 받게 돼 있다."며 "아이를 위한 보험도 가입했던 점, 경제적 어려움이 없었다고 보이는 점 등 범행 동기가 명확하지 않다."고 밝혔다. 최종적으로 대법원 제2부는 2021년 3월 11일 이 사건에 대해 살인, 사기 부분에 대해 무죄를 판단한 원심을 확정하였다(2929도11686 판결). 피해자 혈흔에서 수면 유도제 성분이 검출된 부분에 대해서는 "그 성분이 임산부나 태아에게 위험하지 않다는 감정소견이 있다."며 "일상생활 속 다양한 제품에 쓰이는 성분인 점 등으로 미뤄 피고인(A)이 피해자(아내)를 살해하려고 일부러 먹였다고 보긴 어렵다."고 말했다. 재판부는 졸음운전을 인정하며 "만삭의 아내가 안전벨트를 풀고 좌석을 젖힌 채 자고 있었던 것으로 보이는 만큼 더 주의를 기울여 운전해야 했는데 그러지 않았다."고 지적했다.

2021년 3월 18일 대법원은 살인 혐의로 기소된 A 씨의 재상고심에서 살인 혐의와 보험금 청구 사기 혐의에 무죄를 선고한 파기환송심을 확정했다고 밝혔다. A 씨는 교통사고처리특례법상 과실치사죄만 유죄로 인정되어 금고 2년이 확정되었다. 형사소송은 끝났지만 보험회사들과 A는 민사소송 중이다.

2021년 11월 현재 1심에서 보험회사가 승소한 경우도 있고 A가 승소하기도 하였다.[32]

이 사례는 방송과 언론에 많이 보도되었다. 2014년 교통사고 당시 초동수사에서 피해자가 거액의 사망보험금이 관련된 피보험자라는 사실을 파악하지 못한 부분이 안타깝다. 사고 직후 바로 검시를 했다면 보다 정확하게 사건의 실체를 알 수 있어 논란이 적었을 것으로 추측한다. 사망보험청약 시 재산과 소득에 대한 스크리닝이 약한 영업 중심 관행도 노출되었다.

▌보험살인의 특성 분석[33]

가장 잔인한 보험사기는 보험살인이다. 보험살인은 살인을 통해서 보험금을 편취하려고 하는 극악무도한 범죄인데 최근 보험금의 규모가 커지면서 보험살인도 더 정교해지고 잔인해지고 있다. 고액 사망보험금을 노린 보험사기의 특성을 살펴보면 아래 [표 20]과 같다. 금융감독원은 최근 5년간(2000~2014년) 수사기관 및 보험회사가 조사한 주요 사망 및 실종 보험범죄 사건의 피보험자 30명의 보험계약 204건을 분석하였다. 분석 결과를 살펴보면 그 특성은 다음과 같다. 먼저 사망사고의 원인으로는 교통사고를 위장한 고의사고가 30%로 가장 높고, 약물이나 흉기 등을 이용한 살인이 26.6% 그리고 세 번째로는 허위 실종 또는 사망이 23.4%이다.

보험계약의 특성을 살펴보면 사고 당시 피보험자가 유지 중인 보험계약은 평균 6.8건이며 평균 납입 보험료는 연간 1,308만 원(월 109만 원)으로 우리나라 국민의 평균 납입보험료 연간 249.6만 원(2010년 기준) 대비 5.2배였다. 피보험자 1인당 평균적으로 4개 보험회사에 분산 가입하였으며, 단기간에 집중 가입한 경향이 있었다. 전체 조사 대상자 30명의 70%(21명)가 사고 발생 6개월 이내에

평균 4.3건을 집중 계약했었다. 전체 조사 대상자 30명의 76.6%가 보험가입 후 1년 이내에 보험사고를 당한 것으로 나타났다.

피보험자별로 사망 당시 50%(15명)는 10억 원 이상 고액의 사망보험금이 지급되도록 가입하였으며, 5~10억 원은 26.7%(8명) 그리고 5억 원 이하는 23.3%였다. 보험금수익자는 법정상속인 등 가족이 대다수(181건, 88.7%)이나 채권자 및 지인을 특정인으로 지정한 경우도 23건(11.3%) 있었다.

[표 13] 고액 사망보험금 관련 보험사기의 사고원인별 분류 (단위: 명, %)

사고 발생 원인	인원	비율
살인교사 등 살인*	8	26.6
고의 교통사고	5	16.7
교통사고 위장	4	13.3
재해사 위장	4	13.3
허위실종	5	16.7
허위사망	2	6.7
기타	2	6.7
합계	30	100.0

[표 14] 혐의자들의 유지 계약 건수 및 월납보험료 현황 (단위: 명, %)

계약 건수	인원	비율		월납보험료	인원	비율
1~2건	4	13.3		10~20만 원	3	10.0
3~5건	13	43.3		20~50만 원	6	20.0
6~9건	5	16.7		50~100만 원	11	36.7
10건 이상	8	26.7		100~150만 원	3	10.0
-	-	-		150만 원 이상	7	23.3
합계	30	100.0		합계	30	100.0
평균건수 (최대건수)	6.8건 (17건)	-		평균 보험료 (최대 보험료)	109만 원 (620만 원)	-

[표 15] 피해자(사망자)의 사망보험금 (단위: 명, 건, %)

사망보험금	인원	비율		사망보험금	계약 건수	비율
5억 원 이하	7	23.3		3천만 원 이하	42	20.6
10억 원 이하	8	26.7		3천~5천만 원	17	8.3
15억 원 이하	6	20.0		5천만 원~1억 원	43	21.1
20억 원 이하	4	13.3		1억 원~3억 원	64	31.4
20억 원 초과	5	16.7		3억 원~5억 원	27	13.2
-	-	-		5억 원 이상	11	5.4
합계	30	100.0		합계	204	100.0
인당 평균	14.0억 원			건당 평균	2.1억 원	

▎경성사기(보험살인) 가상 사례 분석

가상 사례

보험살인으로 의심되는 사례를 하나 생각해보자. H-W부부는 30대 중반으로 8살 외동딸을 키우면서 작은 도시에서 살고 있다. 그런데 의심스러운 교통사고로 W는 사망했는데 경찰은 단순 교통사고로 생각하였고 시신은 화장되어 버렸다. 이후 이 사고를 조사하던 경찰은 소득에 비해 사망보험금이 너무 많은 것을 알게되었다.

조그만 자영업을 하는 H의 가처분소득은 월 400만 원이며 200만 원의 생활비를 제외하면 나머지 200만 원은 거의 보험료로 지출한다(모자라는 보험료는 약관대출 이용함). W는 소득을 창출하는 직업은 없으며 아이를 키우고 가정을 관리한다. H의 부동산 등 재산은 3억 원 정도이며, 저축도 없고 빚도 없다고 가정한다.

이 가상 사례를 단계별로 분석해보자.

(1단계) 부부의 과거, 현재의 사망보험금이 있는 모든 보험 정보를 정리한다.

보험 정보는 현재뿐만 아니라 과거 보험청약부터 가입, 유지(해약), 보상(보험금 지급)까지 면밀히 정리되어야 한다. 예를 들면, 위 가상 사례의 경우 H는 29개의 보험을 생보사, 손보사, 우체국, 농협 등에 가입한 상태이다. 보험의 성격은 보장성보험이 25개, 저축성보험이 4개이다. 이 사실은 아주 많은 보험에 가입하고 있다는 사실 외에 다른 정보를 주지는 않는다. 따라서 다음 단계의 조사가 필요하다.

특히 부부의 각 보험의 가입 정보가 면밀히 비교 · 검토되어야 한다. 아래 표는 이 부부가 가입한 보험의 납입하는 월 보험료와 모든 보험의 사망보험금을 보여준다. 이 부부는 현재 785만 원의 월 보험료를 납부하고 있다. 여기에는 저축성보험 보험료가 450만 원 포함된다. 저축성보험을 저축과 비슷하다고 생각한다면 가족의 위험을 보장하기 위한 보장성보험의 총 보험료는 335만 원이다. 이 가족은 보장성보험 보험료 납부를 위해서 현재 월 소득 400만 원에서 생활비를 제외한 200만 원을 전부 보험료로 사용하고 있으며 나머지 135만 원도 대출해서 보험료로 납부하고 있다. 저축성보험은 예정이율 등이 높다면 저리로 빌려서 재테크할 수 있기 때문에 논외로 한다. 어떤 설계사를 통해서 가입했는지도 면밀히 검토하는 것이 필요하다. 당연히 그 보험설계사와 직접 면담해서 정보를 발굴하는 것이 바람직하다. 위 사례에는 없지만 과거 보험가입 후 지급받은 보험금에 대한 정보 또한 면밀히 검토해야 한다.

[표 16] 가상 H-W 부부에 대한 보험계약의 월 보험료와 사망보험금

구분	H(가장)에 대한 보험		W(배우자)에 대한 보험	
	월 보험료	사망보험금	월 보험료	사망보험금
보장성보험	45만 원	5천만 원	290만 원	80억 원
저축성보험	300만 원	7억 원	150만 원	4천만 원
합계	345만 원	7억 5천만 원	440만 원	80억 4천만 원

(2단계) 주어진 보험 정보에서 의미 있는 사실을 유추해 본다.

살인사건이므로 사망보험금을 중심으로 보험을 면밀히 분석한다. H는 배우자 W을 피보험자로 하는 사망보험의 보장금액은 극단적으로 높게 책정한 반면 가장인 본인의 사망보험 보장금액은 매우 낮게 설정하였다. 보장성보험 사망보험금의 비중은 본인이 0.4% 그리고 배우자가 99.6%였다. 저축성보험은 본인 위주로 가입했기 때문에 본인의 사망보험금 비중이 높았다. 그러나 전체적으로 배우자의 사망보험금 비중은 80억 4천만 원인 데 반해 본인의 사망보험금은 7억 5천만 원이었다.

일반적인 또는 유사한 소비자와 보험가입 형태를 비교하는 것도 의미가 있다. 우리나라 소비자는 생명보험에 본인이 신고한 소득의 통상 10% 정도를 지출하는 것으로 보고되었다. 이 기준으로 보면 H-W 부부의 월 평균 보험료 785만 원은 설문조사의 평균 42.8만 원의 18배가 넘는다. 이 부부의 월 평균 보험 중 450만 원(57%)는 저축보험료라고 하더라도 이 부부의 보험 구조는 매우 비정상적이다.

[표 17] 소득 구간별 연간 생명보험 납입보험료(보장성+저축성보험)   (단위: 만 원)

소득 구분	연평균 보험료	월평균 보험료
1200만 원 미만	152.1	12.7
1200~2400만 원 미만	231.3	19.3
2400~3600만 원 미만	332.7	27.7
3600~4800만 원 미만	426.1	35.5
4800~6000만 원 미만	513.9	42.8
6000만 원 이상	687	57.3

출처: 생명보험협회, '2015 생명보험 성향조사'

(3단계) 조사 내용을 기초로 합리적 결론을 내린다.

이 사례의 정보만을 가지고 W가 보험살인의 피해자인지 판단하기는 어렵다. 당연히 보험가입 정보 외에 다른 증거가 필요하다. 하지만 보험가입 정보만으로

도 위 가상 사례는 보험이 매우 비정상적으로 활용하고 있다는 것은 분명하다. 이유는 배우자 W를 피보험자로 한 사망보험금액이 너무 높게 책정되었고, H의 소득에 맞지 않게 빚을 지면서도 너무 많은 보장성보험을 보험계약을 유지한 사실이다. 만일 H가 보험사기 등의 음모가 아닌 이유가 아니라면 왜 이렇게 보험에 많이 가입하였을까 추측해본다. 첫째, 보험을 잘 몰라서 보험설계사가 권유하는 대로 그냥 가입하였거나, 둘째, 보험설계사와 특수관계여서 도와주는 차원에서 무차별적으로 가입하였거나, 아니면 셋째, 많은 보험을 가입해서 설계사로부터 어떤 대가를 받았거나이다. 이런 세 가지 이유가 아니라면 H(가장)는 왜 많은 빚을 지면서까지 그 거액의 사망보장을 본인이 아닌 W(배우자)를 대상으로 가입했는지 설명할 수 있어야 할 것이다. 만약 H의 설명이 설득력이 없다면 보험사기 의도를 가진 보험가입이라고 합리적 의심을 할 수 있을 것이다.

▎보험이 흉악 범죄에 악용되는 것을 방지하려면?

보험이 흉악 범죄에 악용되면 사회적 문제일 뿐만 아니라 보험 이미지에도 매우 부정적인 영향을 미친다. 가장 불행한 사람을 돕는다는 보험이 살인자의 돈벌이에 이용되고 있다는 자체가 보험 신뢰도를 추락시킨다. 보험이 살인에 악용되는 일이 발생하는 것을 보험회사들은 범죄자, 살인자의 문제로만 생각하는 경향이 있다. 살인의 의도를 가지고 보험을 악용하려는 잠재 범죄자를 보험회사에서 스크리닝 하지 못한 과실은 없을까? 보험청약과 계약심사에서 철저히 잠재적인 범죄자를 가려내는 작업이 있어야 보험산업 전반적으로 진행되어야 한다고 본다. 보험을 악용해 범죄를 기획하는 자들에게도 경고해야 한다. 보험청약을 하는 순간 범죄의 꼬리를 잡힌다는 것을 알려야 한다. 보험이 흉악 범죄에 악용되지 않도록 하려면 어떤 대책이 필요한지 살펴본다.

1) 청약 시 보험설계사는 역선택을 체크하고, 회사는 이 결과를 보험설계사의 성과에 반영하라.

생명보험에서 사망을 담보하는 보험은 피보험자가 사망한 후 유가족의 경제적 안정을 보장하는 것이 핵심 기능이다. 따라서 소득을 창출하는 가장의 사망이 유가족에게 미치는 경제적 충격을 최소화하기 위해서 가장의 사망보장 금액은 높게 정하며, 소득원이 아닌 배우자의 사망보장 금액은 낮게 책정하는 것이 당연하다. 하지만 통상 범죄자들은 (피해자인) 배우자 등에 대해서는 사망보험금을 높게 설정하면서 정작 가장(돈을 버는) 본인에 대해서는 사망보험금을 낮게 설정한다. 설계사는 가장의 사망보험금 수준과 배우자의 사망보험금 수준을 반드시 비교해서 체크해야 한다. 나아가 가능하다면 소득 및 재산 수준과 월 보험료 지출 규모를 비교해서 본사에 보고해야 한다. 보험 설계사가 영업과 수수료 극대화에 밀려서 '묻지마 영업'만 하면 결국 보험사기를 지원하는 꼴이 된다. 보험설계사가 일차적인 관문(gate keeper)이 되어 역선택하려는 보험사기자를 가려내어야 한다. 보험회사는 역선택을 가려내는 보험설계사를 영업 성과와 동일하게 고과에 반영하여야 한다.

2) 계약심사 담당자는 사망보험금 등 보험가입 적정성을 평가하라.

보험살인 사례에서 본인의 소득수준과 너무 동떨어진 과다한 사망보험금을 보장하는 경우도 많았다. 중복보험도 문제지만 소득과 사망보험금에 대한 가이드라인이 부실한 경우가 많았다. 보험업계와 유사 보험업계의 모든 보험의 사망보험금을 종합적으로 계산해서 보험계약자 소득이나 재산 수준에 비추어서 보험가입 적정수준을 평가해야 한다. 빚을 내어서 생활하는 저소득층이 몇 십억 원의 사망보험 보장을 원한다면 합리적인 이유가 있어야 한다. 이런 보험을 무차별적으로 인수한 후 보험살인이 발생했다면 보험회사가 과연 보험금 면책을 주장할 책임을 다했다고 할 수 있을까. 보험회사가 스스로 보험사기에 대비한 합리적 책임을 다 한 경우에만 보험금 지급 의무에서 면책될 자격이 있다고 본다.

3) 사고로 인한 사망 발생 시 즉시 모든 보험의 사망보험금을 체크하라.
생명보험이나 손해보험에는 사망 시 보험금을 지급하는 주계약이나 많은 특약이 있다. 우체국, 수협 등 기관에서 취급하는 보험도 사망보험금을 보장한다. 사망보험금을 노리는 계획적인 살인자들은 사망보험금을 보장받는 보험을 여러 회사나 기관에 분산해서 가입하는 경향이 강하다. 저자가 자문한 많은 보험사기 사례에서 관계자들은 단순한 질병 또는 사고로 인해 사망했다고 판단하고 시신을 화장하는 경우가 많았다. 이후 보험살인이 의심되어 검시를 하려고 해도 시신이 없어서 핵심적인 증거를 찾지 못하는 경우가 많았다. 최근 경찰에서도 의심스러운 사망이 발생한 경우 보험금을 체계적으로 체크하고 있어서 그나마 다행이다.

▎ 해외에서 사망했다고 위장한 사건(연합뉴스 2009년 12월 29일)

해외에서 교통사고로 숨진 것처럼 서류를 위조해 대사관에서 사망공증까지 받아 18억 원대의 보험금을 타내려던 부부 사기범이 적발됐다. 서울 남대문경찰서는 29일 사고 사망으로 위장해 국내 6개 보험사를 상대로 사망보험금을 타내려 한 혐의(사기 미수)로 안 모(51) 씨, 정 모(49, 여) 씨 부부를 구속하고 정 씨의 생질인 전 모(32) 씨를 불구속 입건했다. 경찰에 따르면 안 씨 등은 지난 6월3일부터 23일까지 국내 L 보험 등 6개 보험회사 10개 상품에 가입하고 나서 다음 달 11일 인도네시아 자카르타 시에서 오토바이에 치여 숨진 것처럼 서류를 꾸미고 사망보험금 18억 6천만 원을 타내려다 미수에 그쳤다.

조사 결과 이들은 자카르타 현지의 S병원 의사와 간호사를 매수해 허위 사망진단서를 발급받고 위조한 북자카르타 소재 N 화장터 명의의 화장 영수증과 교통사고조사보고서를 인도네시아 주재 한국대사관에 제출해 사망공증을 받은 것으로 드러났다. 안 씨는 자신이 숨진 것처럼 위장하고자 인도네시아의 한 화장터의 장작 위에 누워 불교식 화장의식을 연출하는 장면 5장을 카메라로 찍었다고 경찰은 전했다. 경찰은 L 보험회사 보험사기특별조사반에서 첩보를 입수해 내사를 벌이다 안 씨 가족이 보험에 집중적으로 가입하고 안 씨가 1개월 만에 사망한 점에 의심을 두고 본격적인 수사에 착수해 범행 전모를 밝혀냈다.

▍태백 '허위입원' 150억대 사상최대 보험사기(연합뉴스 2011년 11월 6일)

허위입원 등 수법으로 150억 원대 보험금과 요양급여비를 편취한 강원 태백지역 병원장과 보험설계사, 가짜 환자 등이 무더기로 경찰에 적발됐다. 이 사건에 가담한 인원만도 태백지역 인구(5만여 명)의 0.1%에 육박하는 400여 명으로 국내 보험사기 사상 최대 규모인 것으로 나타났다. 강원지방경찰청 수사과는 3일 허위입원환자를 유치해 건강보험공단으로부터 수십억 원의 요양급여비를 챙긴 혐의(사기 등)로 G(73) 씨 등 태백지역 3개 병원 원장과 사무장 등 7명을 불구속 입건했다. 또 B 모(45, 여) 씨 등 전·현직 보험설계사 72명과 K(26, 여) 씨 등 보험사기에 연루된 지역 주민 331명 등 모두 410명을 입건했다. G 씨 등 태백지역 병원장 등은 통원치료가 가능한 환자를 허위로 입원시키는 등 일명 '차트환자' 330여 명을 유치해 건강보험공단에 부당 청구하는 수법으로 2007년 1월부터 지난 3월까지 요양급여비 17억 1천만 원을 편취한 혐의를 받고 있다.

또 보험설계사들은 병원과 짜고 통원치료가 가능한 단순 염좌(삠) 환자 등에게 허위입원 등의 수법을 알려주고 장기 입원환자로 둔갑시켜 허위 입·퇴원 확인서를 발급받아 140억 원의 보험금을 부당 지급받은 것으로 드러났다. 경찰 조사 결과 병원장 등은 지역인구 감소와 시설 노후 등으로 병원 경영이 악화되자 입원 당일에만 진료받고 집에서 생활하는 차트환자 등을 유치해 돈벌이를 한 것으로 밝혀졌다. 특히 보험설계사들은 허위입원 방법 등을 알려주는 영업전략을 통해 친·인척과 지인들을 고객으로 유치했고, 보험금을 지급받은 주민들의 입소문을 타고 외지인에게까지 퍼져 보험사기 규모가 눈덩이처럼 불어났다. 범행에 가담한 주민들은 대부분 보험금을 지급받아 생활비 또는 사채 및 도박 빚 변제 등으로 사용한 것으로 파악됐다. 대학생인 K(26, 여) 씨는 학자금 마련을 위해 '보드를 타다 넘어졌다'고 속여 7차례에 걸쳐 4,500만 원의 보험금을 받아 챙겼고, 또 다른 K(63) 씨는 도박으로 진 1억 원의 빚을 갚으려고 14차례에 걸쳐 4,100만 원의 보험금을 챙긴 것으로 드러났다. 심지어 일가족 5명이 2천 30일을 입원한 것처럼 속여 2억 5천만 원을, 50대 식당 업주는 15개의 보험상품에 가입한 뒤 개인 최다인 41차례 입원해 3억 3천만 원을 챙긴 것으로 조사됐다. 특히 태백지역 3개 병원의 입원환자 95%가량이 가짜 환자가 차지하다 보니 실제 치료가 필요한 환자가 방치되는 사례도 빚어졌다고 경찰은 밝혔다. 김동혁 지방청 수사 2계장은 "'태백지역에서 보험금을 못 타 먹으면 바보'라는 제보를 토대로 총 700여 명을 상대로 수사를 벌였다."고 말했다.

▌암환자에게 치료횟수 부풀려 청구(매일경제 2015년 4월 29일)

치료비 전액을 보장하는 실손보험에 가입한 암환자와 공모해 52억 원대의 보험금을 가로챈 병원장 등 일당이 경찰에 붙잡혔다. 광진경찰서는 암환자

190명의 고주파 온열치료횟수, 면역제 투약횟수, 입원일수를 실제보다 부풀려 보험금을 타낸 혐의(의료법위반 및 사기)로 병원장과 환자 8명 등 총 14명을 불구속 입건했다고 29일 밝혔다. 경찰에 따르면 병원장은 2012년 12월 경기도 양평의 한 병원을 인수한 뒤 실손보험에 가입한 암환자를 유치해 허위로 진료기록부와 간호기록부를 작성하게 했다. 병원은 2013년 11월부터 작년 12월까지 환자 190명과 공모해 보험금을 허위 청구하는 수법으로 19억 1,300만 원을 가로챈 혐의를 받고 있다. 경찰 조사 결과 병원장은 작년 2월 유방암 환자 유 모(42) 씨에 대해 하루 입원한 것을 11일 입원한 것으로, 고주파온열치료 1회를 11회로, 면역강화제 주사 4회를 7회 투약한 것으로 서류를 허위 작성했다.

이 일당은 부풀린 보험금에서 실제 입원비와 치료비를 제외한 차액을 환자에게 지급했는데, 환자들 사이에서 보험금으로 생활비를 벌 수 있다는 입소문이 나면서 경찰에 꼬리가 잡혔다. 경찰관계자는 "최근 조직적 보험범죄가 눈에 띄는데 보험사기에 대한 범죄의식이 없고 자신의 행위가 보험사기에 해당한다는 것을 모르는 사람도 상당히 많다"며 보험범죄에 대한 주의를 당부했다

▍성형수술비를 실손보험으로 진료내용 조작(문화일보 2016년 6월 29일)

광주광역시에 위치한 C 의원 원무과장은 2016년 4월 보험설계사와 짜고 환자들이 단순 통원치료나 성형수술을 받아도 실손보험금을 청구할 수 있도록 진료 내용을 조작하여 허위진단서를 발급하였다. 즉, 환자가 수술비를 낼 수 있도록 진료 내용을 '미용'이 아닌 '치료' 목적으로 조작했다. 범행을 도운 보험설계사는 환자가 병원에 낸 입원비 중 현금의 5%를 이른바 '뽀찌(돈을 딴 사람이 건네는 사례)'로 챙겼다. C 의원은 결국 실손보험금을 탈 수 없는 미용 목적의 '가짜' 환자 유치를 통해 보험금 등 7억 원을 챙긴 것으로 드러났다. 울산 소재 D 의원의 상담실장은 지난해 7월 하지정맥류로 찾아온 환자에게 "실손보험에

가입돼 있으면 보험금을 활용해 치료를 받을 수 있다"고 소개했다. '혈관내레이저 치료(EVLT)'를 이용한 하지정맥류 수술은 입원이 필요 없다. 하지만 D 의원은 환자들이 보험금을 최대한 받아 수술비를 낼 수 있게 허위로 입·퇴원 확인서를 발급해줬다. D 의원은 이 같은 방식으로 환자들을 유치해 보험사로부터 7억 7,600여 만 원을 받았다. 병원 관계사 등 122명이 보험사기로 적발되었다.

"보험금 더 타게 해줄게"(아시아투데이 2015년 4월 30일)

실손보험에 가입한 암환자를 유치해 진료기록을 허위로 작성하며 부당이득을 챙긴 의사와 환자가 적발됐다. 서울 광진경찰서는 의료법 위반 및 사기 혐의로 의사 장 모(34) 씨와 환자 박 모(45, 여) 씨 등 14명을 불구속 입건했다고 29일 밝혔다.

경찰에 따르면 장 씨는 지난 2013년 11월부터 2014년 12월까지 환자 190명과 함께 보험금을 허위 청구해 19억여 원을 가로챈 혐의를 받고 있다. 장 씨는 지난 2012년 경기도 양평의 한 병원을 63억 원에 인수했으나 57억 원의 담보대출을 낀 상태였다. 병원 수익이 좋지 않아 경영난에 허덕이던 장 씨는 결국 보험금 사기로 눈을 돌렸다.

생활비 등을 걱정하던 암환자들은 장 씨의 계획에 동참했다. 장 씨는 주로 입원비와 치료비 등이 전액 보장되는 암환자를 상대로 주사비나 치료비를 높게 책정해 진료기록을 작성했다. 암환자들은 병원비를 전액 현금으로 납부했고 보험사로부터 부풀려진 보험금을 받았다. 경찰 조사 결과 환자 유 모(42) 씨는 보험금 485만 원을 부당하게 챙겼고 오 모(51) 씨의 경우 2,200만 원의 보험금을 수령했다. 경찰은 출석에 불응하거나 소재가 파악되지 않는 환자 등으로 수사를 확대할 방침이다.

제 발로 경찰 찾는 이상한 보험사기(KBS 뉴스 취재 후 2015년 7월 13일)

장 모 씨는 5년 전 교통사고를 당했다. 경기도 한 사거리에서 장 씨는 신호대기를 하고 있었다. 갑자기 반대편 차선의 승용차가 중앙선을 넘어 접촉사고를 냈다. 당연히 장 씨는 피해자, 가해자는 상대 차량이었다. 사고 처리는 순조로웠다. 가해자는 과실을 100% 인정했다. 스스로 경찰에 신고까지 했고, 사고처리 비용도 모두 보험처리 해줬다. 그래서 장 씨는 '사람 참 괜찮다'고 생각해, 가해자에게 이런 말까지 했다. "크게 다친 데 없으니 너무 걱정하지 마시라"라고…. 그런데 알고 보니, 그 선량해 보였던 가해자는 보험사기 피의자였던 것이다. 피해자도 아닌 가해자가, 피해자와 짜고 입을 맞춘 것도 아닌데, 어떻게 보험사기를 친 것일까? 황당하면서도 감쪽같은 보험사기 수법이었다. 보험사기 일당의 수법을 정리하면 다음과 같다.

① 접촉사고를 낸다: 반드시 중앙선을 넘거나 신호를 위반해 접촉사고를 낸다.

② 경찰에 신고한다: 피해자와 합의하고 끝내지 않고, 경찰에 꼭 신고한다.

③ 가해자 입건된다: '중앙선 침범', '신호 위반' 등으로 군말 없이 입건된다.

④ 피해자와 합의한다: 피해자에 대한 보상은 모두 보험으로 처리한다.

이 경우 가해자에 대한 처분은 거의 공식처럼 형사입건과 벌금 2백~3백만 원이다. '중앙선 침범'과 '신호 위반' 등으로 사고를 내면, 이른바 '10대 과실'에 들어가기 때문에 피해자와 합의를 해도 형사처벌을 피할 수 없다. 다만, 중대한 사고가 아닌 접촉사고 수준의 가벼운 사고이기 때문에 대부분 벌금으로 끝난다. 여기까지만 보면, 가해자 입장에서는 얻을 게 하나도 없다. 비밀은 운전자보험에 있다. 운전자보험의 보장 내용 중 하나는 가해자로 형사입건됐을 때, 각종 처리 비용을 지원해주는 것이다. 대표적인 항목이 위로금, 방어비용(변호사선임 비용), 벌금 등이다. 보장을 받으려면 반드시 교통사고 피의자로 '입건'이 되어야 한다. 그런데 결정적으로 운전자보험은 중복가입이 가능하였다. 가해자가 '1건의 사고'로 여러 회사에서 보험금을 탈 수 있었다. 보험사기 일당은 이 점을 노렸다. 사고 1건당 많게는 보험회사 15곳에서 보험금을 타냈다. 일부러 경찰에 신고해서 전과 기록과 벌금형 선고를 마다하지 않았던 이유는 여기에 있었다.

실제 5년 전 장 씨가 당한 사고로, 가해자가 피해자인 장 씨에게 물어준 돈은 고작 수십만 원 수준. 그러나 가해자가 운전자보험으로 타낸 돈은 무려 5천9백만여 원이었다. 더구나 '착하게도' 자신의 범행을 스스로 경찰에 알리고, 피해 보상도 모두 해줬기 때문에 들킬 리가 없었다. 같은 수법으로 5년 동안 27건, 10억 5천만여 원을 쏙쏙 빼먹었다. 이 사건을 1년 넘게 수사한 경찰관도 "저도 이런 보험사기는 처음 봤습니다."라고 하였다. 하지만 그 후 보험업계는 이런 수법의 보험사기를 포착했다. 2009년부터는 운전자보험금 지급 요건이 까다로워졌다. 중복가입을 하더라도 무작정 중복보상해주지 않고, 실제 쓰인 비용만큼 '비례 보상'을 하도록 변경되었다. 앞으로는 사고 1건으로 여기저기 우려먹는 보험사기는 쉽게 통하지 않도록 되었다. 보험협회는 그런 보험사기는 불가능할 것이라고 장담했지만 여전히 빈틈은 있는 듯하다. 검거된 일당 12명은 2009년부터 2014년까지, 제도가 개선된 이후에만 범행을 저질렀고, 보험금을 쏙쏙 받아간 것이다.

▎ 건강보험 부정수급(메디컬투데이 2015년 6월 10일[34])

2014년 11월, 한 사무장이 의사 5명의 명의만 대여하고 사무장병원 2개를 개설해 허위환자들의 의무기록을 조작하는 등 보험금 29억 9,000만 원 및 건강보험 요양급여 19억 2,000만 원을 편취하여 경찰에 구속 송치됐다. 금융감독원은 보험사기 혐의가 있는 사무장병원 105곳을 추출했다고 밝혔다. 떠돌이

의사를 고용해 수시로 개원과 폐원을 반복한 사무장병원이 35곳으로 가장 많았고, 불법으로 의료기관을 이중개설한 31곳, 고령 의사의 명의를 대여한 28곳, 요양병원 운영형태를 악용한 21곳 등이다.

비의료인(사무장) A 씨는 의사 B 씨 등 5명의 의사 명의로 동일 건물에 의원과 요양병원을 개설한 후, 2개 병원에 번갈아 가며 가짜 환자들을 허위입원 시키고 건강보험 요양급여 등을 편취한 것으로 드러났다. 환자는 실제 C병원에 입원 중임에도 서류상으로는 퇴원 후 다른 병원에 입원한 것처럼 서류를 꾸미는 등 가짜 입원환자를 2개 병원에 돌려가며 허위입원시키는 수법을 사용했다. 경미한 질병으로 병원 한 곳에서 오래 입원하는 경우 건강보험 요양급여가 제한되고, 민영보험에서 허위·과다입원으로 의심받기 쉽기 때문에 이 같이 악용한 것이다.

병원 소유주(사무장) D 씨는 법인 이사장 E 씨와 짜고 법인 명의를 빌어 의원을 개설하면서 떠돌이 의사 5명을 고용해 4년 동안 4회 개·폐원하며 가짜 환자를 유치해 보험금을 편취한 것으로 확인됐다. 사무장병원은 동일한 주소지에 개설의사 명의가 자주 변경되는 것이 가장 큰 특징이며, 떠돌이 의사들 이 반복적으로 단기간 운영했던 병원은 사무장병원일 가능성이 높다. 고령이거 나 중증질병 등으로 실제 진료행위가 어려운 의사의 명의를 대여받아 비의료인이 병원을 개설한 사례도 꼽혔다. 81세 고령인 F 씨는 언어장애로 의사소통이 원활치 않고, 시력이 좋지 않아 진료를 볼 수 없다. F 씨는 비의료인 G 씨로부터 월급 500만 원을 받고 의사 명의를 빌려줬다. 최근 노령인구 및 만성질환의 증가와 더불어, 일반의원과 달리 정액수가제로 장기입원이 가능해 보험사기에 취약한 요양병원이 사무장병원으로 운영되는 사례가 많이 포착됐다. 사무장병 원은 민영보험 보험사기 처벌뿐만 아니라 건강보험 요양급여 등에 부당이득금 환수와 명의대여 의료인의 자격정지 등 제재조치가 이루어진다.

제7장 | 연성사기와 도덕적 해이 사례 분석

▌ 연성사기(기회주의적 보험사기)

　연성 보험사기(연성사기, soft insurance fraud)는 기회주의적 보험사기로 사고가 발생한 이후 피해 정도를 과장하거나, 기회주의적으로 보험자를 속이는 행위이다. 연성사기는 경성 보험사기(경성사기, hard insurance fraud)보다 훨씬 빈번하게 발생하지만 적발하거나 특히 입증하기는 매우 어렵다. 후술하겠지만 연성사기와 보험가입자의 정당한 자기 권리 주장의 경계는 모호하다. 평소에 허리가 안 좋다고 생각하는(실제로 병원에서 치료는 받지 않았다고 하더라도) 자동차 사고 피해자는 양방병원, 한방병원 등 치료도 많이 받고 입원도 길게 할 가능성이 높다. 그 결과 입원 보상금이 많이 나오게 되고, 보험회사와 합의하는 금액도 높게 책정되게 될 가능성이 높다. 그렇다고 이 보험가입자가 연성사기를 할 의도는 없다. 하지만 보험회사에서 보험금 지급 패턴을 분석하면 이 보험가입자는 과다청구 등으로 연성 보험사기 대상자로 분류될 수도 있다.

　연성사기는 사고가 발생한 후 보험계약자가 피해 정도를 자의적으로 조정할 수 있는 상황에서 주로 발생한다. 예를 들면, 자동차 추돌 사건은 정상적으로 발생하였지만 그 후 사고를 당한 피해자는 조력자와 함께 사고 정도를 쉽게 조작할 수 있다. 자동차의 가벼운 추돌로 실제로는 차량의 뒷 범퍼만 훼손되었지만 이미 스크래치가 있는 뒷 펜더(rear fender)나 테일 게이트(tail gate)도 추돌 사고로 같이 훼손되었다고 정비소와 함께 수리와 보상을 청구한다면 사고 현장에 없는 보상직원이 이 청구를 반박하기는 어렵다. 특히 수리와 보상 금액이 소액인 경우 현장을 찾아가서 검증하는 기회비용이 더 클 수 있으므로 어느 정도의 과다보상은 용인할 수밖에 없다. 연성 보험사기를 적발하기 위해서는 사고 현장에 있어야 하지만 거의 불가능하다. 수리와 보상이 지체될수록 렌트카 비용 등이 들기 때문에 가급적이면 빨리 수리하는 것이 유리하다는 것을 정비소나 보험회사도 알고 있다.

실손보험도 연성 보험사기에 노출되어 있다. 아이가 배탈이 나서 병원을 찾았다고 하자. 실손보험이 있다는 것을 아는 병원과 보험가입자는 쉽게 입원을 결정할 수 있고(입원 시 정액 보상) 비용에 관계 없이 검사나 치료도 고가 대안을 택할 수 있다. 의료 및 건강보험은 태생적으로 보험사기의 대상일 가능성이 높다. 그 이유는 사고(피해) 정도가 환자가 주관적으로 느끼는 고통 등에 영향을 받을 수밖에 없어 객관적으로 사고(피해) 정도를 확인하기 어렵기 때문이다. 즉, 보험가입자(계약자)와 보험공급자(회사) 사이에 사고(피해)에 대한 정보비대칭이 존재한다. 나아가 건강과 관련되므로 보험가입자(계약자)는 보다 적극적으로 좋은 치료를 받고자 하는 욕망이 있기도 하다.

▌ 도덕적 해이(Moral Hazard)

연성사기와 사촌 쯤 되는 개념으로 도덕적 해이가 있다. 보험사기는 '보험금을 편취하기 위해서 보험계약자가 보험자를 속이는 행위'로 어렵지 않게 정의할 수 있지만 도덕적 해이(Moral Hazard) 정의는 다소 복잡하고 추상적이다. 보험학에서는 hazard를 위태로 번역하며 손실의 발생 빈도와 심도를 증가시키는 위험으로 정의한다. 도덕적 해이의 국어사전적 의미는 '법과 제도적 허점을 이용하여 자기 책임을 소홀히 하거나 집단적인 이기주의를 나타내는 상태나 행위'이다. 보험학에서는 '보험가입 후 보험계약자의 행동(태도)이 사고 발생 빈도와 심도에 증가시키는 경향(위험)'으로 정의한다.[35] 도덕적 해이라는 용어가 최초에 등장한 것은 1800년대 영국의 보험업계였다. 도덕적 해이라는 용어는 에로우(Arrow)의 1963년 논문에 등장하면서 경제학의 중요한 분석 대상이 되었고, 그 후 이 개념은 사회 전반적으로 퍼졌다. 보험학 교과서에서는 Moral Hazard를 '도덕적 위태'로 번역하며 보험가입 후 부정직에 의한 손실 빈도와 심도를 증가시키는 위험으로 정의하여 Morale Hazard(정신적 위태)와 구분한다. 정신적 위태는 보험가입으로 부주의해져서 손실 빈도와 심도를 증가시키는 위험이다. 하지만 통상 도덕적 해이(Moral Hazard)라고 할 때는 도덕적 위태와 정신적 위태를 포함한다. 이 책에서도 도덕적 해이의 일반적 정의에 따른다.

도덕적 해이는 역선택과 함께 보험자와 보험가입자 사이의 정보비대칭 때문에 발생한다. 도덕적 해이는 경제학적으로는 보험에 가입한 가입자의 경향을 나타내므로 가치 중립적이다. 하지만 일반적으로 자신의 이익을 추구하는 과정에서 조직이나 사회에 피해를 끼치는 행위라는 의미로 부정적으로 사용된다. 보험사기는 극단적인 도덕적 해이라고 볼 수 있다. 모든 보험사기는 보험가입자의 도덕적 해이라고 간주할 수 있지만, 보험가입자의 도덕적 해이가 있다고 해서 반드시 보험사기는 아니다. 예를 들면, 정액형 입원 급부가 있는 실손보험에 가입한 사람의 입원 확률이 그렇지 않은 사람보다 높은 것은 도덕적 해이가 원인일 수 있으나 보험사기일 수는 없다. 보험에 가입했기 때문에 병원을 더 적극적으로 이용하고 입원도 적극적으로 하는 행위는 보험가입자의 권리이기 때문이다. 하지만 과도한 도덕적 해이는 사회적인 문제가 되는데, 이하 몇 가지 도덕적 해이 사례를 살펴본다.

자동차보험과 한방 치료비 사례[36]

자동차사고를 당하면 소비자는 양방이나 한방 치료를 받게 된다. 치료비는 자동차보험에서 보장되는데 최근 한방 치료비가 급증하고 있다. 건강보험심사평가원에 의하면 자동차보험 진료비 중 한방진료비는 2014년 2,722억 원에서 2019년에는 9,569억 원으로 무려 252%가 증가하였다. 양방 치료비는 동 기간 1조 1,512억 원에서 1조 2,573억 원으로 9%만 증가하였다. 양방과 한방의 자동차보험 진료비의 비중도 2014년에는 81% 대 19%였지만 2019년에는 57% 대 43%로 한방 비중이 급격히 증가하였다. 환자 수 역시 양방은 2014년 179만 명에서 2019년 189만 명으로 6% 증가한 반면, 한방은 2014년 48만 명에서 2019년 127만 명으로 무려 167% 증가하였다. 입원일수는 양방은 11% 감소했지만 한방은 229% 증가하여 크게 대비되었다. 한방진료비 중 특히 부상 정도가 가벼운 경상환자(상해등급 12~14급)가 더 급격하게 증가했다.[37] 경상환자에 대한 총 진료비는 2014년 6,499억 원에서 2019년 1.2조 원으로 증가했는데 이 중 양방진료비는 2015년 3,722억 원(58%)에서 2019년에는 4,079억 원(34.7%)로 금액으로 조금 증가했지만, 비중은 13.3%p 감소하였다. 반면 한방진료비는 2,727억 원(42%)에서 7,689억 원(65.3%)으로 금액으로는 거의 3배가 되었고 비중도 23.3%p 증가했다.

[그림 13] 자동차보험 양방·한방 진료비 추이

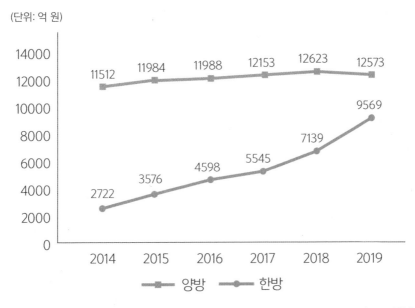

(단위: 억 원)

양방: 11512, 11984, 11988, 12153, 12623, 12573
한방: 2722, 3576, 4598, 5545, 7139, 9569

2014 2015 2016 2017 2018 2019

■── 양방   ●── 한방

자료: 김창호(2020)

　자동차보험 한방진료비가 급격하게 증가한 이유에는 세 가지 원인이 있다고 볼 수 있다. 첫째, 자동차사고 경상환자가 한방진료로 몰리기 때문이다. 경상환자가 한방진료를 선호하는 이유는 자동차사고 환자의 특성상 표면적인 외상은 드러나지 않지만 지속적으로 통증을 호소하는 경우가 많아 이 통증 치료에 한방을 선호하는 경향이 있을 수 있다. 이 선택은 당연히 소비자의 권리이다. 다만 한방병원이 상급병실에 고급 안마의자와 넷플릭스 등 호텔을 연상하게 하는 서비스를 제공하며, 1주일 입원진료비 200만 원 등으로 치료비가 매우 높다는 것은 치료와 관계없이 우려되는 부분이다. 두 번째 원인은 자동차사고 피해자를 유치하려는 한방의료기관의 적극적인 홍보이다. 병원 운영이 어려웠던 한방병원은 최근 자동차보험을 새로운 활로로 삼아 '자동차보험 전문'을 광고 문구로 내세우거나 자동차보험금 컨설팅 개최 등을 통해 자동차보험 환자를 적극적으로 유치하고 있다. 하지만 과도한 장기 치료나 입원을 부추기는 등

부적절한 광고가 있다면 문제가 될 수 있다. 감독 당국의 적절한 감독이 필요하다. 세 번째 원인은 자동차보험 한방진료비를 평가할 수 있는 관리 기준이나 수단이 없다는 것이다. 현재 자동차보험 한방진료는 진료수가기준이 없거나 수가기준 수립 지연으로 한방진료비를 효과적으로 심사하지 못하여 과잉진료 등이 있어도 이를 관리할 제도적 수단이 없다. 정부는 신속하게 관리 수단을 수립해서 과잉진료를 감시할 필요가 있다고 판단한다. 한방의료업계의 협조가 필요한 부분이다.

[표 18] 보험제도별 수가 기준 심의 · 의결기구 비교

비교 항목	자동차보험	건강보험	산재보험
소관부처	국토교통부	보건복지부	고용노동부
의사결정기구	–	건강보험정책심의위원회	산업재해보상보험 및 예방심의위원회
목적	–	건강보험 관련 정책 심의 · 의결	산업재해보상보험 및 예방 중요사항 심의
근거 법률	–	국민건강보험업 제4조	산업재해보상보험법 제8조
위원장	–	보건복지부 차관	고용노동부차관
위원 수	–	총 25명	총 15명
기타	수가분쟁심의회에서 기준 조정 등 건의 가능 (자배법 제17조)	전문평가위원회 등 실무전담 (건강보험 심사평가원)	

자료: 김창호(2020), p.25

한방진료비가 급증한다고 해서 자동차사고 피해자의 한방진료 선택권을 축소하는 것은 바람직하지 않지만 진료비에 대한 합리적 평가는 필요하다. 소비자의 선택권은 존중하되 한방진료비에 대한 합리적인 심사로 과잉치료 등을 통제하는 것이 바람직하다. 현재 사용되는 실손보험 보험약관상 자기부담금 제도가 부재하다면 보험료 갱신 시 손해율을 반영하는 차등보험료율을 도입해야 할 것이다. 소비자인 사고 피해자의 확실한 치료를 위해서 어느 정도의 과잉치료는 용인할 수밖에 없다. 하지만 정보비대칭이 존재하는 의료시장에서

는 '공급자의 유인수요'도 존재하므로 진료비에 대한 합리적 통제, 진료비 심사제도는 도입되어야 할 것이다.

2021년 자동차보험 도덕적 해이에 대한 제도 개선[38]

자동차보험은 1963년 가입이 의무화된 이후 가입자가 2,300만 명이 넘어서며 국민의 필수적인 보험이 되었다. 그 동안 피해자 보호 및 가입자의 형평성 확보를 위해 많은 제도 개선이 있었다. 하지만 자동차보험 치료비(진료비)는 (국민)건강보험과 달리 본인 부담금이 없기 때문에 과잉진료 유인 즉, 도덕적 해이가 있을 수밖에 없다. 실제로 동일한 수준과 유형의 상해인 경우 자동차보험 진료비와 건강보험 진료비는 현격한 차이를 보인다. 예를 들어, 동일한 수준의 경추상해와 요추상해의 환자당 진료비는 자동차보험은 각각 42.5만 원과 41.8만 원으로 건강보험 환자의 8.5만 원 및 9.5만 원보다 5.0배, 4.4배이다. 환자당 통원 일수도 자동차보험 환자가 각각 2.8배와 2.4배이다. 자동차보험으로 인한 경추 및 요추상해라고 해서 진료비가 4~5배 높은 것은 과학적으로 설명하기 매우 어렵다.

최근 차량, 특히 고가 차량이 증가하면서 차량과 보행자 간 사고는 줄어들고, 차대차 사고가 증가한 것도 주목해야 한다. 실제로 차대차사고 비중은 약 91% 정도이다. 따라서 중상환자 대비 경상환자(상해 12~14등급)에 대한 보험금 지급 비중이 2016년 58%에서 2020년 66%로 증가하였다. 경상환자에 대한 보험금 증가율이 높아진 원인은 도덕적 해이와 한방 치료비 증가일 가능성이 높다. 총 자동차보험 보험금 지출은 2014년 11조 원에서 2020년 14.4조 원으로 6년간 31% 증가한 반면 동기간 자동차보험계약당 보험료는 64만 원에서 75만 원으로 6년간 20% 증가하였다. 보험금은 연간 약 5% 증가한 반면 보험료는 연간 약 3% 증가한 것이다. 2016년부터 4년간 양방치료비는 20% 감소한 반면 한방 치료비는 160% 이상 증가하였다.

2021년 9월 30일 발표한 정부의 자동차보험제도 개선안은 여러 내용 중 도덕적 해이에 대한 대응책 일부 포함되어 있다. 예를 들어, 2023년 2월부터 경상환자에 치료비(대인2)에 대해서 과실책임주의를 도입하는 것이 대표적이다. 현재는 사고 발생 시 과실 정도와 무관하게 상대 운전자의 보험회사에서 치료비를 전액 지급하기 때문에 본인 부담금이 전혀 없다. 이는 과잉치료 유인 등 도덕적 해이를 발동하게 하는 원인이 된다. 나아가 고과실자(과실 비율이 높은 자)의 치료비가 저과실자(과실 비율이 낮은 자)에게로 전가되는 형평성 문제도 있다. 예를 들어, 차선변경 사고에서 차선을 변경한 차량 운전자 A(과실 80%)는 13일 입원, 23회 통원 등 치료비 200만 원이 발생하여 전액 직진차량 운전자 B(과실비율 20%)의 보험으로부터 보상받았으나 B는 치료를 받지 않았을 경우와 같은 불합리한 상황이 발생하는 것이다.

2023년부터 표준약관이 개선되면 과실책임주의 원칙이 경상환자(상해 12~14등급)의 치료비(대인2) 중 본인과실 부분은 본인보험(보험회사)으로 처리하게 된다. 사실 대법원도 대인2 치료비에 대해서는 현행 표준약관과 달리 과실상계를 적용하도록 하여 제도 개선이 조금 늦었다(대법원 2001다80778 등). 이 제도 개선은 중상환자(1~11등급)를 제외한 경상환자에게만 도입하고 기존과 마찬가지로 치료비를 우선 전액 지급한 후 본인 과실 부분을 환수하는 방식이라 제도 변화에 대한 부작용도 적절히 대응하고 있다고 평가된다. 감독 당국에 의하면 이번 제도 개선으로 연 5,400억 원의 과잉진료가 감소할 것이라고 예상된다. 제도 정착이 잘 이루어지면 도덕적 해이 또는 연성사기를 실질적으로 통제한 좋은 사례가 될 것이다.

백내장 실손보험금 사례[39]

2021년 시점에서 최근 5년 백내장수술 관련 실손보험금이 가파르게 증가했다. 백내장수술이란 혼탁해진 눈의 수정체를 제거한 후 인공수정체로 교체하는 수술이다. 그런데 '백내장'이라는 질병이 갑자기 급증했다는 증거는 전혀 없지만 백내장수술이 엄청나게 증가한 것이다. 백내장수술로 지급된 손해보험회사의 실손보험금은 2016년 779억 원에서 2021년 9,834억 원으로 거의 1조 원에 이를 전망이다. 이는 연평균 70% 증가한 수치이다. 백내장수술 건수가 매년 10%씩 증가하는 것을 감안하더라도 매우 높은 증가세이다. 여기에 최근 생명보험회사들이 지급한 실손보험금을 포함하면 2021년 백내장으로 지급한 실손보험금은 11,528억 원으로 예상된다. 왜 이런 현상이 발생했을까?

[그림 14] 백내장수술 손해보험회사 실손보험금 추이

자료: 보험연구원(2021.7.19.), '백내장수술의 실손의료보험 보험금 현황과 과제, KIRI리포트, p.14

백내장수술 실손보험금이 증가한 것은 백내장이란 질병이 갑자기 발생하였거나, 백내장을 발견하는 의료기술이 갑자기 개발된 것은 아니다. 전문가에 의하면 '백내장수술이 최근 크게 증가한 배경은 노안 교정효과가 있는 다초점 인공수정체 삽입술이 대거 시행되었기 때문이라고 한다. 즉, 백내장수술 발전에 따라 중장년층이 노안을 교정하면서 백내장을 조기에 적극적으로 치료하는 수요가 커졌다는 것이다. 실제로 녹내장이나 굴절 및 조절 장애(노안) 등 다른 노인성 안과질환으로 치료받은 40·50대 인원은 큰 변화가 없는 것으로 나타났다.[40]

백내장수술 실손보험금 데이터를 보면 보험금 지급패턴이 제도 변화에 따라 민감하게 변했다는 것을 알 수 있다. 개인이나 조직이 자신의 이익을 극대화하는 방향으로 행동할 것이라는 경제적 예측이 맞아 떨어진다. 2020년 9월 정부는 증가하는 백내장수술에 따른 국민의 의료비 부담을 경감시키기 위하여 백내장수술의 비급여 검사(안 초음파, 눈의 계측검사) 항목을 국민건강보험에서 보장하도록 급여화했다. 따라서 이 시점부터 실손보험에서 지출되었던 검사비가 줄어들면서 의료공급자들의 매출은 감소하게 되었다. 그런데 그 시점부터 다초점렌즈 실손보험 청구가 급격하게 증가하여 2백만 원대를 유지하던 다초점렌즈 실손보험 청구금액이 9월 이후 3백만 원 후반으로 크게 인상된 것이다. 의료공급자 관점에서 실손보험에서 나올 검사비가 감소한 부분을 다초점렌즈 매출로 상쇄하고도 훨씬 남은 지경이 된 것이다.

실손보험가입자가 2020년 9월부터 갑자기 단초점렌즈 대신 다초점렌즈를 급격하게 선호하게 된 특별한 이유는 없어 의료공급자가 적극적으로 다초점렌즈를 추천하여 관련된 매출이 증대하였다고 본다. 비록 실손의료보험 표준약관 개정으로 2016년 1월 이후 계약에 대해서는 백내장수술에서 다초점렌즈 비용을 보상하지 않도록 하였지만 2016년 1월 이전 계약은 여전히 다초점렌즈 비용을 보상해야 한다. 아마도 의료공급자는 계약자가 보유한 실손보험계약을 확인한 후 2016년 1월 이전 계약을 보유한 계약자에 대해서는 적극적으로 다초점렌즈를 권유했을 것이다. 이 현상은 의료진의 도덕적 해이라고 볼 수 있다. 의료공급자가 환자를 위해서 단초점 대신 다초점렌즈 삽입 수술을 했다면 이것은 당연하다. 다만 매출 증가를 위해서 단초점렌즈가 적절한 환자에게 다초점렌즈를 추천했다면 이는 도덕적 해이이다. 문제는 가입자가 다초점렌즈를 선택한 것이 본인의 선택한 것인지 아니면 의료공급자의 도덕적 해이였는지 파악하기 어렵다는 것이다.

[그림 15] 2020년 다초점렌즈 실손보험 청구 현황

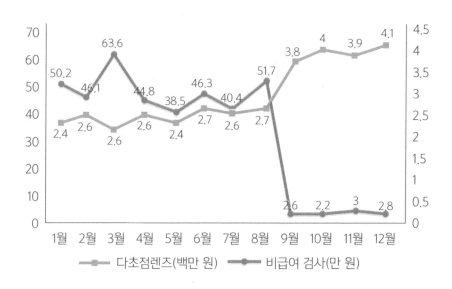

자료: 보험연구원(2021.7.19.), '백내장수술의 실손의료보험 보험금 현황과 과제, KIRI리포트, p.15

▍여성시대건강보험 사례[41]

현재 보험회사들은 다양한 민영건강보험상품을 판매하고 있다. 하지만 1990년대 민영건강보험 특히 여성을 대상으로 하는 민영건강보험은 주력 상품이 아니었다. 그때 S 생명에서 여성시대건강보험을 출시했다. 당시 월 2~3만 원 정도를 납입하면 고혈압, 자궁암, 당뇨, 골다공증, 요실금 등 여성의 주요 12대 질환에 대한 치료비와 입원비를 보장하는 국내 최초의 여성전용 건강보험 상품이었다. 이 상품의 특별한 점은 중년 이상 여성의 말 못할 고민이었던 요실금을 보장하는 최초의 상품이었다는 점이다. 요실금이란 본인 의지와 관계 없이 재채기나 웃음만으로도 소변이 새는 증상인데, 성인 여성의 30%, 65세 이상 여성의 40~55%가 이 질환으로 고통받지만 수치심이나 정보 부족으로 대부분 적절한 치료를 받지 못하고 있었다고 알려져 있다.

요실금을 담보하는 여성시대건강보험은 많은 여성에게 인기를 끌면서 최고의 히트상품이 되었다. 이후 다른 생명보험회사는 물론 손해보험회사들도 신속하게 유사 여성 건강보험상품을 출시하였다. 그런데 여성시대건강보험이 히트한 후 2년쯤 지나자 일부 지역을 중심으로 요실금수술 청구가 급증하더니 곧 전국적으로 요실금수술이 급증하였다. 보험회사에서 청구 내역을 보니 대부분의 요실금수술이 세간에서 '이쁜이수술'로 불리는 여성 성형이었다. 이 수술은 출산이나 노후 등으로 약화된 여성을 회복시키는 성형수술이다.

요실금과 여성 성형과는 서로 연관성이 떨어지지만 일반인들이 이것을 정확하게 이해하기 어렵다. 일부 산부인과를 중심으로 요실금치료를 이유로 언급하기 민망한 이 수술이 빈발하기 시작하였다. 그런데 이렇게 수술이 급증한 속사정은 요실금치료 시에 최대 500만 원이라는 상당한 보험금이 정액으로 지급되기 때문이다. 계약자들은 보험금이 수술비와 입원비보다 높아 상당한 차액을 챙길 수 있었던 것이다.

물론 이 수술을 받은 많은 여성 중에는 실제 요실금으로 고생했던 분도 많을 것이다. 하지만 보험설계사가 한 동네 여성을 대거 여성시대건강보험에 가입시키고 단체로 산부인과로 데리고 가는 황당한 사례는 차액을 챙기기 위해서 그 수술을 했던 사람이 상당히 많았다는 것을 강하게 암시한다. 어느덧 여성시대건강보험은 '가입여성은 짭짤한 부수입을 올려 좋고, 보험설계사는 판매수수료를 챙겨 좋고, 병원은 병원매출을 올려서 좋고 더불어 남편도 행복해지는' 그야말로 일석사조의 로또로 변질된다. 심각한 도덕적 해이이다.

보험회사는 예상치 못한 결과에 당황했다. 급하게 요실금과 여성 수술은 서로 무관하다는 의학 전문가의 의견을 앞세워 문제가 된 병의원들을 방문하여 부당진료에 대한 항의와 설득 작전을 펼친다. 그 결과 황당한 보험금 지급이 한풀 꺾이게 된다. 주춤하던 여성시대건강보험의 요실금 문제는 2000년대 중반에 들어와 새로운 국면을 맞는다. 2006년에 국민건강보험이 요실금 치료를 급여 대상에 포함시킨 것이다. 또한 상당히 복잡하고 효과도 떨어졌던 요실금수술이 인조 테이프를 이용한 기법이 개발되면서 이전보다 합병증도 적고 회복기간도 단축되며, 비용도 50만 원 수준대로 낮아졌다. 하지만 여성시대건강보험은 정액보험으로서 실비와 무관하게 200~500만 원을 지급하므로 보험계약자는 최대 450만 원까지 차액을 챙길 수 있게 되었다. 그 결과 요실금수술 붐이 다시 일어났다.

금융감독원에 의하면 일부 보험회사의 요실금수술 보험금 지급이 2002년 대비 2006년에 6.5배로 증가하였고, 건강보험심사평가원도 요실금수술은 2001년의 234건에서 2005년 6,727건으로 28.7배 폭증하였다고 보고하였다. 심지어 요실금으로 여성 성형을 12회 시술받은 여성까지 나타났다고 한다. 그 여성이 한 번에 450만 원씩 총 5,400만 원을 챙기기 위해 12번 수술을 했다면 이는 극심한 도덕적 해이 즉, 보험사기이다. 전문가들은 2006년에만 최소 200억 원이 요실금수술 보험금으로 지급되었을 것으로 추정한다.

보험회사들이 속수무책으로 요실금수술 보험금을 지급하던 2007년 초 요실금수술에 대한 건강보험의 요양급여 기준이 변경된다. 과거에는 간편하고 저렴한 패드테스트(pad test)만으로 요실금수술 타당성을 인정받았으나, 요류역학검사(urodynmic test)를 반드시 시행하여 그 수치가 일정 수준 미만인 경우에만 건강보험 급여가 가능하도록 기준이 바뀐 것이다. 한마디로 요실금 진단 기준이 강화된 것인데, 산부인과 의사들은 이 기준이 의학적 근거가 없고 선진국에서도 찾아보기 어려운 잘못된 것이라고 이의를 제기하였다. 하지만 국민건강보험공단으로서는 요실금수술 급증으로 인한 재정 악화를 막기 위해 진단기준을 강화할 수밖에 없었을 터이다. 그러나 그 후 산부인과들은 단체로 보건복지부의 요실금 관련 엄격한 기준에 반발하여 행정소송을 제기하였고 서울행정법원은 보건복지부의 행정처분을 취소하라는 판결을 내렸다. 2014년 법원은 보건복지부에서 요실금 사건과 관련해 요양기관 업무정지 100일, 5배수 과징금 등 행정처분을 내린 사건 2건에 대해 "행정처분을 취소하라"고 판결했지만 요실금수술의 도덕적 해이 이슈는 지금도 입에 오르내리고 있다.

▌도덕적 해이 사례의 시사점

보험가입자의 도덕적 해이에 대한 실증적 연구는 매우 많다. 최근 황진태·서대교(2018)는 2008년부터 2013년까지 한국의료패널 자료를 대상으로 민영의료보험가입자와 비가입자 간 의료이용행태 차이를 분석하여 민영의료보험가입 집단의 도덕적 해이 존재를 실증적으로 분석하였다. 이송우·김동훈(2012)은 정액 실손보험가입 집단은 가입하지 않은 집단보다 단기간 의료 이용의 비중이 매우 높았고 본인부담금 도입·확대 이후에 가입한 그룹의 의료이행 정도가 그 전에 가입한 그룹보다 둘 다 적은 것으로 나타났다.

도덕적 해이에 대한 많은 연구 결과와 마찬가지로 위에서 논의한 자동차보험에서 한방진료비 문제, 실손보험 백내장수술 보험금 문제 및 여성시대건강보험에서 요실금수술 보험금 사태는 도덕적 해이가 실질적으로 보험시장을 왜곡하는 문제라는 것을 보여준다. 이 세 가지 도덕적 해이에는 몇 가지 공통점이 있다. 첫째, 보험가입자의 건강과 관련되어 있고, 둘째, 의료공급자(병원)과 관련되어 있으며, 셋째, 도덕적 해이의 결과로 지급보험금은 증가하여 보험가입자와 의료공급자가 혜택을 보는 구조이다. 도덕적 해이를 완화하는 방안으로 적발 방법을 더 정교하게 하는 방안이 있을 수 있으나 실효성이 크지 않다. 조사와 적발에 소요되는 비용에 비해 실질적인 효과는 적기 때문이다. 공급자에게는 도덕적 해이이지만 보험에 가입한 소비자에게는 권리일 수 있기 때문이며 이 두 시각이 충돌하여 분쟁을 일으키는 경우 약자인 소비자 입장에서 판단할 수밖에 없기 때문이다. 따라서 도덕적 해이에 대한 대응은 법제를 통한 상품이나 약관을 통제하든지 자기부담금 제도를 적극적으로 활용하는 것이 적절하다. 특히 치료에 대한 합리적인 기준이나 가이드라인이 있어야 도덕적 해이를 통제할 수 있다. 특히 의학기술이 발달하여 새로운 치료 기술이 등장하는 경우에 신기술에 대한 보험금 지급 기준이나 가이드라인이 있어야 분쟁도 피하고 도덕적 해이를 완화할 수 있을 것이다. 나아가 신상품을 출시할 때 공급자 보험회사의 도덕적 해이에 대한 평가와 대응방안을 마련해야 한다.

III
보험사기에 대한 연구

보험사기 집중 탐구

보험사기 집중 탐구

제8장 경제학적 연구 성과[42]

보험사기 연구의 학문적 분류

보험사기가 보험의 비효율과 보험금 누수의 상징이 되면서 많은 연구자들의 관심 대상이 되었다. 보험사기는 처음에는 경제학이나 경영학 관점에서 주로 연구되었지만 화이트칼라 범죄의 중요한 유형으로 주목받으면서 범죄학 연구대상이 되었고 나아가 지금은 보험사기자의 심리적인 측면이나 보험사기의 사회학적 맥락이 강조되면서 다양한 사회과학 분야에서 보험사기를 연구하고 있다. 김헌수(2014)는 보험사기의 연구 분야를 크게 경제학, 경영학, 그리고 기타 사회과학(범죄학, 심리학 및 사회학)으로 구분하여 정리하였다.

[표 19] 보험사기 연구의 학문적 분류

구분	대분류	세부분류	내용
보험사기 연구분류	경제학 (이론/선험)	도덕적 해이 /최적계약 이론	정보비대칭으로 야기되는 도덕적 해이(보험사기)에 직면한 보험계약의 최적구조를 이론적으로 제시(게임이론 포함)
		선험적 연구	사고 및 치료비 데이터를 이용하여 도덕적 해이, 보험사기의 존재 여부와 정도를 선험적으로 분석
	경영학 (적발/응용)	적발기법	사기적 청구를 정상청구와 구별(분류)할 수 있는 통계적, 비통계적 방법을 제시하고 최적 적발모형을 제시
		선험적/ 사례분석 연구	보험사의 보험사기 최적조사전략 및 보험제도의 효과를 선험적으로 분석하며, 설문이나 실험 사례를 이용하여 도덕적 해이 분석
	범죄학/ 사회학, 심리학	범죄학	억제이론 및 사회통제이론 등 이론적 틀을 이용하여 선험적으로 이론적 변수의 유의성을 검증
		사회학/ 심리학	사회학은 보험사기를 사회적 인식, 가치, 규범을 기준으로 분석하는 경향이며, 심리학은 보험사기를 개인적인 의사결정행위로 주로 분석

주: 이 연구 분류는 사회과학 중 법학이나 민속학 등 일부 분야는 빠졌으며, 항목별 경계가 모호한 경우가 있고 항목별로 상호배타적이지 못함
자료: 김헌수(2014)

보험사기에 대한 국내외 연구에서 이론적 연구는 정보비대칭으로 야기된 극단적 현상에 관한 경제학적 틀에서 출발하였다. 우리나라에서는 송기철(1983)이 보험과 범죄의 논한 것이 보험사기에 대한 최초 논문이다. 보험사기에 대한 피해 규모가 급격히 증가한 최근 20년 동안은 정보비대칭에 의한 도덕적 해이와 역선택에 관한 이론적 연구와 이를 실증적으로 분석한 실증연구가 진행되었다. 나아가 보험사기와 정상적인 청구를 분류할 수 있는 보험사기 적발모형이 경영학, 통계학 등에서 시도되었다. 한편 보험사기를 범죄학, 사회학, 심리학적 접근을 통해서 보험사기에 대한 연구가 다양하게 시도되었다. 경제학, 사회학, 심리학 등 여러 학문의 관점을 융합한 Tennyson(1997), 김헌수(2005) 등의 연구도 제시되었다. 기타 국내에서는 금융감독 정책이나 법제 차원에서의 논문 등도 많이 발표되었다.

보험사기에 대한 경제학적 연구 성과

보험사기에 대한 학문적 연구의 출발은 도덕적 해이(Moral Hazard)가 출발이다. 도덕적 해이란 캐임브리지 영어사전에서는 개인이나 조직이 본인의 잘못된 결정에 대한 책임을 지지 않아 오히려 위험을 더 지려고 하는 상태(a situation in which people or organizations do not suffer from the results of their bad decisions, so may increase the risks they take)로 정의한다. 즉, 특정인이 자신의 행동에 대한 비용을 부담하지 않고 다른 사람이 그 비용을 부담하기 때문에 그 특정인이 더 위험한 행동을 하는 것을 의미한다. 도덕적 해이는 곳곳에서 관찰되는 본인-대리인의 문제(principal-agent problem)에서 잘 나타나는데, 대리인이 본인의 이익에 부응하지 않는 방향으로 행동하는 것은 도덕적 해이의 전형적인 예이다. 그 외에도 모든 사람에게 고정 급여를 지급한다면 게으름을 피우는 것이 발각될 우려가 없는 경우 일부 사람은 당연히 게으름을 피우게 되는 것도 도덕적 해이 문제이다. 기소를 독점하고 있는 검사가 불편부당하지 못하고 자기에게 이익을 주는 사람에게는 관대한 것도 도덕적 해이 문제이다. 환자는 의사의 결정을 잘 알 수 없기 때문에 일부 의사는 돈을 더 벌기 위해서 환자에게 필요 없는 여러 가지 검사를 하도록 하는 것도 도덕적 해이의 문제이다.

도덕적 해이라는 유사 개념은 보험제도가 생겨나면서 있었겠지만 그 용어가 처음 사용된 기록은 Baker(1996)에 의하면 1800년 중반 미국에서 화재예방 전문가로 활동한 Arthur C. Ducat의 화재보험 언더라이팅 실무(The Practice of Fire Underwriting, 1865)라고 한다.[43] 도덕적 해이가 발생하는 원인은 경제학적으로는 정보비대칭(information asymmetry)이다. 두 당사자 중에 한 쪽이 다른 한쪽 보다 상대방의 정보를 더 많이 가지고 있는 상황에서, 즉 한쪽 당사자는 상대방을 관찰할 수 없는 상황에서 정보가 우월한 자는 자신이 유리한 방향으로 행동을 변경하게 된다. Arrow(1963)는 보험시장에서 리스크의 전가가 효율적으로 이루어질 수 없는 이유를 계약 당사자 간의 정보비대칭인 도덕적 해이와 역선택으로 지적하였다. Arrow(1963)는 정보비대칭 문제가 보험시장을 이해하는 중요한 화두임을 제시하여 그 이후 수많은 보험경제학 연구가 이루어졌다. 보험경제학에서는 도덕적 해이는 보험사고의 발생 빈도와 심도가 보험가입자(피보험자)에게 영향을 받을 수 있고, 보험회사는 이를 관찰할 수 없을 때 발생한다. 경제학은 도덕적 해이를 개인의 '도덕성' 문제로 보지 않고 '중립적인 관점'에서 분석하였다. 예를 들면 Shavel(1979)은 보험에서 도덕적 해이를 "보험에 가입하면 손실을 경감시키려는 개인의 동기가 변하게 되는 경향(the tendency of insurance protection to alter an individual's motive to prevent loss)"으로 정의한다. Pauly(1968)도 보험에서의 도덕적 해이는 "개인의 도덕성과 관련성이 없고 정통경제학 도구로 분석할 수 있다."라고 주장하였다.

하지만 수천 년 전부터 원시적인 보험제도가 있었기 때문에 사람들은 경험적으로 피보험자의 부정직, 부주의로 인해 손실이 증가하는 현상을 목도했을 것이고 이로 인해 실무적으로 도덕적 해이는 보험에서 중요한 개념으로 자리매김하게 되었다고 본다. 보험 또는 보험학에서 도덕적 해이는 hazard(위태)라는 개념에서 출발한다.[44] hazard(위태)는 보험가입자의 특성이나 외부 환경 때문에 손실발생 심도(severity)와 빈도(frequency)를 증가시킬 수 있다. 보험학에서 위태(hazard)에는 물리적 위태(physical hazard), 도덕적 위태(moral hazard)와 정신적 위태(morale hazard)로 구분한다. 물리적 위태란 손실 발생 심도 및 빈도를 증가시킬 수 있는 물리적 환경을 의미한다. 예를 들면, 주유소에서 담배를 피우도록 했다면 이는 화재 위험에 대한 물리적 위태가 증가하는 것이고, 산에서 불 피우는 것을 무조건 금지했다면 산불 위험에 대한 물리적 위태를 감소시킨 것이다. 도덕적 위태(moral hazard)는 부정직, 무책임 때문에 손실의 발생 가능성과 규모를 증가시키는 것으로 보험가입자가 자동차사고 후 차량을 수리하면서 과거의 사고로 흠이 난 부분까지 같이 고친다면 이는 도덕적 위태이다. 정신적 위태(morale hazard)는 보험을 가입했기 때문에 사고나 손실에 부주의해지거나 무관심해져서 손실 빈도와 심도를 증가시키는 것을 말한다. 보험에 가입하면 사고가 나도 어차피 보험금이 나올 것이므로 부주의해지는 현상으로 설명할 수 있다. 보험학에서는 도덕적 위태와 정신적 위태를 구분하지만 보험 실무에서는 이 둘을 합쳐서 도덕적 해이 또는 모럴 리스크로 통칭하고 있다. 본서에서도 도덕적 해이는 도덕적 위태와 정신적 위태를 합한 것으로 서술한다.

도덕적 해이가 실질적으로 작동하여 보험사고자(피보험자)가 금전을 목적으로 보험회사를 속이는 행위는 보험사기이다. 보험사기는 보험사고자(피보험자)

가 사전적으로 계획하여 사고를 야기할 수도 있고 사후적으로 사고를 조작하거나 손실금액을 과장할 수도 있다.

　도덕적 해이는 보험에 가입하면 피보험자는 손실 빈도와 심도를 증가시키는 경향으로 이는 보험가입자(피보험자)의 행동을 보험사는 관찰할 수 없기 때문에 발생한다. 역선택(adverse selection)은 보험가입자(피보험자)의 위험을 보험자가 잘 모를 때 위험한 사람이 더 많이 보험에 가입하려고 하는 경향을 말한다. 도덕적 해이나 역선택이나 피보험자와 보험자의 정보비대칭에서 발생하는 것이므로 정보경제학에서는 도덕적 해이는 숨겨진 행동(hidden action), 역선택은 숨겨진 유형(hidden type)으로 구분하기도 한다.[45] 도덕적 해이는 보험계약 이후에 발생하는 경향이라면 역선택은 주로 보험계약 이전에 가망 피보험자의 리스크를 잘 알지 못할 때 발생한다.[46] 도덕적 해이는 행동의 시점에 따라 두 가지로 분류할 수 있다. 보험손실의 빈도와 심도에 영향을 미치는 감추어진 행동이 보험사고 전에 발생하는 경우와 보험사고 이후에 발생하는 경우이다. 전자는 사전적 도덕적 해이(ex ante moral hazard), 후자는 사후적 도덕적 해이(ex post moral hazard)이다. 사후적 도덕적 해이는 심도를 증가시키지만 빈도를 증가시키지는 않는다.

　사전적 도덕적 해이를 이론적으로 분석한 대표적인 연구로는 Pauly(1974), Holmstrom(1979) 및 Shavell(1979)이 있는데, 이 연구들은 보험자가 피보험자의 행위를 관찰할 수 없을 때 피보험자의 사고방지 노력은 감소한다는 것을 이론적으로 증명하였다. Mossin(1968)은 수리적으로 공정한 보험료일 때 전부보험으로 가입하는 것이 최적이라는 결과를 보였다. 하지만 일반적인 도덕적 해이 상황에서는 일부보험(소손해 공제, 공동보험, 보상한도)이 최적이다.

　사후적 도덕적 해이는 Spence와 Zeckhauser(1971)에 의해 이론적으로 처음 연구되었다. 이들은 최적 보험계약이 보험자가 자연 상태(state of nature)

피보험자의 사전 행위(ax ante action), 보험사고의 속성(nature of accident)을 관찰할 수 있느냐에 달려있다는 것을 이론적으로 증명하였다. Townsend(1979)는 보험사고의 속성에 대해서 피보험자는 알 수 있지만 보험자는 비용 없이 알 수 없는 경우(costly state verification)를 연구하였다. 도덕적 해이의 관한 대부분의 연구는 보험계약 당사자 중 피보험자 한 쪽만 도덕적 해이가 있는지를 연구했는데, 피보험자와 보험자 쌍방 모두가 도덕적 해이가 있는 경우를 연구한 것으로는 Schlesinger와 Venezian(1986)이 있다. Lanoie(1991)는 사업자 안전과 관련하여 고용주와 노동자 쌍방의 도덕적 해이에 대해 이론적으로 연구하였다.

최근 보험사기 관련 경제학적 연구의 틀은 크게 두 방향이다. 큰 줄기는 최적계약에 대한 이론 연구로 통상 Von Neumann-Morgenstern의 기대효용모형에 기초하여 개발된 이론 모형이 일반적이며 이 기본 모형을 발전시킨 모형도 많이 나타난다. 많은 보험경제학 이론 연구는 최적계약에 대한 연구이다. 최적계약에 대한 이 모형을 기초로 보험가입자는 보험회사가 알 수 없는 발생손실에 대한 정보를 보유하고 있다는 새로운 정보비대칭모형이 많이 연구되었다. 보험사는 비용을 투여해야만 이 손실규모를 파악할 수 있다고 가정한 상태검증비용모형(costly state verification model)과 보험회사가 알 수 없도록 보험가입자가 추가비용을 들여서 손실 규모를 증가시키는 상태조작비용모형(costly state falsification model)으로 나눌 수 있다. 다른 하나의 이론적 접근방법은 보험사기를 보험사와 보험가입자의 게임으로 보고 각자의 행동을 논리적으로 분석하는 것이다. 이 경우 보험사와 보험가입자가 상대방의 정보를 아느냐 모르느냐에 따라 일방 도덕적 해이 그리고 서로 모르는 경우를 쌍방 도덕적 해이로 가정하여 이론모형을 구축하기도 한다. 이러한 게임이론적 접근은 Mookherjee/Png(1989), Picard(1996)이며 국내는 이윤호(2000, 2002a)가 대표적이다.

[표 20] 보험사기에 대한 보험경제학 연구 성과

구분	내 용
도덕적 해이 · 역선택	– 정보비대칭, 도덕적 해이: Arrow(1963), Shavell(1970), Pauly(1968), Wilson(1977), Winter(1992), Picard(1996, 1999, 2000), Boyer(2000, 2007) – 역선택: Akerlof(1970), Rothschild/Stiglitz(1976) – 국내 보험사기 이론: 이원돈(2000), 안철경(2000), 이경주(2002), 석승훈 (2008, 2012)
대리인모 형 · CSV문제	– 대리인 문제: Mookherjee/Png(1989), Piccard(1994), 이윤호(2000, 2002) – 최적조사 및 Costly State Verification 문제: Townsend(1979), Kaplow(1994), Dionne etal(1995), Bond/Crocker(1997), 지홍민(2001)
도덕적 해이 선험분석	– 건강보험: Dionne등(1992), Butler등(1996), Sparrow(1996), 정기택 등(2006), 김재호 (2011), 이송우/김동훈(2012), 김대환/이봉주(2014) – 자동차보험: Cummins/Tennyson(1990, 1996), Crocker/Tennyson(1998), 이용우 (2008)
보험사기 선험분석	– 보험사기 심각성: Dionne(1984, 2000), Clarke(1989, 1990) – 자동차보험 보험사기: Weisberg/Derrig(1991, 1995), Dionne/Gagne(2001, 2002) – 보험사기와 경제(경기): Dionne/Wang(2013), Goel(2014)

국내에서 보험경제학 이론으로 보험사기를 연구한 결과도 존재한다. 보험사기는 도덕적 해이의 결과이지만 여기에서는 '보험사기에 관련된 이론 논문' 5편을 검토해본다. 5편 논문의 전체적인 성격을 보면 보험사기의 구조를 범죄경제학 관점에서 분석한 이경주(2002)가 있고, 보험사기 가능성이 있는 상태에서 최적계약구조를 연구한 지홍민(2001), 게임이론을 활용하여 수사권과 최적제재를 연구한 이윤호(2002a)를 살펴본다.

이경주(2002)는 보험사기를 범죄경제학의 기본 틀인 범죄 성공으로 인한 효용과 범죄 실패로 인한 비용을 비교하는 개념을 기대효용이론에 접목하는 전통적인 방법을 사용하였다. 보험사기에 영향을 미치는 요인들로는, 법적 제재수준, 보험사기 이득의 크기, 보험사기 적발 확률 등을 들 수 있다. 논문은 보험사기와 관련된 요인들 가운데 현실적으로 보험시장의 건전화를 위해 가장 핵심적인 것은 보험회사의 효과적이고 효율적인 사기 적발 조사활동이라고 결론 내린다.

이윤호(2000)는 국내에서 처음으로 보험사기를 게임이론으로 분석한다. 이 논문은 보험사기를 게임이론으로 모형화한 후 몇 가지 명제를 도출한다. 그리고 이들 명제의 타당성을 한국·일본·대만의 대학생을 대상으로 하는 설문조사를 통하여 비교·검증하였다. 이 논문은 보험사기에 대한 동기는 감소하고 보험사기에 대한 처벌 강도와 보험사기의 빈도는 역상관 관계에 있으며, 보험사기에 대한 처벌 강도와 모니터링 빈도는 서로 대체적 관계에 있다고 결론 내렸다. 특히 한국은 세 나라 중 처벌 강화가 보험사기 방지에 가장 효과적인 나라라고 주장하였다.

지홍민(2001)은 Bond/Crocker(1997) 처럼 상태검증비용모형에서 일반적인 상황, 즉 보험계약자는 손실의 규모에 대하여 알고 있지만 보험자는 손실확인비용을 지급하여야 손실 규모에 관한 정보를 취득할 수 있는 것을 전제로 기대효용이론을 이용하여 최적 보험계약을 분석하였다. 연구 결과 이 상황에서의 최적계약의 특징은 실제 손실 규모가 특정 금액 이하인 경우 보험자는 손실 규모에 대한 조사를 하지 않는 대신 확정 보험금을 지급하고, 손실 규모가 특정 금액보다 크면 보험자는 일정한 비용을 부담하여 손실을 확인하며 확인된 손실에 대해서는 전부보험을 지급하는 형태를 지니는 것으로 나타난다. 이 결론은 기존 문헌의 결론을 지지한다. 이 연구에서 제시한 이론 모형은 현실적이라는 점에서 결론도 실무에서 보상 청구 건을 처리하는 원칙과 매우 유사하다. 즉, 손실이 특정 수준 이하이면 거의 검정하지 않고 확정보험금을 지급한다는 것이다.

이윤호(2002a)는 보험사기 수사권이 누구에게 있는가에 따라 게임속성이 달라지는 상황을 모델화하였다. 어떤 조건하에서는 보험회사가 수사하는 것이 경찰이 수사하는 것보다 수사빈도와 계약자 집단의 신의성실의무의 이행률을 동시에 높이는 데 더 유리한 지를 이론적으로 제시한다. 특히 처벌이 경미한 사안에 대하여 경찰 당국보다 보험회사가 더 적극적으로 수사를 한다는 사실을 보임으로써 보험사기로 인한 보험금 누수의 대부분을 차지하는 연성사기를 해결하기 위해서도 보험회사에 수사권이 부여되어야 한다는 시사점을 제시한다.

보험경제학의 한계를 살펴본다. 보험경제학적 이론적 논문은 보험사기를 범죄로 간주하기보다는 객관적인 이익을 극대화한다는 합리적 인간의 시각에서 관찰하면서 다양한 시사점을 제공한 것은 사실이다. 하지만 인간의 다양한 행동에 동기를 경제학적 효용, 또는 이익이라는 틀에서 분석하는 것은 단순하다고 볼 수 있다. 특히 어떻게 보험사기를 억제하거나 감소시킬 것인가 하는 것이 보험사기를 연구하는 주 목적이라면 이론적으로 보험사기를 분석하는 보험경제학적 연구는 한계가 있을 수밖에 없다. 그 이유는 이론 보험경제학은 보험사기 적발이라는 '문제해결'보다는 현상을 미시경제학적으로 모형화하는 것이 주 관심사이기 때문이다. 즉, 보험사기라는 현상을 이론적 틀로 모형화해서 어떤 시사점을 찾고자 하는 것이 보험경제학자의 주요 관심사이기 때문이다. 보험경제학 연구가 가질 수밖에 없는 본질적 한계를 극복하려는 연구는 크게 보험사기 적발 모델링(insurance fraud detection modeling)분야와 사회학, 심리학, 윤리학 등 비경제학적 접근법이다. 전자는 수많은 데이터를 분석한다는 차원에서 '빅데이터' 방식이라고 할 수 있으며 후자는 인간내면의 이해를 주로 한다는 차원에서 '인간내면이해' 방식으로 차별화할 수 있다.

제9장 경영학적 연구 성과

보험사기 적발 관련 연구

보험회사는 보험사기에 항상 관심이 있었지만 보험경영학적 연구의 역사는 길지 않다. 20세기 후반 미국 보험시장은 경쟁 격화로 보험업의 수익성이 정체되면서 보험금 누수의 주범으로 보험사기에 대한 관심이 증가하였다. 그 결과 미국을 중심으로 보험사기에 대한 경영학적 연구가 대거 등장하게 되었다. 우리나라도 마찬가지다. 보험시장이 크게 성장하는 시기에는 보험사기에 대한 연구가 없었지만 보험시장이 개방되고 경쟁이 치열해지면서 보험금 누수에 대한 관심도 급격하게 증가하였다.

보험사기에 관한 경영학적 연구의 대표적 실증 연구는 Weisberg · Derrig (1991, 1992)로 볼 수 있다. 연구자들은 매사추세츠 주 내 종결된 자동차보험 보상 건을 자동차보험 보상전문가들이 재검토하여 각 건의 보험사기 가능성을 평가하는 방식으로 이루어졌다. 국내에서도 김헌수(2000)는 보상전문가의 지식을 추출하여 AHP(Analytic Hierarchy Process) 보험사기 적발모형을 제시하여 보험전문가 지식을 활용한 사기 적발모형 발전을 촉발시켰다.

보험사기 적발모형에 대한 연구는 다양한 방법론이 활용되었다. 퍼지이론은 Dewit(1982)와 Lemaire(1990)에 의해 보험에서 적용이 가능하다는 것을 보여주었고, 퍼지모형은 Cummins · Derrig(1993)에서 손해보험에 적용되었다. Derrig · Ostaszewski (1995)는 군집모형과 퍼지모형을 비교하여 퍼지모형의 우수성을 증명하였다. Brockett 외(1998)는 Kohonen의 Self-Organizing Map과 퍼지모형을 비교하기도 하였다. 보상전문가의 전문지식을 활용하는 모형으로는 Belhadji · Dionne (1997)이 있다. 이 연구는 2,000명의 보험회사 내 손해사정인에게 설문조사를 하고, 사고 징후변수의 상대적 중요성을 추정하고자 하였다. 연구자는 손해사정인들에게 과거 자사의 손해보상 파일을 면밀히 검사하게 한 후 각 건별로 관련 변수로 제시된 50개의 보험사기 징후 변수에 대해서 중요도를 평가하고 각 변수별 조건부확률을 구하고 Probit회귀분석을 통해 각 사고 건별 보험사기 확률을 도출하였다. 적발모형의 새로운 연구 분야는 보험사기 또는 보험사기가 아니라고 잘못 분류한(오분류) 것에 대한 연구였다. Art 외(2002)는 최우추정법을 활용하여 표본에서 비사기로 분류된 확률을 추정하였다. 그 결과 실제로 사기 건수의 5%가 비사기로 분류되었을 것이라고 주장하면서, 이러한 분류오차를 고려한 모형과 그렇지 않은 모형은 상당한 차이가 있다는 것을 보여주었다. Viatne 외(2007)는 오분류에 의한 비용보다 오분류를 최소화하려는 데 초점을 맞추었다. 보험사기 조사비용을 고려한 보험사기 적발모형의 청구 건당 평균 이윤이 조사비용을 고려하지 않은 적발모형의 청구 건당 평균비용보다 더 높았다. 즉, 보험사기 적발모형을 구축할 때 보험사기 조사비용을 고려하는 것이 더 유리하다는 것이다. Dionne 외(2009)는 기존의 보험사기 적발모형에 최적조사모형을 접목하여 보험사기로 인해 발생한 보험사기 비용을 최소화하는 전략을 도출하였다. 이 연구는 보험사기 징후변수를 로지스틱회귀분석으로 추출한 후 관찰가능한 모든 징후변수의 조합을 보험사기 가능성이 높은 순으로 서열화하였다. 이 서열화된 조합의 몇 번째부터 조사하는 것이 보험사기 기대비용을 최소화하는 것인지를 분석하였다. 송윤아(2010)는 Dionne 외(2009) 모형을 기초로 국내에서 최적조사모형을 연구하였다.

보험사기에 대한 초기 선험적 연구는 보험사기 존재 유무와 규모 정도를 파악하려고 하는 선험적인 연구가 대부분이라고 볼 수 있다. 이는 다양한 사회적 환경하에서 보험사기로 인한 보험산업의 피해와 나아가 선량한 소비자의 피해가 크다는 것을 보여주는 것으로 연구의 맥락은 매우 다양하다. 국가별 다른 환경에서, 서로 다른 보험종목에서 보험사기 또는 모럴 해저드는 광범위하게 드러났다고 볼 수 있다.

보험사기에 대한 선험적(실증적) 연구로 최초 연구는 Weisberg · Derrig(1991)이다. 이전까지는 학자의 제한된 이론적 모형이나 보험회사의 추측만 있었을 뿐 보험사기의 심각성, 규모가 어느 정도인지 알 수 없었다. Weisberg · Derrig (1991)는 보상이 종결된 자료를 보상전문가들이 재검토하여 보험사기가 의심되는 건수를 파악하는 방식으로 진행되었다. 이 연구 결과 자동차보험 무과실보험 (No-fault) 보상 건 중 26~36%는 명백한 보험사기 또는 과다청구라는 증거가 있다고 보고하였고 대인배상 보상 건에서는 74%가 과다청구 등 보험사기와 관련이 있다는 충격적인 연구 결과를 발표하였다.[47] 이 연구는 과거 설문조사를 통해서 보험사기 정도를 파악한 것보다는 직접적으로 보상 결과를 재검토하여 제시한 연구 결과로 많은 후속 연구의 출발점이 되었다.

보험사기 적발기법에 관한 연구는 보험사기 현장에 있는 기업체 등에서 먼저 활용된 후 연구자들에 의해서 분석되는 등 산학연구가 밀접하게 이루어지는 분야이다. 많은 연구는 보험회사에서 활용하는 또는 활용가능한 적발기법 모형을 소개한다. Kim · Kwon(2006)은 국가 주도로 보험사기인지시스템을 통합적으로 가동한 한국 금융감독원의 사례를 자세히 소개하고 있다. 이 논문에서는 보험회사의 정보를 어떻게 통합하고 다종목에서 보험사기 적발시스템이 어떻게 작동하는지를 제시하고 있다.

보험사기 적발기법을 크게 분류하면 아래 [표 28]처럼 3개로 구분하여 볼 수 있다. 첫 번째 방법은 전문가 중심적 접근방법으로 소위 말하는 수사관모형이다. 보험사기를 건별로 직접 조사하는 방식인데, 전통적으로 경찰이나 보험회사 내의 보험사기조사팀인 SIU가 보험사기자를 적발하는 방법이다. 연구자들도 이 적발기법을 활용하여 보험사기 정도를 연구하는데, 전술한 Weisberg · Derrig(1991)가 대표적이다.

두 번째 모형은 연구자들이 가장 많이 활용하는 것으로 데이터 중심적 접근방법 중 분류모형(classification model)이다. 이 방법은 데이터를 활용하여 정상적인 건수와 비정상적인 건수를 다양한 통계적 기법이나, 인공신경망모형 및 퍼지모형 등으로 구분하는 방법이다. 보험사기 혐의 건과 정상 건을 일차적으로 구분할 수 있다면 보험회사에서는 보험사기 혐의 건에만 집중 조사할 수 있는 장점이 있다. 실무적으로는 보험사기 혐의지표를 설정해 놓고 이 혐의지표의 점수가 일정 기준을 넘기면 일차적으로 '보험사기 혐의'가 있는 건으로 이차적인 조사를 하도록 하는 Red-flag 방식이 많이 활용된다. 예를 들면, 자동차보험에서 과거 3년간 자동차사고 보험금 청구가 5건 이상 등의 지표를 활용할 수 있을 것이다. 그 외 특정 개인의 속성변수를 활용하여 특정 개인을 보험사기 혐의자로 분류하는 기법도 있을 수 있다. 미국의 연구자들은 미국의 주별로 자동차보험 보상 규제가 다른 점에 착안하여 자동차사고 보상에 대하여 특정 규정, 보험사에 SIU 설치가 의무인지, 주 보험청 등에 보험사기 전담조사팀이 있는지 등을 기준으로 보험사기를 효과적으로 대응하고 있는 주와 그렇지 못한 주의 차이점을 분석하기도 한다.

세 번째 모형은 데이터 중심적 접근방법 중 묘사모형(description model)으로 인터넷과 스마트폰이 활성화되면서 급격하게 활용가능성이 증가한 모형이다. 이 모형은 기존 표준화된 데이터 외에도 비표준화된 데이터, 텍스트, 그림, 동영상, SNS에 남긴 정보 등을 총망라한 이른바 빅데이터를 활용하여 보험사기를 적발하는 방법이다. 이 묘사모형의 초기 모형은 데이터를 그래프, 링크 등의 모형으로 묘사한 후 그 특성을 찾아내는 방식으로 활용되었지만, 최근 비표준화된 데이터(텍스트, 그림, 동영상, SNS 자료) 등을 망라하여 보험사기자를 찾아낼 수 있는 것으로 기대가 된다.

[표 21] 보험사기 적발 방법 비교

구분	전문가 중심적 접근방법 (직접조사모형)	데이터 중심적 접근방법 (분류모형: classification model)	데이터 중심적 접근방법 (묘사모형: description model)
개요	보험사기 혐의 건을 조사전문가(SIU 등)가 직접 조사	데이터를 이용하여 정상 보험사고와 보험사기 혐의가 있는 사고를 구분	데이터에서 변수 간, 혐의자 간 관계를 통해서 혐의자 추출
필요정보	혐의자에 대한 조사 정보	개체의 속성(attribute) 정보 필요	개체 간의 관계 정보 필요
주요비용	조사전문가에 대한 비용 수사전문가 필요	시스템 구축 및 유지(update) 비용	시스템 구축 및 유지(update) 비용, 빅데이터 분석 전문가 필요
조사방법	혐의자 및 건에 대한 개별 조사	회귀분석, scoring model (Red-flag), 인공신경망, 퍼지기법, 텍스트마이닝, AI모형	VDM(visual data-ming), 링크분석,AI모형
장점	사기자의 유죄 입증에 필수적임	일차적으로 보험사기 의심 건을 추출하는 데 유리	혐의자 간의 관계를 신속하게 파악
단점	느린 조사 속도로 다사 혐의 사례, 특히 연성사기 분석에 한계, 조사자의 주관적 판단 의존	데이터의 관리와 질이 매우 중요, 유죄 입증 도구로는 매우 부족	데이터의 관리와 질이 매우 중요, 유죄 입증 도구로는 매우 부족

자료: 김헌수(2014)

[표 22] 경영학 및 보험사기 적발 모델링 연구 성과

구분	내용
보험사기 적발기법 (1, 2차 자료 분석)	– 방법론 비교: Brockett 등(1998, 2002), Derrig 등(1994), Viaene 등(2002), Lin 등(2013), 김광용(1996) – 통계학적 방법: Belhadji/Dionne(2000), Artis 등(1999, 2002), 김정동/박종수 (2006), 김태호(2015) – 비통계적방법(퍼지, AHP, DM): Derrig/Ostaszewski(1995), Hormonzi 등(2013), Aral 등 (2012), 김헌수(2003)
보험사기 적발기법 (사례, 링크 분석)	– 미국 보험금 지급 사례 분석: Weisberg/Derrig(1991, 1992, 1996), IRC(1996) – 캐나다 보험금 지급 사례 분석: Dionne/Belhadji(1996), Carson/Dionne(1996) – 휴리스틱 방법 및 링크분석을 이용: Major/Riedinger(1992), 김헌수(2000), 김헌수 (2005)
보험사기 일반	– 보험사기 현황 소개: CAIF(1997), Derrig(2002), 조해균(1990, 1995), 김용덕/안철 경(2002) – 보험사기 규모: Tracy/Fox(1989), Weisberg/Derrig(1991, 1995), IRC(1996), Carroll/ Abrahamse(2001), Hyman(2002), Derrig 등(2006)
제도 및 전략	– 보험사기 제도 및 처벌 효과: Derrig/Krauss(1994), Dionne/Gagne(2002), Hyot 등(2004), Loughran(2005) – Bad-Faith Law효과: Browne 등(2004), Tennyson/Warfel(2008) – 최적조사규모: Dionne 등(2009), 송윤아/정인영(2011)
한국 정책 및 제도	– 보험사기 정책 및 제도: 조해균(2001), 박일용/안철경(1999), 송윤아(2010), Kim/Kwon(2011) – 자동차보험 치료비: 김헌수/김재현(2011a, 2011b, 2011c)

보험사기 적발 관련 국내 논문

보험사기 적발기법에 관한 국내의 학술 연구는 김광용(1996), 김헌수(2000) 등이 시작이었다. 이 연구들은 우리나라 보험학 연구에서는 처음으로 보험사기 의 효과적인 적발을 위한 다양한 방법론을 제시하였다. 당시 생소한 개념인 퍼지시스템, AHP 등을 통해서 그 당시까지 규범적인(normative) 논의만 있었던 보험사기에 대한 논의에 적발 방법론에 대해서 새로운 아이디어를 제시한 논문이었다. 김광용(1996)은 보험사기의 적발 모형에 대한 국내 최초의 연구라는

데 의의가 있다. 특히 정상그룹과 비정상그룹을 분리하는 전형적인 통계학적 모형의 한계를 극복할 수 있는 퍼지모형(fuzzy set model)이나 AHP(Analytic Hierarchy Process)모형, 인공지능모형을 이용한 전문가시스템(expert system) 개발 방법을 소개하고 이 모형이 보험사기 적발에 활용될 수 있다는 것을 보여주었다. 보험사기 적발 변수 등은 계량적으로 명쾌하게 정의되고 측정되기 보다는 매우, 많이 등과 같은 애매한 일상언어로 정의되기 때문이다.

김헌수(2000)는 국내 최초로 전문가의 지식을 추출하여 보험사기의 조기경보 모형을 제시한 연구이다. 이 연구는 보험사기에 대한 전문적인 지식을 가지고 있는 보상전문가가 가지고 있는 지식을 기초로 조기경보모형을 제시했다는 데 의의가 있다. 이 연구는 보험회사로부터 수집한 보험사기, 비사기의 자료와 보상전문가의 보험사기에 대한 다양한 지식을 추출한 AHP(Analytic Hierarchy Process)모형을 개발하였다. 먼저 보험회사로부터 입수한 자료에 대한 기술적 분석을 통해서 각 변수들과 보험사기의 관련성을 살펴본 결과 피해 구분, 직업, 중복보험, 청구보험금 액수, 경찰통보 등이 관련성 있는 것으로 나타났다. 보험사기 조기진단 모형 개발을 위해서는 먼저 표적집단 면접(focus group interview)을 통해서 보험사기 의사결정을 위한 정보를 분해한 이론적 계층도를 구성하였다. 그리고 이론적 계층도에 근거한 실질적 계층도를 만들고 이 설계를 바탕으로 전문가 설문을 실시하여 관련 변수요인의 상대적 중요도를 평가하였 다. AHP를 통해서 얻은 변수의 가중치를 다중판별 분석과 인공신경망 기법으로 얻은 결과를 비교한 결과, AHP 결과는 인공신경망 기법과 매우 유사하였으나 다중판별 분석과는 상당한 차이가 있다는 것을 밝혔다.

김헌수(2003)는 감독당국이나 보험회사가 실질적으로 활용할 수 있는 적발 모형에 대한 국내 최소의 연구이다. 이 연구는 네트워크 이론의 링크분석(Link Analysis) 개념과 기본적인 방법론을 소개하고, 링크분석의 Emergent Group

Algorithm와 Step Link기법으로 보험회사의 보험금 청구 데이터를 분석하여 링크분석의 효과성을 검정하는 것이다. 보험사기 적발 노력이 강화될수록 소비자 피해가 증가할 수 있다는 부작용을 극복하기 위해서는, 보험사기 적발기법은 더욱 과학적이고 객관적이어야 한다. 그러나 과거 보험사기 적발기법 연구는 Derrig(2002)에서 나타난 바와 같이 대부분은 속성(attribute)데이터를 중심으로 보다 정교한 지수모형(scoring model) 개발에 초점을 두고 있으며 링크분석과 같이 보험사기자를 적발하는 데 직접적으로 도움을 줄 수 있는 적발모형(detection model)에 관한 연구는 적었다. 링크분석은 속성중심 데이터가 아닌 관계(relation) 데이터를 중심으로 보험사기를 조사하는 적발모형의 한 방법인데 지수모형보다 효과적이고 직접적인 도움을 SIU에 제공해 줄 수가 있다는 장점이 있다. 본 연구에서 실제 보험회사 자료를 분석해 본 결과 링크분석의 Emergent Group Algorithm과 Step Link Analysis는 경성 보험사기 적발에 상당한 가능성이 있다는 것을 보여주었다. 이 연구에서 분석한 비통계적 링크모형은 국내 감독당국과 보험업계에서 보험사기의 일차적인 적발을 위해서 실질적으로 활용된 바 있다. 언론 보도 등으로 범죄적인 보험사기, 즉 경성사기가 크게 주목을 받지만 보험사기에서 중요한 것은 과다청구 등 연성사기에 의한 피해가 많고 더 중요하다. 그러나 연성사기는 적발하기도 어렵고 소비자 분쟁으로 이어질 수 있으므로 공급자 입장에서 대응하기 어렵다.

국내에서 연성사기를 처음으로 연구한 것은 김헌수(2005)이다. 저자는 이 연구에서 계획적 행위 이론(TPB; Theory of Planned Behavior)이라는 이론적 틀에 근거하여 보험사기의 대부분을 차지하지만 적발이 어려운 연성 보험사기(soft insurance fraud)를 분석한다. 먼저 연성 보험사기 행위를 '보험료 사기 행위', '허위입원 사기 행위' 및 '차량수리 과다청구 행위'로 세분화하고 각각의 행위에 대해서 확정적 요인분석과 회귀분석을 통해서 분석하였다. 분석 결과

TPB모형은 세 가지 연성 보험사기 행위 중 보험료 사기 행위와 차량수리 과다 청구행위는 적절하게 설명하였지만 허위입원 사기 행위는 제한적으로 설명하였다. 또한 교육·홍보 효과를 파악하기 위하여 조작변수(TV프로그램)를 적용한 결과, 보험료 사기 행위를 종속변수로 한 경우 조작변수는 유의하게 나타났지만 다른 종속변수의 경우 유의하지 않았다.

김정동·박종수(2006)은 자동차보험 데이터를 이용하여 사기 적발 모형을 구축한 연구이다. 이 연구는 자동차보험 사고로 인한 보험금 청구에 있어서 사기 행위에 영향을 미치는 각종 특성을 분석하고, 이러한 특성들을 이용하여 자동차보험사기 적발 모형을 개발하며, 추정된 사기 적발 모형의 유용성을 분석하고, 실무에 활용할 때 고려해야 할 사항들을 검토하는 것을 목적으로 한다. 이를 위하여 최근 3년간 발생한 개인용 승용차 관련 자동차보험금 청구 건 182,688건을 대상으로 인구통계정보, 보험계약 인수정보, 사고 관련 정보, 수리 및 보험금 청구 관련 정보를 수집하여 t-test 및 로지스틱 회귀분석 모형을 사용하여 특성을 분석하고 모형을 추정하였다. 분석결과 피보험자의 주소, 자기차량보험가입 여부, 보험료 수준, 차종, 출고 연수, 차량단독사고, 심야사고, 보험금의 크기, 과거 보험사고 빈도 등이 보험사기 가능성을 높이는 특성으로 밝혀졌다. 또한, 본 연구에서 통계학적으로 적절할 뿐만 아니라 실무적 으로도 유용한 사기 적발 모형을 제시하였으나, 본 연구에서 사용된 자료로는 제1종 오류와 제2종 오류에 따르는 비용을 측정할 수 없기 때문에 최선의 모형은 제시하지 못하였다.

이상 5개의 논문을 살펴보면 국내의 보험사기 적발기법 및 모형에 관한 연구 결과가 많지 않다는 것을 알 수 있다. 이는 보험사기 관련 자료가 개인정보에 포함되다 보니 매우 민감한 정보로 분류되어 연구자가 접근하기가 매우 어려운 데 원인이 있고, 아직도 우리나라의 보험회사들은 SIU를 활용한 경성사기를 직접적으로 조사하는 것에 우선순위를 두고 연성사기에 대한 관심이 부족한데 원인이 있을 수 있다고 추측한다.

실무적인 연구로 현재 보험회사 등에서 활용하는 모형을 소개한 연구로는 김태호(2021, 2015)가 있다. 현대해상에서 사용하고 있는 보험사기 적발모형(FDS)을 소개한 후 외산차 보험사기 모형을 개발하고 적용하는 과정을 보여주었다. 제11장에서 자세히 설명하겠다.

▌보험정책 관련된 국내 논문

많은 보험사기 관련 논문은 정책적 함의를 제시하지만 주로 정책적 또는 제도적 이슈만을 논의한 논문도 많다. 보험사기에 대한 문제의식이 보험업에서 시작되면서 정책적 제안은 산업계를 중심으로 지속적으로 있었다. 보험사기에 대한 고민과 논의가 본격적으로 시작된 시점은 자동차보험 시장에서 경쟁이 심화되고 수익이 줄어드는 1990년대부터이다. 지금도 그렇지만 자동차보험은 요율을 보험사가 자율적으로 할 수 없는 문제가 있었다. 따라서 수익 감소에 대응하는 중요한 방안 중 하나는 보험금 지출의 효율화였는데, 여기에서 핵심 문제는 보험사기로 인한 보험금 누수였기 때문이다. 우리나라 연구자들이 보험사기에 대해 본격적으로 연구한 것은 1990년대 후반이다. 보험사기(보험범죄)에 대한 최초 논문인 송기철(1983) 이후 보험사기 정책과 관련된 최초 논문은 조해균(1990)이다. 1990년 이진에도 보험협회 등에서 보험사기의 심각성, 현황 나아가 정책과 대응 전략을 제시하였지만 학술지에 보험사기(보험범죄) 논문이 게재된 것은 조해균(1990, 1997)이다. 신동호(1998)는 도난차량 증가 문제의 심각성을 지적하고 이에 대한 감소 정책을 논하면서 보험사기 대응방안을 제시하였다. 안철경(2000)은 모럴해저드의 경제학적 의미를 정리한 후 이에 대비한 법제적 인프라 개선방안을 제시하였다. 조해균·양왕승(2001)도 보험사기에 효율적으로 대응할 수 있는 제도적 대처 방안을 제시하였다. 김용덕·안철경(2002)은 보험사기 적발의 효과성을 미국의 보험사기국의 관련 자료를 토대로 분석하고, 이를 통해 우리나라 보험사기 조사 업무의 실효성을 제고할 수 있는 방안을 제시한다. 위에서 논의한 논문 외에도 보험사기 관련 제도 및 규제 논문은 있지만 논점은 유사하다. 보험사기 정책 논문들의 요지를 정리하면 다음과 같다. 첫째, 국내 보험사기는 보험 규모의 성장과 같이 지속적으로 증가하고 있으며 사회적으로 심각한 문제가 되고 있다. 둘째, 보험사기에 효과적으로 대응하기 위해서는 보험회사의 노력은 물론이고 감독 당국, 정부뿐만 아니라 선량한 보험소비자들도 총체적인 노력이 필요하다고 보았다. 그중에서도 감독당국의 수사권 확보 등이 매우 중요하다고 주장하였다. 현재까지 출간된 제도 및 정책 논문을 보면 1997년의 논문이나 2002년의 논문 사이에 시간차가 거의 없기 때문인지 어떤 학문적, 논쟁의 발전이나 진보가 크게 보이지 않는다. 다만 1990년대 논문이 일반적인 제도 및 정책에 대한 논의라면 2002년 논문은 벤치마킹하는 대상 국가가 구체적이며, 참고하는 제도도 보다 구체적이라는 점이 진일보한 것이라고 평가할 수 있겠다.

제10장 사회과학 분야 연구 성과 [48]

범죄학 연구 성과

범죄는 많은 사회과학자의 연구 대상이었다. 보험사기도 범죄라는 관점에서 범죄학의 이론이나 연구 결과가 보험사기 억제 및 통제에 시사점을 주는 연구들이 다수 있다. 범죄학(criminology)에서는 범죄의 원인을 설명하는 이론이 보험사기(범죄)와 가장 관련이 있다고 하겠다. 범죄학에서 범죄의 원인을 설명하는 이론은 많은데 크게 고전적 이론, 생물학적 이론, 심리학적 이론 그리고 사회학적 이론으로 구분할 수 있다. 고전적 이론의 한 축인 합리적 선택이론(Rational Choice Theory)은 경제학을 뿌리로 한다. 이 이론은 범죄를 통해서 얻을 수 있는 기대이익(성공 확률×성공 시 이익)이 범죄가 발각되어 받을 수 있는 예상손해(발각될 확률×발각 시 고통)보다 클 경우에 범행을 선택한다. 합리적 선택이론은 보험범죄와 같이 경제적 범죄를 잘 설명하는 반면, 우발적인 폭력 범죄를 설명하는 데 한계가 있다. 또 다른 고전적 이론은 억제이론(deterrence theory)이다. 억제이론은 경제학의 합리적 선택이론(Rational Choice Theory)에 기초한 것으로 범죄에 대한 법적 처벌과 같은 외적 통제가 범죄 억제에 효과적이며, 처벌의 신속성(celerity), 확실성(certainty), 엄격성(severity)에 범죄가 억제될 수 있다는 이론이다. 고전적 이론은 여전히 유효하지만 최근에 등장하는 이론의 전제가 되는 것으로 볼 수 있다.

생물학적 이론은 초기 사람의 외양(외모, 체구)이나 병 등이 범죄의 원인으로 판단할 수 있다는 주장이 있었으나 이러한 주장은 실증적 증거가 미약하였다.

최근 생물학적 이론은 개인의 뇌구조가 범행과 관련될 수 있다는 신경 범죄학으로 발전하고 있다. 심리학적 이론은 범죄자 개인의 특정 심리상태가 범죄로 발현되는 현상을 분석하였는데 사회적으로 큰 뉴스가 되는 사이코패스 등에 관한 연구가 많다.

사회학적 이론은 개인이 아닌 사회에 초점을 맞춘다. 즉, 개인의 특성, 심리 등이 범죄의 한 원인이 되기도 하지만 사회적인 영향, 부모, Peer Group 등의 영향에 의해서 범죄가 일어나고 때로는 범죄가 통제되기도 하기 때문이다. 사회학적 이론에서 가장 광범위하게 지지를 받는 것은 주요 이론은 Gottfredson 과 Hirschi(1990, 1994)가 주장한 자기통제이론이다. 이 이론은 기본적으로 합리적 선택이론을 지지하지만, 자기 통제력이 높은 사람은 범죄에 가담할 확률이 낮고, 자기 통제력이 낮은 사람은 범행을 할 경향이 높다고 주장한다. 자기통제이론에 대한 많은 실증적 연구가 수행되어 이 이론이 문화나 국가에 관계없이 일반적으로 적용될 수 있다는 것을 보였다. 이 이론에서는 낮은 자기 통제력은 후천적인 것으로 평가하여 가정환경과 부모들의 양육 방법 등에 영향을 받는다고 강조한다. 보험사기에도 자기통제이론은 적용될 수 있다. 자기통제력이 높은 사람은 쉽게 돈을 벌 수 있다고 보험사기에 참여하지는 않겠지만 자기통제력이 낮은 사람은 보험사기 유혹에 빠지기 쉽다.

자기통제이론과 비슷한 이론은 사회통제이론(social control theory)이다. 이 이론에 의하면 범죄행위는 개인의 사회와의 유대 정도에 의해 결정되므로 규범, 가치, 태도와 같은 내적 통제가 범죄 제어에 더 효과적이라는 이론이다. 이 이론에 의하면 징벌과 같은 외적 통제의 효과보다 범죄행위자에 영향을 줄 수 있는 규범이나 가치에 영향을 주는 것이 효과적이라는 주장으로 보험사기 중 연성보험사기에 적용될 수 있다고 판단한다. 사회학에서 가져온 이론으로 낙인이론(labeling theory)이 있다. 처벌로써 범죄자로 낙인찍히면 더 범죄에

참여하게 된다는 이론인데, 이 이론의 시사점은 청소년이 한번 보험사기에
연루되어 보험범죄자로 낙인찍히면 다른 정상적인 생활보다는 보험사기에 더
많이 참여할 수 있다는 시사점을 제공한다. 보험사기에 시사점이 있는
Abrahamsen(1944)의 범죄 일반 공식을 살펴본다.

$$C = (T + S) / R$$

여기서, C = crime(범죄)
T = tendency(경향)
S = situation(상황)
R = resistance(저항)

이 공식에서 T는 반사회적인 경향을 의미했지만 일반화시키면 범죄를 저지를
경향을 의미한다. S는 대상이 처한 상황으로 범죄를 저지를 수 있는 기회를
의미한다. R은 반사회적인 경향에 반대하는 개인적인 통제를 의미하는데 일반화
하여 개인의 범죄에 대한 자기통제를 의미한다고 본다. 이 범죄 일반공식을
보험사기에 적용해보면 다음과 같은 관계를 이해할 수 있다. 경향(T)은 보험사기
에 대한 사회적으로 또는 주위에서 용인하는 태도로 경향(T)이 높을수록 보험사
기에 참여할 가능성은 높다. 가깝게 지내는 Peer Group이 보험사기 용인
경향(T)이 높을수록 본인이 보험사기가 가담할 가능성이 높다는 점을 시사한다.
상황(S)은 보험소비자가 처한 상황으로 예를 들어 당장 생계를 해결할 돈이
필요하다거나 사고가 발생했는데 아무런 목격자가 없다거나 보험상품에 도덕적
해이에 대한 통제 장치가 없는 등 보험사기의 기회를 제공하는 정도이다. 보험소
비자가 비윤리적인 행위를 하지 않으려는 윤리적 태도의 수준(R)은 개인적인
도덕적, 윤리적 기준으로 볼 수 있다. R이 강할수록 보험사기에 참여하지
않을 것이다.

범죄이론들을 보험사기에 그대로 적용하기에는 한계도 있다. 그 한계는

통상적인 범죄와 보험사기의 다음과 같은 차이점 때문이다. 첫째, 보험사기는 금전을 목적으로 저지르는 범죄이다. 둘째, 보험사기는 보험살인과 같이 폭력적 범죄도 있지만 대부분 금전을 목적으로 하는 비폭력 범죄이다. 셋째, 보험사기는 원한이나 순간적인 충동이나 모욕에 의해 저질러지지는 않는다. 넷째, 보험금을 노린 살인처럼 타인의 생명을 파괴하는 행위도 있기는 하지만 보험사기의 대상은 개인이 아니며 보험회사로부터 금전을 편취하는 것이 목적이다.

사회학 연구 성과

이 연구들은 사회학적 접근을 통해서 사회나 집단의 인식, 가치 및 규범이 부정직 행위나 사기에 어떻게 영향을 주는가를 주로 연구한다. 보험사기에 참여하는 행위는 소비자의 보험사기에 대한 생각이나 태도에 상당히 영향을 받는다. 보험사기에 의해서 발생하는 수익과 비용이 동일하다고 가정하면 소비자의 보험사기에 대한 태도가 보험사기의 빈도에 영향을 줄 것이다. 보험계약을 비준수하는 보험사기 행위를 하는 것은 잠재적인 사회규범(social norm)과 문화에 영향을 받는다. 사회학적으로 사회규범은 peer group인 가족, 친구 등 가까운 사람으로부터 영향을 받는다. 보험사기가 가족이나 가까운 친구에 의해서 받아들여진다면 당사자는 보험사기에 참여하는 데 크게 주저함이 없을 것이다. 사회적으로 보험사기를 용인하는 정도가 높을수록 보험사기 빈도는 증가한다고 예상할 수 있다. 나아가 사회적으로 보험사기를 용인할수록 보험사기 적발 가능성은 낮아지고 보험사기에 대한 처벌 수위도 낮아질 가능성이 높다.

사회학 일부 연구자는 과거 보험회사는 엄격한 정부 규제로 사실상 경쟁으로부터 보호받아왔으며 보험사기로 야기되는 비용은 소비자에게 전가할 수 있었고 관대한 보험금 지급으로 보험계약자와의 관계를 개선하려 했다고 주장한다.

이러한 보험사기에 대한 관대한 대응과 처벌은 보험사기에 대한 사회적 용인을 증가시켰다는 가설이다. 나아가 최근 경쟁 강도가 심해지고 비용효율성을 제고해야 하는 압력이 증가하면서 과다한 보험금 지급과 보험사기에 대해서 관심을 가지게 되었다는 주장이다. 사회학 연구의 예로 Axelrod(1986)는 보험회사에 대한 긍정적인 또는 부정적인 생각(인식)은 보험회사를 대할 때 도덕적으로(보험사기 불관여) 또는 비도덕적으로(보험사기 참여) 대응할 것이라고 주장했다. Cialdini(1989)는 소비자가 보험회사의 공정성에 대해 긍정적으로 또는 부정적으로 생각하느냐에 따라서 보험사기에 참여 여부가 결정될 수 있다고 주장했다.

Tennyson(1997)은 보험 소비자의 보험사기에 대한 태도는 보험 소비자의 보험회사에 대한 관계에 영향을 받을 수 있기 때문에 매우 중요하다. 예를 들어, 보험회사가 소비자를 불공정하게 대했다고 생각하거나, 보험회사는 너무 돈을 많이 벌었다고 생각하거나, 보험료가 불공정하게 너무 높다고 생각한다면 그 소비자는 보험사기에 보다 관대하거나 보험사기에 참여할 가능성이 높다. 부정직과 관련된 심리학과 사회학 연구에 의하면 보험에 대한 일반교육이 보험지식을 증진시키고 보험기관에 대한 긍정적인 인식을 갖게 하는 데 중요하다고 주장한다. 따라서 보험사기에 대해서도 소비자에 대한 교육과 홍보 캠페인이 매우 중요하다는 것을 시사한다.

▌심리학 연구 성과

심리학 연구를 살펴본다. 심리학적 또는 미시사회학적 보험사기에 대한 연구는 어떤 사회규범이 어느 정도 내재화되었는지 그리고 소비자의 태도(stated attitudes)가 관찰된 행동에 드러나는가 하는 것이 중요하다. 이와 관련해서 Mazar · Ariely(2006)는 정직한 행동에 대한 내적 보상메커니즘이 중요하다.

심리학과 경제학이 융합된 실험경제학(experimental economics) 분야에서는 오랫동안 합리주의가 아닌 이타주의와 상호주의에 대한 실험을 했었다. 그 대표적인 연구가 Guth 외(1982)와 같은 가상 게임 실험이다. 게임은 다양한 방식으로 디자인 될 수 있는데 가장 간단한 예를 들어보자. 이 게임은 단 한 번이며 반복은 없다. 게임에는 두 사람(A, B)이 참여하며 10달러가 지급된다. 게임의 룰은 다음과 같다. A는 주어진 돈(예: 10달러)을 자유롭게 나누어 자신이 갖고 싶은 만큼 가지고 나머지를 B에게 지급한다. A가 주는 돈을 B는 받든지 아니면 그 배분을 거부할 수도 있다. 만일 B가 분배된 돈을 거부하는 경우 A도 자기 몫의 돈을 받을 수 없다. 전통적인 경제학적 의사결정방법에 의하면 B는 아무리 적은 금액을 배분해 주더라도 긍정적인 수익이므로 어떤 배분 방식이든지 받아들이고 해당하는 돈을 받으면 된다. B가 이러한 경제적 합리주의 의사결정방식을 따른다는 것을 A도 이해하고 있다. 그래서 A는 가급적이면 자신이 유리하도록 배분을 하여도(예를 들어, 자신은 9달러, B는 1달러) B의 입장에서는 그 배분을 받아들이고 1달러를 받는 것이 경제적 합리주의에 대한 의사결정이다. 그러나 실제 대부분의 실험 참가자 A는 5대5로 동일하게 배분했고 B는 이 배분을 받아들였다. 간혹 A가 자신에게 더 많이 배분하는 경우 B는 이 배분을 거부하여 A도 B도 보상을 받지 못했다. 이 실험 결과는 사람들은 '자신의 이익극대화'라는 경제적 원칙 외에 사회적 효용이나 상대방에 대한 배려를 생각한다는 것이 드러났다.

Mazar 외(2007)는 내적인 규범체계가 우리의 행동을 보여준다는 심리학적 연구 결과를 제시하였다. 이 연구에서 연구자들은 무감독 시험에서 '기독교의 십계명을 기억하는 대로 적는 것'만으로도 시험부정행위가 감소되었다는 것을 보여주었다. 이는 개인의 내적보상체계(internal reward mechanism)가 개인의 행동에 영향을 준다는 근거로 정직에 대한 개인의 내적 규범이 작용하여 부정행위를 자연스럽게 거부하도록 했다는 것이다. Brinkmann(2005)은 보험사기를 소비자윤리의 특별한 사례로 정리하면서 보험소비자의 부정직을 연구하였다. 그에 의하면 보험 소비자는 옳음과 그릇됨의 도덕적 선택, 즉 개인이익(self-interest) 대 공동이익(common-interest)에서 선택적 상황에 직면한다. 이 상황에서 개인의 내적 보상체계(internal reward mechanisms)가 가장 중요한 결정 기준이라는 것을 보험사기 가상시나리오를 통해서 보여주었다.

거짓말에 대한 Gneezy(2005)의 연구도 유사한 결론을 제시했다. 피실험자는 단순한 선택 변화보다는 거짓말을 해야 자신에게 지불 금액이 증가하는 경우 그 행위(거짓말)를 할 가능성이 매우 낮아진다는 것이다. 제3자에게 피해가 발생하는 경우 실험대상자가 거짓말을 할 가능성이 훨씬 낮아졌다. 잠재적 보험사기범은 본인으로 인해 발생하는 손해가 다른 사람에게 거의 손해를 끼치지 않는다고 생각하면 보험사기를 저지를 확률이 높아질 것이다. 보험사기를 용인하는 대표적인 합리화가 피해자가 없다(victimless)라는 주장인데, 이런 자기합리화는 소비자의 부정직성을 증가시킬 수 있다. Lesch · Brinkman(2011)은 보험사기에 대한 소비자 행동 및 소비자윤리 차원에서 연구가 부족한 것을 지적하며, 보험회사와 소비자의 관계를 가치창출의 동지 또는 가치생산의 동업자로서 새롭게 정의해야 보험사기 문제를 근원적으로 극복할 가능성이 있을 것이라고 주장하고 있다.

▌ 보험사기에 대한 태도에 대한 연구

사회학과 심리학 연구는 소비자의 보험사기에 대한 태도가 보험사기에 영향을 줄 가능성이 높다. 미국의 보험소비자 설문조사(Survey on Public Attitude Toward Insurance Fraud)를 통해서 보험사기 용인 정도를 알아보았다. 설문 대상자인 미국 보험소비자는 각 보험사기 관련 행위에 대해서 어느 정도 용인할 수 있는지를 1에서 10 사이 숫자로 표현하는데, 1은 '절대 용인 불가', 10은 '항상 용인'을 의미한다. 아래 표에서는 나타나는 비율은 6 이상이며 용인 가능으로 평가한 사람의 비율이다.

[표 23] 미국 소비자의 보험사기 용인 정도

구분	고지의무 위반	편승치료 및 수리	자기부담금 회수 위한 손실과장	보험사고 내용 조작	견적서 위조	위 행위 중 하나
용인가능성 'Yes' 응답 비율	2.2%	3.2%	4.9%	2.7%	2.0%	7.9%

자료: Tennyson(2002)

송윤아(2010)의 결론은 선행연구인 Tennyson(2002)과 매우 유사하다. 국내 소비자들의 보험사기 용인도를 조사한 것인데 미국의 보험사기 용인도 조사의 경우 1(절대 불용인)에서부터 10(항상 용인 가능)으로 조사한 반면 송윤아(2010)는 '항상, 대부분, 가끔' 각 행위를 용인할 수 있다고 기술하였다. 결과 표에 나타난 '항상' 또는 '대부분'으로 용인할 수 있다고 한 응답자의 비율이 6.6%에서 10%로 나타났다. 손해사정사나 보상직원의 개입을 제외하면 거의 10%로 나타나서 미국 보험소비자보다 우리나라 보험소비자의 보험사기 용인도가 조금 높다는 것을 알 수 있다. '항상 또는 대부분' 보험사기를 용인할 수 있다는 것이 1에서 10점 스케일 척도에서 6점 이상을 보험사기 용인 가능으로 응답한 것보다 더 보수적이라고 할 수 있다는 면에서 한국 소비자의 보험사기 용인도는 미국 소비자보다 높을 수도 있다고 추측할 수 있다. 특히 미국에서는 고지의무 위반을 용인하는 정도는 2.2%에 불과하지만 우리나라는 9.2%이며, 보험사고 내용 조작도 미국 소비자의 용인도는 2.7%이지만 우리나라 소비자는 9.2%로 훨씬 높다. 가장 빈번하게 발생하는 '편승치료'를 용인 가능하다고 응답한 미국 소비자 는 3.2%이지만 우리나라 소비자들은 10%로 보험사기에 대해서 매우 관대하다 는 것을 암시한다. 손실과장도 미국 소비자들 중 4.9%가 용인할 수 있다고 했지만 우리나라 소비자의 10%는 손실과장을 용인할 수 있다고 하였다.

[표 24] 미국 소비자의 보험사기 용인 정도　　　　　　　　　　　　　　(단위: %)

구분	고지의무 위반	편승 치료	손실 과장	보험 사고내용 조작	손해 사정사 개입	보상직원 개입	고의사고 유발
항상	0.4	1.1	1.1	1.1	0.5	0.3	0.8
대부분	8.8	8.9	8.9	8.1	6.1	7.6	9.0
가끔	23.2	24.8	24.8	15.9	23.2	20.8	14.5
용인 가능*	9.2	10.0	10.0	9.2	6.6	7.9	9.8
용인 가능**	32.3	34.8	35.8	25.2	29.8	28.7	24.3

주: * 용인 가능은 '항상 또는 대부분'으로 응답한 비율
　　** 여기서 용인 가능은 '항상, 대부분 및 가끔'으로 응답한 비율
자료: 송윤아(2010)

　　사회나 이웃에 대한 신뢰 수준은 범죄와 사기 빈도에 영향을 준다. 보험 또는 보험회사에 대한 신뢰는 보험회사를 대상으로 하는 보험사기에 영향을 줄 수 있다. 따라서 신뢰 수준에 대한 연구는 상당히 중요하다. 신뢰와 보험에 관한 연구는 거의 없었지만 최근 연구가 발표되었다. 성영애·김민정(2020)은 WVS 자료를 이용한 16개국(한국, 미국, 독일, 일본, 오스트레일리아, 멕시코, 터키, 칠레, 콜롬비아, 그리스, 뉴질랜드, 아르헨티나, 브라질, 인도네시아, 러시아, 중국)의 신뢰 수준을 비교하였다. 신뢰 연구가 보험사기에 중요한 이유는 보험사기는 사회적 또는 Peer Group의 신뢰 수준 등에 영향을 받는다는 것이 많은 연구의 결과이기 때문이다. 우리나라의 사회적 신뢰 수준이 다른 나라보다 특히 낮다면 이는 보험사기의 문제일 뿐만 아니라 사회적 문제이기도 하다. 이 연구 결과 우리나라의 사회적 신뢰 수준은 순위로 7~10위에 속하고, 평균으로 보면 전체 평균과 유사한 수준이다. 일반적 신뢰 수준은 16개국 중 7위이고, 아는 사람에 대한 신뢰 수준은 8위, 모르는 사람에 대한 신뢰 수준은 10위, 기관에 대한 신뢰 수준은 7위이다. 통상 사회적 신뢰라고 보는 일반적 신뢰 수준과 기관 신뢰 수준을 놓고 보면 사회적 신뢰 수준은 국제적으로 중간그룹에 속한다.

보험에 대한 신뢰 수준은 아는 사람에 대한 신뢰를 제외한 사회 전반적인 신뢰 수준보다는 높은 편이지만 금융권 내에서는 낮은 편이다.

성영애·김민정(2020)은 우리나라 사람의 사회적 신뢰 또는 회사에 대한 신뢰가 OECD 국가나 미국, 독일, 일본에 비해서 큰 차이가 없다고 결론 내린다. 즉, 우리나라의 도덕성이나 보험회사에 대한 인식이 특별히 나쁘거나 우리나라 사람들의 보험사기 용인(insurance fraud tolerance) 정도가 다른 나라보다 높은 것도 아니라고 볼 수 있다.

[표 25] 보험사기에 대한 사회과학(경영, 경제 제외) 연구 성과

구분	내용
범죄학 – 억제이론	– 범죄경제학: Becker(1968, 1974) – 억제이론 관련: Zimring/Hawkins(1973), Gibbs(1975), Waldo/Chiricos(1972), Saltzman et al(1982), Grasmick 외(1990), Tyler(1990), 김준호/이성식(1995), 에이커스/셀러스(2005)
범죄학 – 사회통제이론 등	– 사회통제이론: Hirschi(1969), Anderson 외(1977), Meier/Johnson (1977), Paternoster 외(1983), William/Hawkins(1986, 1989), Tyler(2006), 김준호/이성식(1995), 에이커스/셀러스(2005) – 낙인이론: Tannenbaum(1938), Beck(1963), Thomas/Bishop(1984) – 범죄기회이론: Cohen/Felson(1979), Galafalo(1987)
사회학적 접근	– 도덕과 보험산업: Ericson 외(2000), Baker(1994, 1996) – 도덕, 가치, 인식: Brinkmann(2006), Hyman(2001), Dean(2004), Tennyson (1997, 2002), Tennyson(2008)
심리학적 접근	– 소비자 부정직 행위: Duffield/Grabosky(2001), Mazar/Ariely(2006) – 사기행위: Wilke(1978), Nagin 등(2003), Brinkmann(2005)

제11장　적발모형 실무 적용 및 향후 전망

▌ 보험사기 적발모형 적용 사례

　　보험사기 징후 파악과 적발에 다양한 시스템이 사용되고 있다. 금융감독원은 오래전부터 계약정보와 사고정보를 집적하여 보험사기인지시스템을 운영하고 있다. 시스템에서 사기 혐의점이 높은 건수들을 추출하여 보험회사나 경찰과 같이 또는 별도로 조사나 수사하도록 지원하고 있다. 보험개발원도 2001년부터 보험사의 사고정보를 집적하여 실시간으로 조회할 수 있는 보험사고정보시스템(ICPS)를 운영하였다. 이를 통해 보험사기 혐의자의 과거 보험금 청구 실적을 확인할 수 있어 보험금 수령자를 중심으로 상세한 계보가 자동으로 추출되어 보험사기 관련자의 파악이 보다 용이해졌다. 현재 보험개발원의 보험사기 관련 정보가 신용정보원으로 이관되면서 2020년 7월부터는 신용정보원의 보험신용 정보통합조회시스템(ICIS)으로 통합되어 운영되고 있다.

　　대형 손해보험회사들을 중심으로 자사의 계약정보와 사고정보를 활용하여 보험사기조사와 적발에 나서고 있다. 보험회사는 전통적으로 SIU(보험사기특별 조사반)의 직관과 경험에 기초한 조사방법을 사용하였으나 최근 데이터베이스와 적발모형을 활용하어 의심 사례를 추출하고 있다. 보험회사가 사용하는 시스템 은 사전적으로 활용하는 사전인지시스템 외에도 보험금 지급종결 건을 사후적으로 재모니터링하는 사후분석시스템이 있다. 김태호(2005)에서 제시한 현대해상 사례를 통해 구체적인 적발모형을 살펴본다. 현대해상의 보험사기인지시스템은 데이터에 기반한 통계모형으로 만들어지는 MR(Model Rule)모형과 보험금 심사자의 지식을 바탕으로 만들어지는 BR(Business Rule)모형으로 구성된다. MR에서는 보험금 청구 사유별 보험사기 가능성에 대한 설명요인으로 모형이 구성되고 사유별 보험사기 가능성을 점수로 보여준다. BR에서는 조사대상을 추출하는 조건인 Positive Rule을 만들고 이를 기준으로 조사정책반영률과 사기 가능성이 높은 고객을 대상으로 하는 룰을 만든다. 또한 조사대상에서 제외되는 조건인 Negative Rule에서는 사기 가능성이 매우 낮은 고객을 제외하는 룰을 만든다. BR과 MR 결과를 동시에 참고하여 최종 심사 여부를 판단하게 된다.[49]

[그림 16] 현대해상의 보험사기인지시스템의 Rule 구성도

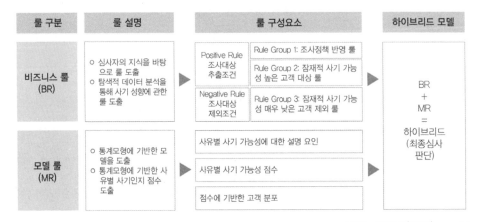

자료: 김태호(2015), p. 42

[표 26] 현대해상의 FDS시스템 구축 내용 및 활용방안

구축 시스템	사전 인지 시스템	사후 분석 시스템
구축 범위	자동차, 장기, 일반	자동차, 장기, 일반
주요 사용자	보상직원	조사전담자(보험조사부 직원)
운영방안	- 보험금 청구 건의 보험사기 정보를 보상직원 화면에 즉시 제공 - 보험사기 고도의심 건은 조사 전 담당자에게 자동조사 의료	- 보험금 지급 건에 대해 고객, 협력업체, 설계사 등의 집단적 보험사기 정보를 정형보고서로 제공 - 사후 기획조사 대상 건으로 활용

| 구축 내용 | – 보험사기 통계모델 개발(MR)
– 현장 사례 반영 비즈니스 룰 개발(BR)
– 보험개발원(신용정보원) 데이터 IF 개발
– 보상직원 정보 제공 화면 개발 | – 유의고객, HP, 병원, 정비업체 분석
– HP, 협력업체 등 연관도 분석
– 보험사기 의심 사고 건 리포팅
– 사전인지시스템에서 활용하는 통계모
델 및 비즈니스 룰 성과 모니터링 |

자료: 김태호(2015), p.43

데이터 분석을 통한 보험사기 대응은 컴퓨터가 발달하고 정보가 디지털화되면서 부터이다. 보험사기가 보험회사의 경영성과를 위협한다는 것을 인식한 일부 보험사는 1980년대부터 분석을 통해서 비정상적인 보험금 청구를 적발하였다. 그러나 전사적 관점에서 언더라이팅 데이터와 클레임 데이터를 통합하여 분석하는 보험사기 적발 프로그램의 본격적인 운영은 1990년대부터라고 볼 수 있다. 데이터를 통한 보험사기 적발기법은 언더라이팅 데이터와 보상 데이터를 기본적으로 연계하고 여기에 추가적인 각종 데이터를 연계하여 사용한다. 보험사기 적발의 기초적인 방법은 언더라이팅 및 보상 데이터를 통해서 인구통계적 변수 등 기본 변수(연령, 지역, 직업, 소득, 보험기간, 사고지역, 가입보험 등)를 기술분석(descriptive analysis)하고 비정상적인 건 및 보험가입자를 스크린하는 방법이다. 판별분석(discriminant analysis) 등을 통해서 선정된 주요 변수를 'Red flag'로 선정하여 Red flag 변수의 빈도 등으로 보험사기를 간단하게 예측하는 모델도 빈번하게 사용되었다. 여기에 각 변수별 차이분석 및 분산분석이 포함된다. 판별분석과 유사한 모수적기법(parametric methods)인 군집분석, 회귀분석 및 로짓분석도 보험사기 혐의자 분석에 사용된다. 또는 사기자일 확률을 추출하며 사기와 비사기를 결정하는 변수 및 사기 적발 모형의 타당성을 검정하기도 한다.

비모수기법(nonparametric methods)인 신경망(Neural Network), 규칙귀납(Rule Induction), 사례기반추론(Case Based Reasoning)도 사기 적발에 유용한 변수 개발 및 사기 적발 모형에 사용된다. 이런 모형은 대상의 보험사기자일 가능성을 평가하고 특성 건이 보험사기 건인지 아닌지도 판단하는 데 활용되기도 한다. IT기술의 발달과 데이터 접근성이 좋아지면서 각광을 받고 있는 묘사기법에는 링크분석(Link Analysis)을 이용한 VDM(Visual Data Mining)이 있다. 링크분석은 데이터베이스상의 모든 정보를 이용하여 보험청구자들의 관계성을 하나의 연결고리로 분석하는 기법으로 데이터베이스상의 모든 열이 각각 Primary Key로 사용되는 방법이 있다.

VDM에서는 인간의 인지능력(human cognitive abilities)의 장점을 적극적으로 활용하기 위해서 자료를 대부분 그림으로 보여준다. 범죄처럼 분석 대상이 복잡한 경우 자료를 그림으로 보여주는 것이 텍스트나 표로 나타내는 것보다 훨씬 효과적이다. 기존 연구에 의하면, 문제 관련 자료가 복잡하고 정형화가 덜 될수록 VDM 접근방식이 데이터 중심적 방법보다 대단히 쉽고, 결과는 안정적이며 (reliable), 효과적(cost-effective)이라고 보고하고 있다. VDM에서는 자료 스스로가 정보를 제시하고 이를 바탕으로 조사자는 자료를 다양한 방법으로 재구성할 수 있도록 직접 명령한다. 이 과정은 데이터 중심적 분석과는 달리 블랙박스가 아니며 조사자에게 왜 그런 결과가 나왔는지 시각적으로 보여준다.

많은 데이터마이닝기법은 정량적 기법 즉, 데이터 중심적인 접근방법이 주를 이루고 있었지만 이러한 방법들은 문제의 영역(domain)이 비체계적이고 문제나 대상이 수시로 변형, 발전되는 경우 특정 패턴을 파악하기가 매우 어렵다. 보험사기 적발도 마찬가지다. 단순한 보험사기가 아닌 계획적인 공모에 의한 보험사기의 경우 변수의 가중치로 추정하게 되는 회귀분석이나 인공신경망기법으로는 추적하기가 어렵다. 이렇게 다량의 데이터는 존재하지만 문제영역이 정형화되어 있지 않고 문제가 수시로 변형되는 경우 전문가가 직접 자신의 지식을 이용해서 데이터의 패턴을 효율적으로 찾아내는 방법이 VDM이다. 예를 들면 아래의 [그림 17]처럼 많은 대상(object)의 전화 내용 분석을 표로 보는데, 대신에 링크(선으로 표시)를 통해서 시각화한다면 8번과 5번은 한 대상 외에는 교신이 없는 고립대상(isolated object)이며 6번은 가장 많은 대상과 교신을 하는 중심축이며 그중에서도 2번과의 교신이 가장 많아 어떤 특별한 관계가 있을 것이라는 것을 추정할 수 있다.

[그림 17] 전화내용을 시각화한 결과

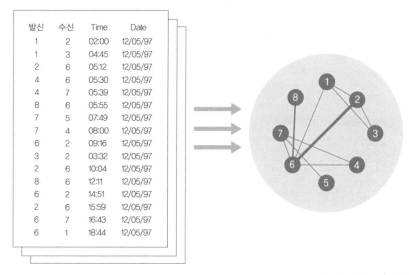

자료: 김헌수(2003), p.121

VDM에서 가장 활발하게 사용되는 것이 링크분석(Link Analysis)이다. 링크 분석은 [그림 18]처럼 어떤 패턴이나 추세를 찾기 위해서 대상(object)들의 링크를 통해서 네트워크를 생성하는 과정이다. 이러한 링크분석은 보험사기뿐 만 아니라 돈세탁, 탈세 등 각종 범죄수사에 활용되고 있다. 링크분석 외에도 VDM에는 군집화(clustering), 계층화(hierarchies), 자가구성지도(self-organizing map) 등의 분석 방법이 데이터의 성질에 따라 이용될 수 있다.

[그림 18] 링크 분석을 통해 나타난 패턴들

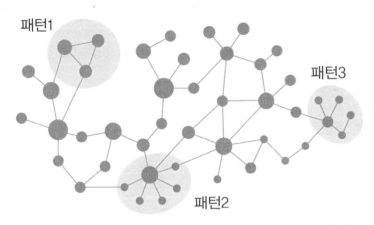

자료: 김헌수(2003), p.122

링크분석에서 나타나는 대표적인 패턴은 상호연관성(Interconnectivity)에 의해서 파악된다. 대상 상호 간의 링크를 통하여 자료의 상호연관성을 파악하고 이를 통해서 특정한 패턴을 보이는 집단을 발견하는 것이다. 예를 들면 [그림 18]에서 패턴1은 세 대상들이 비슷하다는 것을 보여주는 반면 패턴2는 특정 대상이 중심이 되어 있다는 것을 알 수 있다. 범죄를 대상으로 링크분석을 한 경우 자주 나타나는 일반적인 패턴을 나타내면 다음과 같다. 관절점 (Articulation Points)은 특정 대상에 의해서 모두가 연결된 패턴으로 공모사기의 주동자가 이 특정 대상일 가능성이 높을 것이다. 분리 네트워크(Discrete Networks)는 네트워크 내에 분리된 소 네트워크를 의미한다. 경로분석(Pathway Analysis)은 범죄자들의 연결이 특정 통로를 만들고 있는지를 나타낼 수 있는 패턴이다. 공통점(Commonality)은 두 개 이상이 대상이 특정 대상을 공통으로 링크하고 있는지를 볼 수 있는 것으로 보험사기에서 한 사건으로 보험금을 중복으로 받는 경우 나타날 수 있는 패턴이다. 이러한 패턴은 다양한 조건을 만족하는 알고리즘을 조사자가 창의적으로 만들어서 발견할 수 있음은 물론이다. 예를 들어, 보험사기의 비정상적인 대상을 추출하기 위해서 '피보험자가 지난 3년간 두 번 이상 보험금을 받았고, 동일한 우편번호를 사용하면서 지난 3년 동안 주소가 3번 이상 바뀐 집단을 추출하라'는 알고리즘을 만든다면 이 패턴에 맞는 대상을 보여줄 것이다.

현재 우리나라 금융감독원은 선진국 보험감독 당국 중에 최초로 보험사기 가능성을 계량화한 보험사기 적발인지시스템(IFAS; Insurance Fraud Analysis System)을 가동하고 있다. IFAS는 보험계약 및 사고정보를 데이터베이스로 관리하고 분석하여 보험사기 혐의자를 일차적으로 추출하고 있다. IFAS는 보험금 관련 관계의 집중도, 매개도 등을 계산하여 공모의심그룹을 추출하는 사회관계망 분석, 혐의자의 보험사기 가능성을 계량적으로 측정하는 사기지표(Fraud Indicator) 등을 사용하고 있다. 개인 단위로 산출되는 76개 지표에는 보험료, 보험계약 건수부터 사고근접계약(보험가입 직후 보험사고 발생), 사고당 동승자 수(자동차보험) 등이 포함되어 있다. 최근에는 보험사기자들이 공통적으로 활용하는 병원, 정비업체, 보험설계사 등을 분석하여 추출하는 방법도 도입하였다.[50] 한국신용정보원은 보험계약·청구·지급 데이터베이스인 보험신용정보통합조회시스템(ICPS)을 분석하여 보험사기 유의지표와 의료기관별 통계를 보험회사에 제공하고 있다. 과거 보험개발원이 운영하던 보험사고정보시스템(ICPS)이 2018년 말 한국신용정보원으로 이관되면서 보험사고 및 보험금 지급 정보도 ICIS에 통합되었다.[51]

개별 보험회사의 보험사기 적발모형은 상당히 진보하고 있다. AI, 빅데이터 등으로 대표되는 디지털기술의 혁신을 바탕으로 부정청구탐지 등 보험사기 적발을 적극적으로 시도하고 있다. 구체적으로 오렌지라이프는 2020년 AI와 빅데이터 기술을 적용한 '보험사기 사전 예측모델'을 자체 기술력으로 구축했다. 과거 적발된 보험사기 사례와 관련해 다양한 가설을 수립하고 이를 기반으로 약 150개 변수를 생성해 대·내외 빅데이터를 분석한 다음 머신러닝, 딥러닝 등 AI기술을 적용한 것이다. 이 결과 300여 건이 넘는 보험사기를 적발해 40억 원 이상의 보험금 누수를 방지하는 성과를 거두고 있다. ABL생명도 머신러닝 기법 기반의 보험사기 예측시스템을 구축, 계약 후 사고 경과기간, 납입횟수, 청구금액, 특약가입비율, 부담보계약 여부 등 보험사기와 관련 있는 800여 개 변수를 발굴해 시스템에 적용하고 있다. ABL생명 관계자는 "시스템 도입 이후 조사 건의 면책률은 40% 정도에서 50% 이상 수준으로 향상됐고 심사자 단독 면책률 역시 20% 정도에서 40% 이상으로 상향하는 성과를 거두고 있다"고 강조했다. 한화생명도 '금융사고 예방 경보시스템'을 운영하고 있다. 모바일을 통한 보이스피싱이나 스미싱으로부터 고객의 피해를 최소화하기 위해 만들었다. AI가 콜센터를 통해 접수된 내용을 분석해 위험 건을 선별해내는 방식이다. 지금까지 총 114건의 금융사고가 시스템을 통해 인지보고 되었다고 한다. 교보생명은 4월부터 보험사기예측시스템 'K-FDS'를 정식 오픈했다. K-FDS는 AI가 스스로 보험사기 특징을 선택하고 학습해 이와 유사한 행동패턴 을 보이는 대상을 찾아냄으로써 빠르게 진화하는 보험사기 수법에 즉시 대응할 수 있는 시스템이다. 교보는 앞서 2018년 7월부터 K-FDS를 파일럿으로 운영하 며 정확도와 활용도를 제고해왔다. 시범운영 과정에서 200여 건의 보험사기 의심 건을 찾았다. 보험사들은 날로 고도화되고 있는 보험사기 추세에 대응해 웹크롤링 기술을 접목한 사기방지시스템도 구축하고 있다. 신한생명의 경우 지난해 10월 '소셜미디어 보험사기 분석 시스템'을 도입해 인터넷 카페, 블로그 등에서 웹크롤링 기법을 활용, 보험사기로 추정되는 단어를 추출해 보험금 부당청 구를 사전에 예측하고 적발 역량을 향상시키고 있다. KB손해보험은 AI 기반 외부 데이터 분석 플랫폼인 'SMA(Social Media Analytics)시스템'을 운영하고 있다고 한다. 포털사이트, 블로그, 뉴스, 트위터 등 디지털 환경의 데이터는 물론 병원, 질병명, 치료법 등의 외부 데이터를 수집하고 보험사기 의심 문서 탐지 프로세스를 통해 위험도를 점수화해 보험사기 최신 트렌드 및 패턴을 예측하고 이상징후를 탐지해 결과를 제공해준다. DB손해보험도 웹크롤링 시스템을 구축해 보험사기 모델 유포 정보를 수집하고 있다. 또 보험사기 관련 키워드를 관리하는 등 주요 포털사이트 대상 보험사기 관련 정보 검색 및 정보 수집을 진행하고 있다.

보험회사의 활동 중 향후 가장 주목받는 것은 AI 등을 활용한 빅데이터를 이용한 보험사기 적발모형이다. 이 모형은 민영보험뿐만 아니라 국민건강보험 등 사회보험에서도 활용하기 시작했다. 국민건강보험공단은 빅데이터모형을 활용해서 사무장병원·면허대여약국 등을 적발하고 있으며 2017년부터 34개 지표를 활용하고 있다. 국민건강보험공단은 불법개설기관 적발률 향상을 위해 공단 데이터를 활용한 사전분석 강화, 불법개설감지시스템 고도화 등을 추진 중이며, 향후 AI(인공지능)을 활용해 적발률을 높이기 위한 모형을 개발하고 있다.

보험사기 연구의 전망

보험사기와 관련된 연구방향을 간략하게 전망해 본다. 연구의 큰 틀 방향을 앞에서 제시된 분류에 따라 살펴본다. 보험사기에 대한 경제학 이론 연구도 지속적으로 제시될 것이다. 기존의 최적계약 이론모형은 더 세분화 될 것이고, 보험회사 측면에서 최적 조사모형에 대한 연구도 더 세분화 될 것이라고 본다. 이론 연구가 직접적으로 보험사기를 제어하는 데 도움이 될 수는 없지만 보험사기를 이해하고 근본적 보험사기 정책을 구축하는 데 시사점이 있을 것으로 본다.

향후 보험사기 적발기법, 적발모형 및 적발전략에 관한 연구에 대한 산업계와 정책 당국의 수요는 클 것으로 보고 이에 대한 연구도 매우 활발할 것으로 본다. 다만 개인정보를 활용하는 것에 한계가 있어서 학술지 논문으로 공개될지에 대해서는 어려운 점이 있을 것 같다. 따라서 실질적으로 보험사기 적발을 용이하게 하고, 적발 비용을 최소화하는 모형 개발은 보험산업을 중심으로 많이 이루어지고 사후적으로 학술지 등에 게재될 것으로 본다. 다만 현재 경영학적 연구는 적발에 초점을 두고 있는데, 보험사기에 대한 사전적 예방, 연상사기(또는 보험가입자 측면에서 자기방어) 및 재발 방지에 대한 연구도 필요할 것으로 생각한다. 마지막으로 사회과학적 연구도 향후 매우 활발할 것으로 기대한다. 최선의 계약형태 등과 같은 경제학적 이론 논문은 현실적으로 보험업계의 보험사기 적발에 직접 기여하기 어렵지만, 사회학, 심리학 및 범죄학적 보험사기 논문은 미시적으로 보험사기를 제어하고 보험사기자의 재범을 예방하는 등 보험 정책 당국의 보험사기 대응 정책 입안에도 활용될 뿐만 아니라 보험회사에서도 활용될 가능성이 높을 것으로 판단한다. 형법적으로 범죄적 성격을 가진 경성사기는 범죄학 분야의 '프로파일링'모형 등과 같은 연구가 필요해 보이며, 다수 보험가입자의 기회주의적 보험사기인 연성사기는 사회학 및 심리학 연구 분야의 연구가 필요하다고 본다. 구미에서는 사회학, 심리학, 민속학 등의 분야에서 보험사기 연구가 활발하여 우리나라도 곧 이 분야에서 보험사기 연구가 활발해질 것이다.

[표 27] 보험사기 관련 국내 주요 논문

분류	저자	학술지	연도 (권-호)	제목
보험 경제학 이론	이윤호	리스크관리 연구	2000 (13-1)	보험사기에 대한 모니터링효과의 국제비교
	지홍민	리스크관리 연구	2001 (12-2)	보험사기와 최적보험계약
	이경주	보험학회지	2002 (63권)	보험사기의 구조에 관한 이론적 연구
	이윤호	보험학회지	2002 (61권)	보험사기에 대한 수사권 문제와 최적제재에 관한 연구
	이윤호	리스크관리 연구	2002 (13-1)	보험사기에 대한 제재시스템에 관한 연구 – 손실 회피모형의 관점에서 –
적발기법/ 모형	김광용	보험개발 연구	1996 (18호)	보험사기의 조기적발을 위한 전문가시스템의 개발
	김헌수	리스크관리 연구	2000 (13-1)	보상전문가의 지식을 이용한 보험사기의 조기경보 모형의 개발에 관한 연구
	김헌수	보험개발 연구	2003 (39호)	비통계적 링크분석을 활용한 보험사기의 효과적 적발 방법 연구
	김헌수	보험개발 연구	2005 (45호)	보험가입자의 연성 보험사기 행위에 대한 실험 분석적 검토
	김정동 박종수	리스크관리 연구	2006 (17-1)	자동차보험사기 적발 모형에 관한 연구,
제도/ 정책	조해균	보험개발 연구	1997 (22호)	생명보험 Moral Risk 관리방안
	신동호	보험학회지	1998 (52권)	도난차량 사고 감소책과 보험사기에 대한 연구
	안철경	보험개발 연구	2000 (11-1)	[29호]모럴해저드의 경제학적 이해 및 효과적 대응수단 연구: 법제적 측면의 인프라 구축방안을 중심으로
	조혜균 양왕승	보험개발 연구	2001 (33호)	범 국가적 차원의 보험사기 대처방안에 관한 연구
	김용덕 안철경	보험학회지	2002 (61권)	보험사기조사의 효과성에 관한 실증연구 – 미국의 주 보험사기국을 중심으로
	김헌수	보험학회 하계학술 대회	2014	보험사기: 연구성과, 현황 및 쟁점

IV
주요국의 보험사기 대응

보험사기 집중 탐구

보험사기 집중 탐구

제12장 미국의 보험사기 대응 [52]

시장 개관

미국은 세계 최대의 보험시장으로 2019년 총 보험료 규모는 24,601억 달러이다.[53] 이 중 생명보험은 6,285억 달러이며 손해보험(건강보험 포함)이 18,317억 달러이다. 건강보험을 제외한 손해보험(P&C) 비중이 51%이고 생명보험 비중은 49%이다. 미국은 개인의 자유 및 권리에 대한 인식이 강하며 징벌적 손해(punitive damage) 및 손해배상제도가 발달하여 배상책임보험제도가 발달하였다. 손해배상 및 보험제도의 발달로 미국은 보험사기도 매우 심각한 수준이다. 미국은 선진국 중 유일하게 건강보험은 물론이고 산업재해보험도 민영보험 중심으로 운영되고 있다.[54]

미국 CAIF(Coaltion Against Insurance Fraud)는 보험사기로 인한 손실 규모를 연간 총 800억 달러로 추정한다.[55] 이 보험사기 손실 수치는 보험금을 편취하거나 보험료를 절취하는 보험가입자 등의 범죄 행위뿐만 아니라 보험회사(기관)의 내부 임직원이나 판매자가 저지르는 사기행위로 인한 보험회사(기관) 및 정부의 피해가 포함된다. FBI는 건강보험을 제외한 민영보험사기로 인한 비용을 400억 달러(44조 원)이며 평균직으로 미국 가계는 보험사기로 인한 보험료 증가 비용으로 400~700달러 정도를 부담한다고 보고하였다.[56] 현재 미국에서 보험사기가 심각한 종목은 메디케어(Medicare)나 메디케이드(Medicaid)를 포함한 건강보험, 자동차보험 그리고 산재보험이라고 볼 수 있다. 이 보험 종목들은 경성사기(hard fraud)뿐만 아니라 기회주의적인 연성사기(soft fraud)의 대상이 되고 있어 사회적 비용을 증폭시키고 있다.

2019년 갤럽조사를 기초로 보험사기에 대한 미국 소비자의 인식을 살펴보면 78%의 소비자는 보험사기를 걱정하고 있다고 응답했다.[57] 88% 소비자는 보험금을 편취하기 위해 사고 손실을 정확하게 보고하지 않는 것(misrepresent a claim)이 비윤리적이라고 대답했는데 이는 1997년 동일한 질문에 대한 93%의 응답률과 비교하면 5%p가 감소한 수치다. 또한, 사고 손실 정도를 과장하는 것(submit an inflated claim)은 비윤리적이라고 응답한 사람은 84%로 1997년의 91%에 비해 7%p가 감소하였다. 22년 전과 비교하여 2019년 갤럽조사 결과는 보험사기를 용인하는 정도가 증가하여 보험사기도 더 증가했을 것이라고 추측할 수 있다.

2019년 갤럽조사에서 미국인 열 명 중 여섯 명은 작년보다 범죄가 증가했다고 응답했는데, 이 응답은 1993년부터 2018년까지 22번의 갤럽조사 중 18번이나 동일한 결과였다. 흥미로운 것은 동 기간 동안 흉악범죄나 재산범죄 비율이 실제로 하락하였지만 사람들은 일반적으로 범죄는 항상 증가하고 있다는 인식을 갖고 있다고 볼 수 있다.[58] CAIF에 의하면 장년층(55세) 이상 설문 응답자의 81%가 속여서 보험료를 적게 내는 행위는 비윤리적이라고 응답했지만 청년층(35세) 이하는 응답자의 68%만이 비윤리적이라고 응답했다. 이러한 경향은 우리나라도 유사하다. 청년층은 보험제도를 더 비판적으로 인식하고 설문 응답에 더 솔직하다고 해석할 수도 있다.

많은 연구는 보험소비자의 인격 및 정직성이 연성보험사기에 영향을 끼칠 수 있다고 보고하였다.[59] 미국 조셉슨윤리기구(Josephson Institute of Ethics)는 2009년 10월 정직성과 관련한 중요한 연구 결과를 발표하였다. 이 연구는 미국인 6,930명을 대상으로 고등학교 때의 행태와 성인이 된 후의 행태와의 관계를 광범위하게 조사하였다. 연구는 청소년 시절의 거짓말, 시험부정행위는 성인이 된 후의 보험사기 등 부정직한 행태와 상당한 연관성이 있다고 결론을 내렸다. 예를 들면, 고등학교 때 커닝(시험 부정행위)을 한 사람은 성인이 되어서 보험회사를 속일 가능성이 3배라고 보고했다. 청년그룹(18~24세)은 장년그룹(40세 이상)보다 과다 청구할 가능성이 3배 이상이라고 보고했다. 연령과 관계없이 '거짓말이나 부정행위가 성공하기 위해 필요하다고 믿는 사람'(보고서에서는 이런 사람을 냉소주의자로 칭함)은 타인에게 거짓말을 하거나 부정행위를 할 가능성이 높다고 예측했다. 이런 '냉소주의자'는 다른 사람에 비해 고객에게 거짓말을 하거나, 비용을 부풀려서 청구하거나, 보험금을 과다하게 청구할 가능성이 세 배나 높다고 보고했다.[60]

CAIF가 2019년 미국의 대표적인 95개 보험회사를 대상으로 한 조사 결과를 보면 향후 보험사기에 관한 우려 그리고 이에 대응하기 위한 방안이 나타나 있다. 설문 조사 대상의 56%가 보험사기 적발에 AI를 사용하고 있다고 응답하였다. 특히 30%의 응답회사는 COVID-19으로 보험사기 적발에서 AI 사용이 증가했다고 보고했다. 향후 보험사기 패턴 변화에 영향을 줄 요소로는 디지털화(56%)가 가장 높았고 경제가 33% 그리고 조직화 된 보험사기가 11%로 세 번째였다. 응답자의 75%는 여러 기술적 진보 중에서 AI가 보상처리와 보험사기 적발에 가장 큰 영향을 끼칠 것이라고 대답했다. 보험사기를 통제하는데 AI가 영향을 많이 끼칠 분야로는 자동차보험 보상(78%)이 가장 높았고, 의료보험사기(52%)와 조직화 된 보험사기(44%)가 뒤를 이었다. 향후 1년 AI에 대한 자사의 투자가 증가할 것이라고 응답한 회사는 48%였다. 그중에서는 AI 적용의 핵심요소인 빅데이터에 대한 투자가 중요할 것으로 대답했다. 응답 회사는 현재 보상 및 계약 데이터 외에 사용하는 있는 자료원으로는 손해사정사 및 경찰 기록(63%), 비디오(40%)로 대답했다. 설문에 참여한 회사 78%는 보상과 계약 데이터 외에 페이스북, Yelp, Vital과 같은 SNS 데이터가 중요할 것이라고 응답했다. 미국에서는 SNS 데이터를 활용해서 장애나 산재에 대한 보험사기 청구를 적발한 경우가 많다. CAIF는 AI기술 중 다음 테크놀로지가 보험사기 적발에 도움이 될 것이라고 보고하였다.

① 이상징후 탐지(Anomaly Detection): 이 기술의 경우 사용자는 작업, 이벤트와 관련된 KPI(Key Performance Index) 기준을 정의한다. 그리고 특정 측정값이 임계치를 초과하면 그 이벤트를 보고한다. 특이치 또는 변칙적인 값은 기존, 신규 또는 이전까지 알려지지 않았던 사기 패턴을 추출하는 데 사용된다.

② 네트워크 분석(Network Analysis): 조직적인 보험사기에 대응하기 위해 보험사는 소셜 네트워크를 분석하고 연결 및 패턴을 식별하기 위해 고도로 정교한 기능을 활용한다. 관련자들 간의 관계를 연결하여 분석하는 네트워크 링크 분석은 조직적인 사기행위를 식별하는 데 효과적인 것으로 입증된 바 있다. 프로세스 사기에 대한 링크분석이 새로운 것은 아니지만 방대한 양의 데이터를 신속하게 분석하는 AI의 능력은 놀랍다.

③ 자연언어 처리(Natural Language Processing): NLP는 컴퓨터가 인간의 언어를 이해하고, 해석하고, 조작하는 것을 돕는 인공지능의 한 분야이다. NLP는 인간의 의사소통과 컴퓨터 이해 사이의 격차를 메우기 위해 컴퓨터 공학과 컴퓨터 언어학을 포함한 다양한 학문의 성과를 끌어온다.

④ 기계학습(Neural Network, Random Forests): 이 기술은 규칙 기반 (rule-based) 프로그래밍에 의존하지 않고 데이터로부터 배울 수 있는 수학적 알고리즘을 사용한다. 반복할 때마다 알고리즘이 더 똑똑해지고 더 정확한 결과를 제공한다. 기계학습(ML)은 지도 학습과 비지도 학습의 두 섹션으로 나뉜다. 비지도(unsupervised) 기계학습은 어떤 데이터가 사기를 나타낼 수 있는지 알 수 없을 경우 의심스러운 활동을 탐지하는 데 매우 효과적이다.

⑤ 감정 분석 알고리즘(Sentiment Analysis Algorithms): 고객 커뮤니케이션을 통해서 음성 패턴과 음성을 분석하기 위해 사용된다. 특정 정서에 해당하는 키워드 식별을 사용하여, 음성 인식은 대부분 사람이 결코 인식하지 못할 대화 중의 잠재적인 사기행위의 강력한 지표를 제공할 수 있다.

⑥ 이미지 분석(Image & Vision Analysis): 이미지 분석을 통해 컴퓨터는 사진의 피사체는 실제로 보험 대상인지 확인할 수 있다. 예를 들어, 깨진 텔레비전, 침수된 지하실, 금이 간 헤드라이트 인지 또는 완전히 관련이 없는 경우를 분별한다. 또한 이미지 분석을 통해 사진이 이전 주장에 사용되지 않았거나 인터넷에서 다운로드하거나 다양한 방식으로 조작되지 않았는지 분석한다.

⑦ 웹 클롤링(Web Crawling): 텍스트 마이닝의 새로운 영역으로 소셜 미디어 등 엄청난 양의 데이터를 분석하는 능력이 중점을 둔다. 보험사기 수사관들은 현재 공개적으로 접근 가능한 페이스북, 트위터, SnapChat, Instagram, LinkedIn, Craigslist 및 기타 소셜 미디어 사이트 등에서 보험사기 증거를 찾는다. Web Crawling을 통한 소셜 미디어에 관한 조사도 상당히 발달했지만 일부 보험회사는 비정형 텍스트 데이터를 AI로 분석해서 의미를 추출하고자 한다.

2019년 설문조사에서는 현재 보험회사가 AI를 직접적으로 활용하는 분야는 제한적인 것으로 나타났다. 응답회사 15%만이 보험사기 신고를 자동시스템으로 받는다고 한다. AI를 사용하고 있지만 고민하는 문제로는 52%가 AI를 활용하는 데 데이터의 질와 양이 문제라고 응답했다. 15%의 응답자는 프라이버시 이슈도 큰 문제라고 응답했다. 보험회사는 갈수록 기술에 의존하겠지만 AI가 결코 인간의 판단, 해석 능력을 완전히 대체할 수는 없고 특히 유죄를 입증해야 하는 형사처벌의 경우 직접 수사가 필요할 것이다.

미국의 보험사기 관련 법제

미국에서 보험업은 주(state)별로 규제되어 보험사기에 대한 법제도 주별로 규제되고 있지만 연방법에서도 보험사기와 관련된 법제가 존재한다. 보험사기 관련 연방법으로 '1994년 보험사기방지법'(Insurance Fraud Prevention Act of 1994)이 있다. 하지만 이 법은 통상적인 의미의 보험사기를 규제하는 법은 아니다. 이 법은 보험가입자(소비자)의 보험금 편취 등의 사기행위를 방지하는 것이 주목적이 아니다. 보험사기방지법(Insurance Fraud Prevention Act of 1994)은 주 간 교역에 영향을 주는 보험회사의 파산 또는 재정 위기를 야기할 수 있는 보험회사 내부의 부정이나 사기(뇌물수수, 횡령, 위조, 위증 등) 등을 방지하고자 하는 데 목적이 있다. 따라서 이 법은 보험회사 내부 임직원 등의 사기나 위증 등으로 보험감독당국, 조사자 등 이해관계자를 기망하는 경우 형사적으로 처벌하도록 되어있다.[61] 연방법인 폭력범죄통제집행법(Violent Crime Control and Law Enforcement Act Of 1994)도 주(state) 간 교역에 영향을 주는 보험회사의 내부 임직원의 사기, 횡령, 착복 등 행위의 처벌을 규정한 법이다. 또 다른 연방법으로 조직적인 보험사기범을 처벌하는 법으로 공갈매수 및 부패조직처벌법(RICO; Racketeer Influenced and Corrupt Organization Act) 이 있다. 그 외 건강보험과 관련된 보험사기를 처벌하는 건강보험책임법(HIPAA; Health Insurance Portability and Accountability Act)도 있다. 1996년부터 적용된 이 법은 미국 시민에게 건강보험을 제공하는 것이 목적이지만, 공적 및 사적 건강보험 급부에 대한 도난, 횡령, 허위 진술, 수사 방해, 돈세탁 사기 등을 연방범죄로 규정하고 있다. HIPAA에 의해서 허가받은 수사관은 보험사기 조사를 위해 소환장을 발부할 수 있고, 혐의자에게는 민사적 벌금을 부과할 수도 있다. HIPAA 전까지 건강보험에 대한 사기는 우편사기나 허위진술 등으로

최고 5년 징역으로 처벌할 수 있었으나 HIPAA에서는 최고 10년 징역까지 처벌하도록 강화하였다.[62]

미국 각 주(state)는 보험업 발전과 안정을 위해서 보험사기방지법(insurance fraud prevention act)을 도입하였다. 여기서 보험사기는 소비자(보험가입자)의 보험사기 행위를 주로 대상으로 하지만 보험회사 내부 임직원 및 판매자의 보험사기 행위도 규제 대상에 포함된다. 보험사기방지법은 NAIC의 모델법인 보험사기방지법을 기초로 만들어졌지만 개별 주의 특성과 성향이 반영되어 차이가 있다.

보험사기방지법에서 보험사기적 행위(fraudulent insurance act)란 보험가입 자의 사기뿐만 아니라 보험회사(기관) 임직원, 대리인 등의 사기적 행위도 포함한 다는 것이 특징이다. NAIC 모델법에서는 보험금을 편취하기 위해 보험회사를 기망하는 행위, 보험가입 시 보험료나 보험요율을 왜곡하기 위해서 보험회사(기 관, 판매자 등)를 기망하는 행위(보험료 사기뿐만 아니라 감독당국에 제출하는 서류나 회사의 재무상태 등을 속이는 행위), 보험회사 등의 보험료, 자금, 펀드, 신용 및 기타 재산의 횡령, 추출, 절취, 전환하는 행위, 보험업 영위하는 데 필요한 허가, 인가 등의 위반, 그리고 보험사기 행위를 시도하거나 관여하는 경우 등을 매우 광범위하게 포함한다.[63]

각 주는 NAIC의 모델법을 주 상황에 맞게 법제화한다. 보험사기 조사를 위해서 보험회사는 보험사기 혐의자의 정보를 주 보험사기국이나 제3기관에 보고하고 공유할 수밖에 없다. 하지만 보험회사가 '보험사기 혐의자'라고 하더라 도 개인의 민감한 정보를 제3자에게 제공하기 위해서는 법적 근거가 필요하다. 각 주의 면책법(immunity laws)은 보험범죄 수사를 위하여 보험회사 등이 관련 정보를 타 기관에 제공하거나 교환하는 것은 명예훼손 소송으로부터 면책된다는 취지의 법이다. 〈부록 3〉은 보험사기 혐의자의 정보교환이 각 주별로 어떤 면책하는 규정이 존재하는지를 설명한다.

보험사기죄를 사기죄에 포함할 것인지 아니면 구분하여 별도로 할 것인지는 국가의 법률 및 제도의 특성, 국민의 정서 및 환경에 따라 다르다. 미국의 경우 보험사기죄를 일반 사기죄와 구분하여 형법이나 특별형법에 규정하는 주도 상당수 있다. 캘리포니아, 델라웨어, 코네티컷, 플로리다, 일리노이, 인디아나, 매사추세츠, 뉴욕, 텍사스, 펜실베이니아, 오하이오에서는 보험사기죄를 형법에 편입하고 있다.[64]

▎보험범죄에 대한 미국 정부와 공적조직의 대응[65]

보험업을 각 주에서 규제하지만 주 간의 교역에 영향을 주는 보험범죄에 대해서는 연방정부 차원에서 FBI 등이 각 주의 수사기관과 협력하여 수사한다. 각 주는 주 정부 산하에 보험사기를 조사하는 보험사기국(insurance fraud bureau)을 두고 있다. 보험사기국는 여러 보험종목을 관장하는 '다종목'보험사기국(multi-line fraud bureaus)이 기본이지만 9개 주(Alabama, Illinois, Indiana, Maine, Michigan, Oregon, Vermont, Wisconsin and Wyoming)에서는 그렇지 않다. 노스캐롤라이나 주는 1976년 미국에서 가장 먼저 보험사기국을 설립하였으며 42개 주와 콜롬비아 특별구는 법의 제정을 통해서 보험사기국을 설립하였다. 43개 주와 콜롬비아 특별구는 보험회사에게 의심스러운 보험사기 건을 주 보험사기국 등에 보고하도록 요구하고 있다. 48개 주는 보험사기를 특별 범죄로 정하고 있고, 30개 주는 보험사기를 구체적인 보험범죄로 정하고 있다. 오레곤 주는 유일하게 보험사기법률 등이 없는 주이다.

대부분의 보험사기국은 주 내의 보험회사로부터 재정 지원을 받고 있으며 일부는 주의 일반재정으로 운영되고 있다. 다수의 보험사기국은 경찰의 권한과 동일한 정도의 '완전한 경찰권(full police powers)'을 가지고 있으며 일부 보험사기국은 벌금을 부과할 수 있는 '민간벌금부과권한(civil fining authority)'을 가지고 있다. 대부분의 보험사기국은 모든 종목의 보험사기를 수사할 수 있지만 일부 보험사기국은 한정된 종목, 예를 들면, 산재보험, 자동차보험에 한정해서 보험사기 수사를 할 수 있다. 35개 주는 건강보험사기에 대해 별도로 조사한다.[66]

2020년에는 기업 및 화이트칼라 범죄 기소가 대단히 적었다. 이는 점점 복잡해지고 정교해지고 있는 보험사기에 대한 연방 기소도 점점 어려워지고 있다는 것을 암시한다. 2020년 1월에는 359명의 기업 및 화이트칼라 범죄만 기소되었다. 이 추세가 지속된 다면 2020년 기소 숫자는 5,000명 정도일 듯하다. 기소된 대상도 법인이기보다는 대부분이 개인이었다. 기소된 보험사기범의 숫자는 5년 전에 비해 25% 감소하였다. 연방의 화이트칼라 범죄(Federal white-collar prosecution) 기소도 최고점이었던 2010년 6월과 2011년 2월 사이 월 1,000건으로 2011년에는 총 10,000건 정도였다.

뉴욕 주의 보험사기 대응

1) 뉴욕 주 규제의 역외적용성(extraterritoriality)

뉴욕 주는 주별 보험 규제의 중심이다. 그 이유는 뉴욕 주가 경제적으로 중요하고 뉴욕 주 규제가 엄격하기도 하지만 뉴욕 주 보험규제는 역외적용성(extraterritoriality)이 있기 때문이다. 역외적용성이란 1900년에 만들어진 행정규제로 "Appleton Rule"이라고도 불리기도 하는데, 뉴욕 주에서 면허를 받은 보험회사는 다른 주에서 보험업을 영위하는 경우에도 뉴욕 주의 보험규제를 준수해야 한다는 것이다.[67] 따라서 뉴욕 주에서 면허를 받은 AA라는 보험회사가 아리조나에서 보험업을 영위하는 경우 엄격한 뉴욕 주 보험규제를 준수해야 한다는 것이다. 뉴욕 주에서 보험업 면허를 받는 비용은 높다고 할 수 있고 타 주의 보험감독청은 뉴욕 주에서 면허를 받은 보험회사는 재무건전성이 상대적으로 양호하다고 평가한다.

2) 뉴욕 주 보험사기국 구조[68]

뉴욕 주의 보험사기국(Insurance Frauds Bureau)은 1981년 뉴욕 주 보험감독청 내에 설치되었다가 행정부서의 구조조정으로 지금은 뉴욕 주 금융청(New York Financial Service Department)에 소속되어 있다. 보험사기국은 보험사기를 추적, 수사 및 예방하는 것을 목적으로 하며 보험사기범을 기소하도록 검찰에 요청한다. 보험사기국은 뉴욕시에 본부를 두고 여섯 개의 사무실(Mineola, Albany, Syracuse, Oneonta, Rochester and Buffalo)을 두고 있다. 보험사기국의 조사관은 사법경찰관(peace officers)으로 지정되어 총기를 휴대할 수 있고 혐의자를 체포할 수 있다. 조사관은 보험사기 조사와 수사기관 경력이 있는 사람으로 구성된다. 보험사기국은 여덟 개의 유니트로 구성되어 있는데, 조직범죄, 무과실 자동차보험(no-fault), 일반, 모기지 및 자동차 타이틀, 화재, 자동차, 산업재해보험, 의료보험, 및 북부지방보험범죄로 나누어져 있다. 보험사기국은 보험사기와의 대응에서 관련 기관 및 회사와 파트너십이 가장 중요하다고 생각하여 관련 조직과 수시로 의사소통을 하는 것을 매우 중요하다고 보고 있다. 그 외에는 보험사기국은 보험사기와 관련된 많은 테스크포스와 워킹그룹의 멤버로 참석하여 최신 정보 교환 및 공유, 네트워킹, 수사기법 학습 및 공동수사를 하고 있다.

2020년 뉴욕 주 보험사기국은 30,113건의 보험사기 신고를 보험회사, 수사기관 및 소비자로부터 받았다. 2020년 보험사기국은 160건에 관여한 사람을 체포했으며 324건은 새롭게 조사가 시작되었다. 조사를 통해 240만 달러 court-ordered restitution이 이루어졌다. 검찰청은 뉴욕 주 보험사기국이 조사한 보험사기 건 중 148건에 유죄판결을 받아냈다. 보험사기 접수 건 중 무과실 자동차보험 건이 64% 차지하였다. 동년에 보험사기국은 보험사기 혐의로 160명을 체포하였으며, 형사 조사를 거쳐 1,550만 달러를 손해배상하도록 명령하였다.

보험사기국의 각 유니트별로 보험사기 접수 건과 조사 건은 아래 표에 있다. 의료 및 무과실 자동차보험 유니트에 접수된 건이 가장 많으며, 실제 조사에 착수된 건은 자동차보험이 제일 많았다. 흥미로운 것은 2010년에 비해 2020년은 보험사기 접수된 건수는 유사했지만 조사에 착수한 건수가 현저히 줄었다. 이는 뉴욕 주 보험사기국이 최근 한정된 조사 자원을 효율적으로 활용하기 위해서 유죄성이 상당히 높은 건을 중심으로 조사에 착수하였기 때문이라고 추측한다. 이는 뉴저지 주에서도 유사한 경향이 있는데, 법원에서 유죄성을 입증할 수 있는 건을 주로 조사하고 유죄가 입증된 건을 엄중하게 제재하여 보험사기 가담을 예방하고 억제하겠다는 조사 전략으로 볼 수 있다.

[표 28] 보험사기국의 조사 건수 추이 (단위: 건)

유니트 구분	활동	2010년	2011년	2012년	2013년	2014년	2015년	2016년	2017년	2018년	2019년	2020년
자동차 보험	접수	5,028	4,909	4,551	4,193	4,308	4,478	5,097	4,670	4,628	4,610	5,535
	조사	269	216	144	101	124	142	62	107	129	143	136
산재보험	접수	1,352	1,584	1,255	1,014	998	1,230	1,650	1,147	1,044	803	726
	조사	537	1,042	467	98	88	99	90	136	194	130	48
의료/ no-fault	접수	14,625	14,033	15,475	14,543	16,835	14,452	14,141	14,622	16,184	17,185	21,015
	조사	170	173	88	56	109	92	114	116	75	73	36
화재보험	접수	489	430	336	295	311	281	245	261	188	257	209
	조사	99	80	52	28	26	30	27	30	23	28	20
일반	접수	2,667	2,466	2,421	2,643	2,306	2,231	2,339	3,176	3,505	3,130	2,628
	조사	161	156	90	110	96	127	256	132	133	152	84
총계	접수	24,161	23,422	24,038	22,688	24,758	22,762	23,472	23,876	25,549	25,985	30,113
	조사	1,236	1,667	841	393	443	490	449	521	554	526	324

자료: https://www.dfs.ny.gov/reports_and_publications/dfs_annual_reports

매사추세츠 주의 보험사기 대응

1) 소개

1991년 매사추세츠 주 법에 의하여 설립된 매사추세츠 주의 보험사기국(IFB; Insurance Fraud Bureau)은 다른 주와는 달리 주 정부와 독립적으로 운영되는 민간조직이다. 주 정부의 보험감독청장은 선거로 선출되거나 주지사에 의해서 임명되는데 매사추세츠 주는 주지사에 의해서 임명된다. 매사추세츠 주는 임명된 보험감독청장의 정치적 입장 등에 따라 보험사기국의 업무 영속성이 저하된다는 약점을 극복하기 위해서 보험사기국을 주 정부와 분리하였다. 보험사기국예산은 자동차보험과 산재보험 보험회사가 각각 50%씩 분담한다. 보험사기국직원은 개인의 보험, 의료, 소득 등 중요 정보 접근 권한이 있으며, 민사소송으로부터 면책되며, 주 검찰관과 긴밀한 협력 관계를 유지하고 있다. IFB 조사직원은 DCD(Detailed Claim Database) 정보뿐만 아니라, 자동차 등록정보, 주 정부의 정보, 조세 및 소득 정보, 고용 및 훈련 정보, 범죄 경력 정보 등에도 접근할 수 있다.

보험사기 분석 및 적발을 위해 정확한 데이터베이스는 매우 중요한데, 이를 위해 1994년 1월 1일부터 종결된 보상 건에 대한 정보를 주 자동차보험국내에 집적하도록 제도화 하고 있다. DCD(Detailed Claim Database)는 IFB와 보험감독청의 보험사기 조사업무를 지원할 뿐만 아니라, 보험사의 효과적인 보상관리를 위한 정보를 제공하고, 나아가 과다 청구한 의료기관을 파악하기 위한 목적도 있다. 과다청구 또는 보험사기 연루 의료기관은 주 등록국(The Board of Registration)에 통보하여 의료기관을 행정적으로 제재하도록 한다. DCD는 매년 160,000건이 넘는 사고 사건을 집적하는데, 이 정보는 피해자 부상 정보, 피해자의 의료서비스 및 법률서비스 정보 등 다양한 정보를 포함하고 있다. DCD를 이용하여 보험사에 정기적인 보고서를 보내고 있으며, 보험사의 허가된 직원은 DCD 자료에 온라인으로 접근하여 다양한 정보를 추출할 수 있다. DCD는 보험금 청구자의 사고 및 행태 정보, 관련 의료기관과 법률사무소의 보험사고 관련 서비스 정보 등을 보험회사에게 제공하여 과다청구 및 보험사기 등을 적발할 수 있다. DCD는 미국 각 주 정부에서 집적하고 있는 보험사기 대응 데이터베이스 중 양과 질에서 우수하다는 평을 받고 있으며, 매사추세츠가 탁월한 보험사기 적발 실적을 올리는 데 주춧돌 역할을 하고 있다. 많은 주 보험청과 민간회사들이 보험사기 적발 데이터베이스를 구축하는데, 매사추세츠 주 IFB와 AIB를 벤치마킹하고 있는 상황이다. 데이터의 정확성(integrity)은 데이터베이스에서 매우 중요한데, 이를 위해서 주 자동차보험국은 DCD의 에러를 수시로 검사하여 정기적으로 에러 수정내용을 보고한다. 2009년 DCD에 기록된 143,987건의 보상 건수 중에서 4,444건(3.1%)이 에러가 있는 것으로 검사되었으며 수정되었다.

2) 매사추세츠 주의 보험사기 신고 및 수사

2020년 연차보고서에 의하면 IFB는 3,008 보험사기 신고를 받았다. 이 중 2,746건은 보험회사로부터 온 것이며 대부분 신고는 인터넷으로 직접 신고되었다.[69] 신고된 건 중 자동차가 2,125건으로 가장 많았고 산재(worker's compensation) 보험금에 대한 신고가 145건, 산재보험료에 대한 신고가 75건이었다. 그 외에도 장애 등에 신고가 많았다. 신고된 건 중 1,863건은 조사하지 않았고(declined) 1,145건만 조사가 접수되었다.

IFB가 2020년 조사한 보험사기 건은 1,346건인데 그중 유죄 입증이 가능하다고 생각되는 257건을 검찰에 송치하였고 유죄 입증이 어렵거나 보험사기가 아닌 것으로 판단되는 842건은 조사를 중단하였다. 2020년 기소가 마무리된 건수는 94건이며, 불기소한 건은 30건이다. 2020년 보험사기국의 유니트 및 CIFI에서 조사 대기 중인 건수는 824건이 있으며 조사가 진행 중인 건은 722건이다. 722건 중 249건은 조사 담당자에게 분배되어 조사 중이며, 473건은 검찰청에 송치되어 검찰이 기소 여부를 기다리고 있다.

3) CIFI(Community Insurance Fraud Initiative)의 성과

2003년 로렌스(Lawrence)에 거주하는 65세 여성이 보험사기로 연출된 교통사고에 의해서 사망하는 사건이 알려지면서, 로렌스에서 보험사기에 대응하는 민관네트워크가 구축되었는데, 그것이 반보험범죄 지역운동인 CIFI의 출발점이다. 그 후 2006년까지 총 13개의 CIFI가 매사추세츠 주의 주요 지역에 설립되었다. 각 CIFI에는 보험사기국(FIB) 직원 1~2명이 배치되어, 그 지역 경찰 및 검찰이 연계한 하나의 보험사기방지 네크워크를 형성하고 있다. 그리고 CIFI는 공무원, 시민 등과 타운홀미팅이나 신문 등 홍보를 통해서 보험사기 문제를 부각하고, 지역 시민과 보험회사들의 보험사기 혐의자 신고를 장려한다. 2003년 CIFI가 구축된 이후 매사추세츠 주의 보험계약자들은 상당한 보험료를 절감하였으며, 교통사고를 이유로 한 보험금 신청도 극적으로 감소하였다. 가장 큰 CIFI는 보스턴과 서 매사추세츠이다. 2020년 연차보고서에 의하면 CIFI를 통한 보험사기 적발 금액은 2억3,120만 달러이며 이는 차량당 268달러(14.1%)를 절약한 셈이다. CIFI를 제외한 지역의 경우 차량당 절약 금액은 45달러(3.9%)에 불과하여 CIFI의 보험사기 적발 효과는 매우 긍정적이다.

[표 29] 2020년 CIFI 등을 통한 보험사기 적발 추정금액

CIFI Community	(추정)적발 금액 (백만 달러)	차량당 절약한 평균 보험금($)	차량당 절약한 평균 보험금(%)
Boston(전체)	100.2	417	19.2
Brockton	20.7	405	17.0
Chelsea-Revere	9.9	237	11.2
Fall River-new Bedford	5.3	49	3.3
Holyoke-Springfield	16.7	170	10.2
Lawrence	30.5	803	32.7
Lowell	11.6	191	11.7
Lynn	15.6	317	15.2
Quincy-Randolph	7.0	90	5.6
Worcester	13.7	141	8.4
TOTAL	231.2	268	14.1
CIFI 제외 MA 주 전체	163.0	45	3.9
MA 주 전체	394.1	88	6.8

자료: https://www.ifb.org/ContentPages/DocumentView.aspx?DocId=4565

뉴저지 주의 보험사기 규제

1) 소개

NAIC 모델법 Section 5는 보험감독청장이 보험사기를 조사하도록 하고 있고, 보험감독청장은 보험사기범을 전문적으로 기소하는 검사를 고용하거나 검사를 지정할 수 있다고 정하고 있다. 그리고 주 검찰청에서 보험사기범을 기소하는 경우 기소에 필요한 기술적, 법률적 지원을 하도록 하고 있다. 미국의 주 정부는 보험사기국을 독립적으로 두거나 보험감독청 산하에 두기도 하지만 상당수의 주 정부는 보험사기국을 주 검찰청 산하에 두어 보험사기 수사와

기소의 효율성을 제고하려고 하고 있다. 미국의 7개 주(Colorado, Mississippi, Nevada, New Jersey, Oklahoma, South Carolina, Virginia)는 주 검찰청장(Office of the Attorney General) 산하에 보험사기국을 두고 보험범죄에 보다 적극적으로 대응하고 있다. 특히 뉴저지 주는 주 검찰이 보험사기 적발과 처벌에 공권력을 중심으로 선도적인 역할을 하고 있다. 이하는 뉴저지 주의 사례를 중심으로 검찰에서 보험범죄에 어떻게 대응하고 있는지를 살펴본다.

2) 보험사기검사실(OIFP)

뉴저지 주는 보험사기를 엄격하게 처벌하고 체계적으로 대응하는 대표적인 주로 평가받고 있다. 뉴저지 주의 특징적인 점은 검찰청 산하에 보험범죄자 기소를 전담하고, 보험범죄 수사를 지휘하는 보험사기검사실(OIFP; Office of the Insurance Fraud Prosecutor)을 두고 있다는 것이다. 보험사기 문제의 사회적 확산과 심각성을 인식한 뉴저지 주는 1998년 5월 19일 자동차보험비용경감법 1998(AICRA; Automobile Insurance Cost Reduction Act)에 의해서 주 검찰청 산하에 보험사기검사실(OIFP)을 설치하였다.[70] 보험사기검사실의 설립 목적은 보험범죄자에 대해서 성공적인 형사 기소, 민사 판결, 허가 취소 등 제재를 위해서 완전하고 공정한 수사할 수 있도록 하고 나아가 주 및 지방정부 내의 모든 형사적, 민사적, 행정적 보험범죄 대응 활동의 중심점이 되는 것이다.[71] 보험사기검사실(OIFP)은 뉴저지 모든 수사기관은 보험사기와 관련된 부분을 수사의 중심이 되며 모든 정부 부처(municipal, county, state or federal)의 보험사기 수사를 조정하고 각 정부 부처 간의 의견 및 정보를 교환하는 허브 역할을 한다. 보험사기검사실(OIFP)은 정부 수사기관의 회의를 주재한다. 뉴저지 내 외 지역의 수사기관 직원들의 참여를 독려하고 있다. 이런 회의를 통해서 보험사기 전문 초빙 강사를 통해서 보험사기에 대한 지식을 확보하고 수사기관

직원 간의 정보를 교환하며, 네트워킹 한다. 보험사기검사실은 경찰관의 보험사기 징후의 변수 발견 능력을 확대하고, 적절한 수사방법을 수행할 수 있도록 각 경찰관의 수준에 맞는 맞춤형 훈련과 교육을 실시한다.

보험사기검사실(OIFP)은 사기 보험카드, 허위 보험사고, 허위 도난차량 보상 등과 관련된 보험범죄 교육비디오를 제작하여 경찰관들에게 제공하고 있다. 또한 보험사기검사실(OIFP)은 무보험차량목록(UMID; Uninsured Motorist Identification Directory)을 만들어 경찰관들에게 제공하고 있다. 이 목록은 차량의 등록증, 운전면허증 및 보험증명서의 현황을 확인할 때 요긴하게 활용할 수 있다. 필요한 경우 경찰은 보험회사의 담당 직원과 직접 연락하여 보험카드의 최근 상태를 파악할 수도 있다. 보험사기검사실은 카운티 검사실이나 다른 수사기관과의 연락을 전담하는 연락관을 임명하여 주 내 수사기관 간의 업무 협조 및 조정이 완전히 이루어질 수 있도록 하고 있다. 보험사기검사실은 카운티 검사실의 보험사기환급프로그램(County Prosecutor Insurance Fraud Reimbursement Program)을 감독하고 관리한다. 보험사기검사실(OIFP)의 연락관은 OIFP가 다른 수사기관과 협력을 할 때 다른 수사기관과의 의사소통에서 OIFP를 대표한다. 그 외에도 OIFP는 다양하고 적극적인 홍보와 교육을 통해 보험사기의 문제점을 교육하고 적극적인 신고를 유도하고 있다.

3) 보험사기검사실(OFIP)의 성과[72]

2011년 보험사기검사실이 설립된 이후 보험사기자에 대한 제재(징역형)가 확실히 엄격해졌다. 보험사기자에 대한 징역형 기간은 평균 3.67년으로 OIFP가 설립되기 전 0.99년에 비해 거의 3.5배 이상 길어졌다. OIFP는 면허를 가진 전문인 등의 보험사기에 대해서 엄격한 제재를 확정하여 보험사기를 억제하는 효과를 최대한 얻고자 노력했다. OIFP는 보험사기의 억제효과를 극대화하기 위해서 기소 건수를 확대하기보다는 특정한 보험사기에 집중하여 제재 심도 (severity)를 높이는 전략을 사용하였다.

[표 30] 보험사기검사실(OIFP) 설립 전후의 보험사기자에 대한 징역기간 비교

구분	연도	징역기간	평균 징역기간
OIFP 설립 전	2008년	0.92년	0.99년
	2009년	0.82년	
	2010년	1.25년	
OIFP 설립 후	2011년	3.66년	3.67년
	2012년	1.97년	
	2013년	4.35년	

자료: Annual Report 2013, Office of the Insurance Fraud Prosecutor의 자료 재정리

OIFP는 제재 심도(징역기간)을 강하게 하는 전략과 함께 보험사기자가 1년 이상 징역형을 받도록 하는 비율을 높이고자 노력했다. 보험사기를 주 정부는 매우 심각한 범죄라고 인식하고 있으며, 보험범죄는 엄격하게 처벌하여 보험사기 억제 효과를 강화하고자 하는 목적이다. 또한 OIFP는 2011년 사무실이 설립되면 서 3건의 보험사기에 대해서 경제범죄로서 가장 중형의 처벌이 가능한 'First Degree Prosecution'로 기소하였다.

[표 31] 보험사기 피의자가 1년 이상 징역형 선고받은 비율

구분	연도	비율	평균
OIFP 설립 전	2008	21%	24%
	2009	14%	
	2010	37%	
OIFP 설립 후	2011	64%	65%
	2012	52%	
	2013	80%	

자료: Annual Report 2013, Office of the Insurance Fraud Prosecutor의 자료 재정리

2012년과 2013년 OIFP는 저소득층의료복지프로그램인 메디케이드(Medicaid) 의 보험사기를 수사하여 7,200만 달러를 회수했는데 이 금액은 2008년 False Claims Act(FCA)가 시작된 이후 가장 성공적인 2년이었다. 그 외에도 의사나

카이로프렉터 등 전문인 자격을 주는 전문인 위원회와 협력으로 보험사기로 처벌된 전문인에게 면허정지 등의 제재를 부과하도록 하였다. 2010년부터 2013년까지 전문인 위원회가 16건의 면허 관련 제재를 회원들에게 부과하였다. 이는 OIFP와 전문인위원회가 보험사기의 심각성을 깊이 공감하고 확실한 면허 제재를 통해서 보험사기를 억제하자는 데 동의한 결과였다. 이런 면허 제재의 강화는 보험사기자들에게 징역형뿐만 아니라 면허 자체를 취소하거나 제한하여 보험사기로 인한 개인적인 기회비용이 예상되는 편익보다 훨씬 크도록 만들겠다는 전략이다. 보험사기자에 대한 성공적인 기소 및 엄격한 제재뿐만 아니라 OIFP는 보험사기에 대한 각종 활동, 포럼 및 회의 등에 리더십 역할을 충실히 하고 있다. 2018년 OIFP에 보험사기 신고 건수는 4,000건을 초과하였으며 2018년 한 해 OIFP는 250건 이상을 기소 등의 방법으로 처벌하였다. 연방 수사기관도 보험사기 심각성을 잘 알고 있다. 연방경찰 FBI는 보험회사 및 보험기관을 기망하는 개인이나 조직을 수사한다. FBI는 연방, 주, 지방 수사기관뿐만 아니라 민영보험회사, The Centers for Medicare and Medicaid Service 등과 합동으로 보험사기를 수사하기도 한다. FBI의 보험사기 적발과 관련된 최근 통계는 없지만 2007년의 FBI의 금융범죄보고(Financial Crimes Report to the Public)에 의하면 2,493건의 건강보험 관련 사기를 조사하여 기소 839건, 그리고 635명의 유죄를 이끌어냈다. 11억 2천만 달러의 법정배상(court-ordered restitution), 3천 400백만 달러의 벌금, 6천 120만 달러 가치의 압수 성과를 이루었다. 미국 국세청인 IRS(Internal Revenue Service)도 보험금 청구 및 사기와 관련된 조세 포탈 및 자금 세탁을 적발하고 예방하기 위해서 지속적으로 조사한다. 여기에는 보험 판매자(대리인/브로커) 등의 보험료 편취 행위 및 재보험사기행위 등도 포함된다. 미국 국세청은 가짜 보험회사, 역외보험회사, 비허가 인터넷 보험회사, 허위 자동차사고 등도 조사한다.[73]

미국 보험회사와 민영조직의 대응

1) 보험회사의 대응

미국 보험회사가 보험사기에 대응하는 방법은 국내 보험회사와 마찬가지로 회사 소속 보험사기특별조사반(SIU; Special Investigative Unit)을 활용하는 방법과 데이터 분석을 통한 보험사기를 조사하는 방법이 있다. SIU는 전직 경찰 등 조사 전문 인력으로 구성되어 보험사기 혐의자를 관찰, 감시 및 조사한다. SIU는 조사활동을 통해서 보험사기 혐의자의 의심스러운 점을 확인하고, 보험사기 증거를 찾아내는 기초 활동을 한다. SIU의 핵심 활동은 세 가지이다. 첫째, 보험사기 혐의 건을 조사하는 데 의심스러운 보험사기 혐의를 객관적으로 판단하고 입증할 수 있는 증거를 수집하는 데 노력을 기울인다. 둘째, 보험사기자를 발견하고 체포하기 위해서 연방, 주 및 지역 수사기관도 협력한다. 셋째, 보상담당자들에 대한 보험사기를 발견하고 인지하도록 하는 교육을 담당한다. 사고가 발생했을 때 보험사기를 암시하는 징후신호(red flags)를 조사하는 방법을 교육하여 보상담당자가 보험사기 일차적인 방어벽이 될 수 있도록 한다. 현재 대부분의 회사는 SIU를 고용하고 있거나, 외부의 SIU와 계약을 맺고 있다. 보험회사들은 분기별, 연도별로 SIU의 성과를 평가하는데, CAIF의 SIU 조사에 의하면 대략 44%의 회사는 연도별로 29%의 회사는 분기별로 성과 평가를 하는 것으로 나타났다. 성과 평가 기준으로 '보험사기 적발로 차단한 보험금 총액이나 준비금 총액'으로 평가하는 것이 일반적이었다.

2) 민간조직의 보험사기 대응

보험사기자는 여러 보험회사를 대상으로 '치고 빠지기' 식으로 보험사기를 저지르고 있어 단일 보험회사가 보험사기에 효과적으로 적발하고 대응하기는 거의 불가능하다. 따라서 보험회사, 자가보험사업자(self-insurers), 건강보험기관 보험금을 지급하는 모든 보험자가 네트워크를 통해서 대응하는 것이 바람직하다. 나아가 보험사기는 보험가입자의 보험사기에 대한 인식이 매우 큰 영향을 끼치므로 적극적인 대국민 교육 및 홍보도 필요하다. 미국에는 CAIF(Coaltion Against Insurance Fraud) 등 다양한 보험사기대응기관이 활동하고 있다.

CAIF는 '보험사기대응연합'으로 소비자, 보험회사, 정부기관을 위한 지지하는 조직이다. 여러 가지 홍보 및 교육활동으로 보험사기의 적발 및 기소를 지원하여 보험사기(범죄)를 방지하고 있다. 비영리기관인 NICB(National Insurance Crime Bureau)는 1992년 1월 보험범죄방지연구소(Insurance Crime Prevention Institutde)와 전국자동차도난국(National Automobile Theft Bureau)의 합병으로 설립되었다. 현재 1,100여 개의 손해보험회사, 자동차 렌트회사, 자동차금융회사, 및 자가보험 사업자가 예산을 지원하는 민간단체이다. NICB에는 380명 이상의 보험사기 전문가들이 수사기관, 정부 관리 및 검사들과 긴밀하게 협조하여 보험범죄를 조사하기도 하고 보험회사의 직원에게 보험사기 대응방안을 교육하기도 한다. NICB의 보험사기 조사업무는 주로 전직 경찰 등의 조사요원들이 보험회사나 수사기관을 지원하는 방식이다. 이러한 지원은 현장조사지원뿐만 아니라 데이터 분석, 문서분석 등을 통해서 다양한 증거자료를 조사하고 있다. CAIF 및 NICBF 외에 민간 반보험사기 조직으로는 ISO, NHAFA, NICTA 및 NWCCC가 있다. 이 외 보험감독청장의 협의회인 NAIC(National Association of Insurance Commissioners)도 보험사기의 심각성을 인식하고 다각도로 보험사기 모델법을 만들고 보험사기 대응 정보를 제공하고 있다. 보험사기를 조사하고 연구하는 기관도 있다. 1977년 설립된 IRC(insurance Research Council)은 대형 손해보험회사와 손해보험 기관이 지원하는 독립된 연구소로 주로 손해보험 관련 연구를 수행하고 있다. IRC는 통계분석 연구나 모의분석 연구 외에 소비자

인식에 대한 설문조사 및 종결된 보험금 청구 건 분석 등을 통해서 보험사기 현황과 대응에 대해서도 많은 연구를 하고 있다. 1960년 설립된 보험정보원 (Insurance Information Institute)은 소비자에게 보험에 관한 정확한 정보를 전달하는 것이 설립 목적이지만 정부, 감독 당국, 대학 등에 보험에 관한 다양한 이슈를 정리하고 분석하여 전달하는 역할을 하고 있다.

미국의 보험사기 사례

1) 메디케어와 메이케이드 관련 보험사기[74]

메디케어(Medicare)는 미국 연방정부에서 운영하는 노인건강보험으로 사회 보장세(social security tax)를 20년 이상 납부한 65세 이상 노인과 장애인에게 의료비의 50%를 지원하고 있다. 메디케이드(Medicaid)는 주 정부가 운영하지만 주 정부와 연방 정부가 저소득층(빈곤선의 65% 이하)에게 의료비 전액을 지원하는 공적 건강보험제도이다. 메디케어는 연간 4,150억 달러, 메드케이드는 6,000억 달러를 지출한다.[75] 공적 건강보험의 보험사기로 누수되는 규모는 지출하는 메드케어와 메드케이드 지원금(보험금)의 10% 정도인 980억 달러(118조 원)이다. 이 천문학적인 보험사기에 대응하여 2013년 말 미 연방검찰은 2,000건의 공적 건강보험 관련 조사를 시작하였다. 2007년 메디케어 "Strike Force"란 이름으로 출발한 수사팀은 전국적으로 7번에 걸친 대대적인 수사를 시행했다. 2014년 3월 13일에는 16명의 의사가 포함된 보험사기 혐의자 90명을 적발하였는데, 적발된 한 의사는 1,000개의 전동휠체어를 포함한 2,400만 달러를 보험사기한 혐의로 검거되었다. 연방수사관들은 고급 콘도나 휴양지에도 보험사기자가 의외로 많다고 지적한다. 뉴욕 브라이튼(Brighton) 해안가의 고급 콘도(아파트) Oceana는 865개 가구가 거주하는데, 주차장에서 포세나 애스톤 마틴 등 고급 차량이 가득하다. 이 콘도에 거주하는 사람 중 500명이 극빈층을 지원하는 메디케이드 혜택을 받고 있었다고 한다.

조사관 로버트 번스(Robert Byrnes)에 따르면 "보험사기 조사가 시작되자 500명 중 150명 이상이 메디케이드 지원을 포기하였다. 메디케이드와 메디케어가 보험사기자의 천국이 된 것은 보험금 청구 건수가 천문학적이기 때문이다. 통상적으로 하루 메디케어에 보험금을 요청하는 건수는 450만 건이나 된다. 이렇다 보니 조직범죄단은 마약보다 오히려 보험사기가 더 돈벌이가 좋다고 인식하고 있다". 즉, 마약거래에 비해 보험사기는 적발위험도 낮고 적발되어도 처벌 수위도 약해서 위험조정수익률(risk-adjusted return)로 계산하면 상당히 돈벌이가 좋은 모델인 것이다. 마약브로커가 건강보험 처방약 사기로 전향하기도 하고, 환자 정보를 훔쳐 허위부상이나 허위치료를 조작하기도 한다. 보험사기 조직은 약국과 약사, 의사와 병원에게 금전적 대가를 지불하면서 허위 의료기록, 허위 처방전을 남발하고 처방하고 남은 약을 절도하여 재판매하기도 한다. 루이지애나 주의 한 약국 주인은 2008년부터 2013년까지 요양병원(nursing home) 직원을 매수하여 요양병원에서 사용하고 남은 약을 새로운 약처럼 재판매한 후 메디케어에 220만 달러를 신청하였다고 고백하였다. 이동에 지장이 없는 사람에게 서로 짜고 장애인 전용차나 앰뷸런스를 이용하도록 하여 정부의 지원금을 받아낸 사례도 많다. 메디케어와 메디케이드 보험사기는 노인들이 많이 거주하는 플로리다 등의 지역에서 많이 발생하고 있지만, 클레임 건수가 너무 많아 적절한 대응에는 한계가 있다. 보험사기 예측모형(predictive modelling) 등 데이터 분석 방법 등으로 비정상적인 클레임을 스크린하려고 노력하고 있다.

2) 변호사가 지휘한 보험사기 카르텔[76]

2014년 7월 미국 코네티컷 주 브리지포트에 있는 상해전문 변호사 조셉 헤다드(Joseph Haddad)는 보험사기 카르텔의 총책으로 유죄를 선고받았다. 조셉 헤다드는 기업 수준의 보험사기조직을 운영하였다. 그의 수하는 경찰의 공식 자동차사고 공식 기록을 불법적으로 입수하여 자동차사고를 당한 사람을 찾아내어 보험사기를 시작하였다.[77] 자동차사고 관련자들은 부상 여부와 관계없이 조셉 헤다드와 연결된 병원을 찾아가도록 유도되었고 환자들은 거기서 치료를 받고 처방전도 받았다. 문제는 치료뿐만 아니라 의료검사 결과와 진료기록이 허위인 것은 물론이고 처방전도 부상과 전혀 관계가 없는 허위였다. 따라서 처방하는 약도 치료에 도움을 주는 약이 아니고 대부분 중독성 있는 진통제에 불과했다. 조셉 헤다드는 의사, 카이로프렉터 의사, 클리닉 등을 미리 매수하여 자신의 보험사기에 공범으로 활용하였다. 매수된 클리닉, 의사 및 카이로프렉터는 내방한 자동차 사고자의 부상이 무엇인지 적절한 검사도 하지 않고 경추염좌(whiplash)나 장애로 진단하였다. 그리고는 불필요한 의료치료와 카이로프렉틱 치료를 제공하고 불필요한 진통제 등을 처방하였다. 이러한 치료와 처방은 사실상 부상을 더 악화시킬 수도 있어 매우 위험한 것이었다. 조셉 헤다드는 이렇게 허위로 자동차사고 부상을 치료하였거나 치료약을 처방하였다는 것을 근거로 보험회사로부터 수백만 달러를 편취하였다. 조셉 헤다드는 변호사로서 유령환자를 대신해서 보험회사에 병원에서 하지도 않은 치료에 대해서 청구하거나 불필요한 치료에 대해서 보험회사에 보험금을 청구하였다. 이 보험사기 조직의 무면허 의사는 한 번도 만난 적이 없는 환자를 대상으로 145건의 처방전에 최소한 4,400건의 중독성 진통제를 처방했다. FBI는 자동차사고 환자로 위장하여 조셉 헤다드의 보험범죄조직을 소통할 수 있었다. 이 범죄조직의 수천 건의 대화가 녹음되었다. 대화 내용 중에 조셉 헤다드는 위장한 FBI 에이전트에게 "너와 나 사이에 말인데, 그 약은 듣지 않아. 좀 강한 약을 쓰는 게 맞아. 기억해 내가 말하는 거. 그 약은 듣지 않아"라면서 처방한 근육이완제를 먹지 말라고 했다. 그리고 자기 의사에게 좀 강하고 비싼 약을 처방해주라고 했다. 조셉 헤다드는 2014년 7월 연방법원에서 4년 이상 선고를 받았고 그의 조직원도 유죄를 인정했다. 조셉 헤다드가 법의 심판을 받는 날 사기를 당한 멧라이프의 SIU 책임자 존 살전트(John Sargent)는 공식적인 발표를 하였다. "조셉 헤다드는 보험계약의 신뢰를 악용하고 보험계약자와 보험회사를 속였다. 조셉 헤다드는 법을 지키고 진실을 밝히겠다고 선언한 변호사로서 자신의 직업윤리와 도덕적 책임을 완전히 저버리고 돈을 위해서 보험사기조직을 지휘하였다".

▌ 미국 사례의 시사점

미국 사례의 시사점을 다섯 가지로 정리한다. 첫째, 검찰청 산하 보험범죄검사실(Office of Insurance Fraud Prosecutor)의 역할이다. 비록 뉴저지 주 등 일부 주이긴 하지만 보험사기자를 직접 기소하는 검찰청에서 보험범죄검사실을 운영하여 제재 양형을 무겁게 하여 보험사기 예방효과를 강화하고, 나아가 보험범죄 대응 활동을 리드하는 모습은 우리나라에 상당한 시사점이 있다.

둘째, 데이터베이스 활용이다. 매사추세츠 IFB 성공의 핵심 중 하나는 매사추세츠 주의 DCD인데, 이는 자세하고 잘 정리된 종결된 보상 건에 대한 데이터베이스이다. 특히 서비스공급자(의료기관, 변호사)를 중심으로 보상과 관련된 활동을 전부 데이터베이스화함으로써 서비스공급자를 집중 관리할 수 있었다. 국내에서도 금감원에서 운영하고 종결 보상 건에 대한 데이터베이스가 있으나, IFB의 CDC처럼 정교하지 못하므로 이 데이터베이스를 더 정교하게 개선하고 에러를 스스로 수정할 필요가 있으며, 이 데이터를 효과적으로 활용할 수 있는 방법을 찾아야 할 것이다. 추가적으로 병원, 정비소 등 서비스공급자를 중심으로 한 데이터베이스를 구축할 필요가 있다.

셋째, 보험사기 대응 지역 네트워크(CIFI) 구축이다. 매사추세츠 주 IFB의 성공에 보험사기방지 지역네크워크인 CIFI의 활동이 크게 공헌하였다. CIFI는 IFB의 중심으로 보험사기 신고를 받고 신속하게 보험사기를 수사할 수 있는 기초를 만들었다. CIFI의 성공적 활동은 IFB의 단독 성과이기보다는 경찰과 검찰의 적극적인 협조와 나아가 시민들의 자발적인 보험사기 혐의자에 대한 신고가 큰 역할을 하였다.

넷째, 미국의 보험사기국의 전문성 및 독립성이다. 특히 매사추세츠 주의 IFB는 1991년 설립 시부터 회장을 비롯한 다수의 직원이 현재까지 근무하는 등 장기근속자 비중이 매우 높았다. 독립적인 민간기관으로 주 정부의 정치적 변화에도 큰 영향을 받지 않고 기관의 전문성과 안정성을 유지할 수 있었다. IFB는 이사회에 주 정부 대리인들이 참석하지만 민간독립기관이므로 정치적 변동성이 적으며, 보험회사로부터 재정 지원을 받지만 운영은 철저히 독립적으로 이루어지고 있어 정부기관보다 유리하다. 우리나라 공공기관은 순환보직으로 보험사기 조사 및 수사 전문성이 유지되지 못 하는 한계가 있다. 그리고 전문성 확보를 위해서 우수 인재 확충 및 교육 훈련을 통해서 현장조사 능력뿐만 아니라 데이터 분석 능력도 갖추어야 한다. 자체 전문성 확보가 어려운 경우 업계 공동 또는 정부와 협조를 통해 매사추세츠 주처럼 독립된 보험사기조사국을 설립하는 방안도 고려할 수도 있을 것이다.

다섯째, 보험사기조사국의 조사 권한이다. IFB 조사 직원이 접근할 수 있는 자료는 대단히 광범위하여, 보험회사의 사고 및 계약정보는 물론, 주 정부 관할의 거의 모든 범죄, 소득, 조세, 고용 정보 및 의료 정보에도 접근할 수 있다. 우리나라도 금융감독원의 조사원이 보험사기 혐의자의 정보에 접근할 수 있다면 적발이 보다 효과적으로 이루어질 것으로 예상한다.

제13장 영국의 보험사기 대응

시장 개요

로이즈(Lloyd's of London)로 상징되는 영국의 보험산업은 세계 보험시장의 출발점이다.[78] 영국의 보험시장의 보험료 규모는 2019년 기준으로 3,662억 달러로 세계 4위이다. 생명보험은 2,642억 달러로 세계 4위이며 손해보험은 1,020억 달러로 세계 13위이다.[79] 영국 보험시장은 영국 국내시장 외에도 로이즈, 런던시장(the London Market)으로 구성되어 있다. 2020년 기준으로 영국 보험시장에는 1300개 이상의 보험회사가 보험업을 영위하고 있다. 이 중 900개 이상은 손해보험을 영위하고 있다. 약 600개 회사는 2020년 EEA(European Economic Area) 소속 회사로 영국에서 사업을 영위하였으나 영국이 EU에서 이탈하면서 향후 변화가 예상된다. 영국 규제 당국인 PRA의 허가로 생명보험업을 영위하는 회사는 146개이며, 177개 회사는 EEA(European Economic Area) 소속 회사로 생명보험업을 영위하고 있다. 11개 EEA 회사는 생명보험과 손해보험을 함께 영위하고 있다.

영국 손해보험시장의 시장집중도는 2017년 기준으로 상위 5개사 시장점유율은 48%, 상위 10개사의 시상점유율은 66%로 2013년에 비해 각각 8% 증가하여 손해보험 시장 집중도가 심화되고 있다. 로이즈를 제외하고도 손해보험 영업이 가능한 손해보험회사의 수가 1,000개가 넘고 시장 진입 장벽은 높지 않다. 영국 생명보험시장의 시장집중도는 2018년 기준으로 상위 5개사의 점유율은 60%, 상위 10개사의 시장점유율은 81%로 2014년에 비해 각각 2%, 4% 증가하여

시장 집중도가 심화되고 있다. 손해보험에 비해 생명보험시장 시장이 더 집중되어 있다. 영국의 손해보험회사는 주식회사와 상호회사 구조이며 외국계 기업도 다수 존재한다. Aviva와 RSA가 대표적인 주식회사형 손해보험회사이고 BIFA와 NFU Mutual이 대표적인 상호회사형 손해보험회사이다. AXA, Zurich, AIG, Allianz 등은 대표적인 외국계 손해보험 회사이다. 생명보험회사 중 주식회사 형태는 Aviva, Standard Life, Legal & General 그리고 Prudential이 대표적이다. 상호생명보험회사는 Royal London Group과 Liverpool Victoria가 대표적이다.

영국의 보험사기 현황

영국은 미국과 더불어 보험사기 피해가 심각한 나라로 보험사기에 대한 정부와 산업의 대응도 적극적이다. 영국 보험협회(ABI)에 의하면 2019년 한 해 107,000 건의 보험사기로 매일 300건의 보험사기가 자행된 것으로 나타났다. 보험사기로 인해 영국의 보험금 누수 피해액은 2018년에 비해 2% 감소한 12억 파운드였다. 매일 2,000건의 부정직한 보험가입 신청서와 300건의 보험사기 보험금 청구 건을 적발했다고 한다. 자동차보험 보험사기가 가장 많아 58,000건으로 비중은 6%였으며 적발 금액은 6억 500만 파운드였다. 자동차보험 보험사기의 75%는 PI(Personal Injury) 요소가 있었다.[80] 재산보험 보험사기 건수는 27,000건으로 적발된 금액은 1억 2,400만 파운드였다. 보험가입 청약 사기에 대한 예방 및 신고 수단이 정교해지면서 76만 건의 청약 사기를 적발하였다.[81]

영국 보험회사는 보험사기에 대응 체계를 매년 개선하고 있을 뿐만 아니라 보험사기 대응기관에 대한 재정적인 지원도 지속하고 있다. 대표적으로 보험범죄적발 및 예방을 담당하는 보험사기국(IFB; Insurance Fraud Bureau), 보험범죄를 수사하고 보험범죄자를 체포하고 기소하는 특별 경찰조직인 보험범죄수사과(IFED; Insurance Fraud Enforcement Department)를 지원한다. 나아가 영국 보험산업의 데이터베이스인 the Insurance Fraud Register(IFR)와 자동차보험사기에 대응하기 위해서 정부와 데이터를 공유하는 the MyLicense를 지원한다.

▌영국의 보험사기 규제

영국은 보험사기만을 대상으로 규정한 별도 법은 없지만 여러 법에 의해 보험범죄(사기)를 규제하고 처벌하고 있다. 영국에서 보험사기는 사기(fraud)라는 범주에 포함되어 Theft Act 1968, Theft Act 1978 및 보통법(Common law)에 의해서 처벌되었다. 하지만 Fraud Act 2006에서 사기를 보다 광범위하고 엄밀하게 규정하면서 Theft Act 1968와 Theft Act 1978의 관련 법률 조항은 폐지되었다. 영국의 Fraud Act 2006에서는 사기를 첫째, 허위 정보 제출(making a false presentation), 둘째, 고지의무 태만(failing to disclose information), 셋째, 관련자 지위 남용(abused the relevant party's position)으로 구분하였다.[82] 영국에서 보험사기에 대해서 유죄를 입증하기 위해서 형사법상 사기죄에 대한 입증 부담은 검찰(원고)에 있으나 보험사기 특성상 합리적으로 의심할 여지없이(beyond resonable doubt) 죄를 입증하기는 어려운 실정이다. 영국에서 보험사기는 죄질과 상황에 따라 달라질 수 있지만 'D' 클래스의 중죄(felony)이며 벌금 3,250파운드 그리고 최고 5년 징역형으로 처벌할 수 있다. 건강보험사기의 경우 절도죄로 분류되며 최고 10년형으로 처벌할 수 있고 만일 환자가 부상당했거나 사망하는 경우 징역형은 더 길어질 수 있다.[83] 2014년 10월 1일부터 적용된 사기(보험사기 포함)에 대한 양형가이드라인(Sentencing Council Guidelines)에 의하면 보험범죄자는 최대 10년 징역이며 징벌의 수준은 유죄성(culpability)과 피해(harm) 정도에 따라 결정된다.[84] 유죄성 정도는 피의자의 범죄행위에서 역할, 범행의 사전 모의 정도 및 범죄 실행의 치밀성 등을 모두 고려하여 결정한다.[85] 유죄성(culpability)은 죄질의 경중에 따라서 A, B, C로 구분한다. 각 항목에 해당하는 하나 이상의 특성을 보이는 경우를 기준으로 유죄성을 A(high), B(medium), C(lesser)로 구분하게 된다. 예를 들면, 조직적 보험범죄 집단에서 리더 역할을 한 경우 이는 A에 해당할 것이고, 그 보험범죄 집단의 존재도 모른 채 지인의 요청으로 제3의 차량과 추돌했다면 이 경우에는 C에 해당할 것이다.

[표 32] 영국에서 사기죄의 유죄성(Culpability) 구분

유죄성 구분	특성
A(유죄성 고)	범죄를 저지른 집단에서 리더 역할을 했을 때
	강압이나 영향력을 행사하여 다른 사람을 범죄에 가담시켰을 때
	권한을 가진 지위나 신뢰 및 책임을 지는 지위를 남용한 경우
	범죄행위를 사전적으로 기획과 계획한 경우
	사기행위를 얼마나 오랫동안 지속한 경우
	피해자의 수가 많은 경우
	연약한 사람을 의도적으로 범죄목표로 한 경우
B(유죄성 중)	집단적 범죄에서 중요한 역할을 한 경우
	범죄 특성이 A 또는 C에 포함되지 않는 경우
C(유죄성 저)	다른 사람의 강압, 위협, 착취에 의해서 범죄에 참여한 경우
	사적 이익을 위해서 범죄를 한 경우가 아닌 경우
	조직범죄에서 주변적인 역할을 한 경우
	계획 없이 기회주의적으로 'one-off' 범죄를 한 경우
	사기행각의 범위에 대해서 제한적인 이해를 하고 있는 경우

자료: Sentencing Council, 'Fraud, Bribery and Money Laundering Offences, Definitive Guideline'

피해(harm)는 사기에 의해서 야기된 실제 손해(actual loss), 의도된 손해(intened loss) 또는 손해의 위험(risk of loss) 정도를 의미한다. 피해는 사기가 적발되어서 실제로 피해를 입지는 않았지만 만일 범죄자에게 사기를 당했다면 입게 되는 손실금액이 될 수도 있다. 범죄자의 사기행위가 손해의 위험(risk of loss)을 야기했지만 실제 손해를 끼치지는 않았다면 그보다 낮은 피해 범주 (category)로 옮겨져 양형이 낮아질 수도 있다. 법원에서는 피해자에게 끼치는 충격의 정도에 따라서 양형을 동일 범주 내에서 범위(range)를 상향시킬 수도 있고 아니면 다음 범주로 상향 조정할 수도 있다. 양형 가이드라인은 먼저 사기의 유죄성(culpability)과 피해(harm) 정도에 따라서 혐의 범주가 결정한 후 양형의 기준점(starting point)과 범주의 범위에 따라 양형을 결정하라고 재판부에 권고하고 있다. 양형의 기준점은 사전 유무죄 주장 또는 전과(plea or previous con-victions)에 관계없이 모든 피의자에게 적용된다. 피해액이 특정 범주의 기준점을 상회하거나 하회한다면 이에 따라 양형을 조정하고 피해액이 범주 기준점을 크게 초과하면 다음 범주로 옮겨서 양형이 결정된다.

[표 33] Fraud Act 2006 제1조의 사기 공모죄 양형 기준(최고 형량 10년 징역)

피해(harm) 구분 (파운드)	유죄성 정도(culpability)		
	A(유죄성 상)	B(유죄성 중)	C(유죄성 하)
범주 1 500,000파운드 이상	기준점 7년 징역	기준점 5년 징역	기준점 3년 징역
기준점 1,000,000파운드	범위 5~8년 징역	범위 3~6년 징역	범위 18개월~4년 징역
범주 2 100,000~ 500,000파운드	기준점 5년 징역	기준점 3년 징역	기준점 18개월 징역
기준점 300,000파운드	범위 3~6년 징역	범위 18개월~4년 징역	범위 26개월~3년 징역
범주 3 20,000~100,000파운드	기준점 3년 징역	기준점 18개월	기준점 26개월 징역
기준점 50,000파운드	범위 18개월~4년	범위 26주~3년	범위 중간 수준 사회봉사명령~ 1년 징역
범주 4 5,000~20,000파운드	기준점 18개월	기준점 26개월	기준점 중간 수준 사회봉사명령

기준점 12,500파운드	범위 26주~3년	범위 중간 수준 사회봉사명령~ 1년	범위 Band B 벌금~ High 높은 사회봉사명령
범주 5 5,000파운드 이하	기준점 36주	기준점 중간 수준 사회봉사명령	기준점 Band B 벌금
기준점 2,500파운드	범위 높은 수준 사회봉사명령~ 1년 징역	범위 Band B 벌금~ 26주 징역	범위 훈방~중간 수준 사회봉사명령

자료: Sentencing Council(2014), 'Fraud, Bribery and Money Laundering Offences, Definitive Guideline'

다른 범죄와 마찬가지로 사기에 대한 가이드라인에서도 양형을 추가하거나 경감시키는 다양한 요소를 포함하고 있다. 예를 들면, 전과, 증거인멸, 지역사회에 주는 영향, 라이선스와 관련된 범죄, 약인(consideration)의 정도, 행위 경고에 반항 등은 양형을 증가시키는 요인이 된다. 반면 전과가 없거나, 반성, 모범적 행동, 당장 치료가 필요한 심각한 의료상태, 정신질환, 수사관의 수사 협조 등의 요인은 양형을 경감시키는 요인이 된다. 영국 정부는 민사소송 남발에 의해 증가하는 사회적 비용을 통제하기 위해서 2010년부터 다양한 법제 개혁을 실시하였다. 여기에는 자동차사고 후 경추염좌(whiplash)와 같은 경미사고와 관련된 소송비용 증가도 포함된다.

영국 정부와 기관의 보험사기 대응

1) 개요

정부 등 공적 기구의 보험범죄에 대한 대응은 광범위하다. 이하에서는 영국의 가장 특징적인 보험범죄수사과(IFED; Insurance Fraud Enforcement Department)

와 정부 주도의 보험사기테스크포스(Insurance Fraud Task Force)에 대해서 살펴본다. IFED는 런던 경찰청 산하의 보험범죄 전담수사과인데 영국보험협회인 ABI(Association of British Insurers)에서 초기 3년 동안 900만 파운드(약 164억 원)의 재정 지원을 받아 운영된다. 영국보험협회는 300개의 보험회사가 회원으로 구성되어 영국의 보험업계를 대표한다. IFED가 보험협회의 재정적 지원으로 운영되지만 업무, 즉 보험범죄 수사와 관련해서는 전적으로 독립적으로 운영된다. IFED(보험범죄수사과)는 보험회사에서 신고한 보험사기 건수에 대해서 검토한 후 선별하여 수사에 착수한다.[86]

영국에서 경찰이 당시 경찰조직으로는 재정적 문제나 인력 등의 문제로 수사하기 어려운 특정한 분야를 민영 산업으로부터 재정적 지원을 받아 특별한 것이 아니다. 1999년과 2001년 사이에 수표와 카드에 대한 범죄가 증가하면서 이에 대응하기 위해서 2002년 DCPCU(Dedicated Cheque and Plastic Crime Unit)가 설립되었다. DCPCU는 은행과 카드협회의 재정 지원으로 운영된다. 은행업은 2002년에 설립된 DCPCU에 매년 4백만 파운드를 지원하고 있다. 지난 10년 동안 4억 파운드의 범죄 누수금액을 차단한 것으로 보도되었다. 이 조직은 형사반장(Detective Chief Inspector) 책임하에 런던 시 경찰청과 광역 경찰청(Metropolitan Police)의 경찰과 직원에 의해서 운영된다. 이 조직은 런던에 사무실이 있지만 영국 전역에 걸친 수표와 카드범죄를 대상으로 수사하며 이 분야의 산업 전문가의 지식과 경험을 지원받고 있다. 2002년 설립 이후 DCPCU 4억 5천만 파운드의 사기금액을 석발하였다. 그리고 700,000개의 위조 카드와 346,000개의 위조 카드번호를 적발하였다. 관련 사기 건 중 346건에 대해 유죄 판결을 이끌어내었다.[87]

2) IFED의 보험범죄 수사 성과

2012년부터 활동을 시작한 보험범죄수사과(IFED; Insurance Fraud Enforcement Department)는 보험업계 등의 보험범죄 신고를 받고 잉글랜드와 웨일즈 지방으로 출동한다. 2012년 IFED는 총 437건의 보험사기 사건에 관련되어 있었다. 이 중 IFED에 보험사기로 237건이 접수되었고 161건은 조사중단(rejected)된 상태이며, 7건은 관찰조사(scoping), 그리고 32건은 수사 중이었다. 가장 건수가 많은 상품은 개인-자동차보험으로 총 240건이 관련되었는데, 122건이 접수되었고 94건은 조사를 하다 중단되었으며, 5건은 관찰조사 중이고 19건은 수사 중이었다. 2012년 영국의 보험범죄수사과(IFED)는 2012년 한 해 동안 보험사기 혐의자 241명을 체포하였고, 11백만 파운드의 보험금 누수를 저지하는 성과를 이루었다. 아래는 2012년 IFED의 성과를 정리한 것이다. 2015년 2월까지 IFED는 보험사기 혐의로 총 645명을 체포하였고, 193건의 police cautions 및 114명의 유죄 선고를 이끌어냈다.

3) 정부의 보험사기 태스크포스

영국은 정부 차원에서 보험사기에 적극적으로 대처하고 있다. 범정부 차원에서 보험사기에 대한 대책을 마련하기 위해서 법무부 장관과 재무부 장관은 공동으로 2015년 1월 보험사기TF(Insurance Fraud Task force)를 발족하였고, 보험사기TF는 2016년 1월 최종보고서를 발표하였다. 이 TF의 목표는 보험사기 행위의 원인을 규명하고 궁극적으로 보험비용을 줄이고 선의의 소비자를 보호하기 위한 보험사기를 제어 방안을 제시하는 것이다. 장기적인 관점에서 사회 전반적인 보험사기 대응방안 제시하고자 하는데 특히 다음 문제에 대해서는 집중하였다. 첫째, 일부 소비자가 보험사기는 죄가 아니고 간단히 돈 버는 방법으로 인식하는 문제, 둘째, 현재 보험금 지급 관행(보험회사, 변호사, 손해사정회사, 판매중개인 등)에서 보험사기를 부추기는 정도, 셋째, 현재의 법적, 감독적 틀을 강화하여 보험사기를 예방하는 방안을 제시하였다. 이 TF는 보험업계 대표, 보험소비자 시민대표 등이 균형 있게 참석하여 합리적이고 균형 잡힌 보험사기에 대한 진단과 대책을 마련하였다고 평가된다.

TF는 보험사기 정의를 보험금사기(claim fraud)와 보험청약사기(application fraud)로 구분하였다. 보험금 사기는 '보험사기로 말하는 것으로 개인이나 조직이 보험회사를 속여서 보험금을 편취하려는 행위'를 말한다. 보험청약 사기는 '개인이나 조직이 보험청약 시 보험료를 적게 내기 위해서 보험회사를 속이는 행위'를 말한다. 하지만 미국 연방경찰의 보험사기 정의와는 달리 보험회사 직원 및 보험회사의 보험계약자에 대한 사기 행위 등을 포함하지는 않았다.[88]

4) 보험사기에 보험회사와 민영조직 대응

영국의 보험사기 대응 민영조직의 핵심은 IFB(Insurance Fraud Bureau)이다.[89] IFB는 보험사에게 지원받은 민영조직으로 보험사기를 적발, 주요기관의 조정 및 보험사기를 예방하는 역할을 한다. IFB는 보험사기 핫라인인 IFB Cheatline에 제보된 정보를 분석하고, 보험사기의 패턴과 추이를 분석한다. IFB는 보험회사, 감독당국 및 수사기관과 공동으로 보험사기를 적발하고 보험사기범의 기소를 지원한다. IFB는 또한 데이터와 정보의 중심지 역할을 하면서 감독당국 및 수사당국과 그 데이터와 정보를 공유한다.

5) 보험사기 조사 데이터베이스

보험사기에 효과적으로 대응하는 방법 중 하나가 데이터 분석을 통한 보험사기자를 추출하고 분석하는 것이다. 데이터 분석을 하기 위해서는 기본적으로 데이터베이스가 있어야 한다. 현재 영국 공공기관이나 IFB 등에서 사용하는 대표적인 데이터베이스는 IFB, CUE, MIAFTR, NCD, MyLicence, Netfoil이 있다. IFR(Insurance Fraud Register)은 2012년 9월 12일 운영이 시작된 보험사기 적발 데이터베이스이다. 이 데이터베이스를 운영하는 주체는 영국보험협회의 지원을 받는 IFB이다. 영국보험협회 소속 보험사의 모든 보험종목에 걸친 보험사기자에 대한 데이터베이스이다. 주별 규제로 주별 보험정보가 잘 공유되지 않는 것을 이용해서 다른 주의 보험회사로 전전하면서 보험사기를 유발하는 보험사기자를 걸러내는 데 매우 유용하다. 보험사기자는 보험가입 시 보험료가 높든지 아니면 보험가입이 어려울 수도 있다.

CUE(Claims and Underwriting Exchange)는 영국의 MIB(Motor Insurers Bureau)에서 운영하지만 자동차 외에도 주택, 개인의 상해나 산업질병 관련 보험사기를 적발하기 위한 데이터베이스이다. 주로 보험회사에 보고된 사건 정보를 데이터베이스화 한 것이다. 보고된 사건은 통상 보험금 청구로 이어지지만 그렇지 않을 수도 있다. 보험회사와 지방정부, 운송회사 등 자가보험자를 대리하여 비영리기관인 IDSL이 CUE 데이터베이스를 운영하고 있다. CUE는 현재 99개 회원을 보유하고 있는데, 이 중 보험회사가 60개이며 나머지는 지방정부 등이며 준회원도 9개가 있다. 1994년 설립된 CUE는 다중보험금청구 등 보험금 청구에서 보험사기를 적발하는 데 유효하며 3,200만 건 이상의 보험금 청구 기록을 보유하고 있다. 개인은 데이터방지법(Data Protection Act 1998)에 근거하여 데이터베이스에 있는 자신의 정보를 알 수 있다. 데이터방지법은 개인정보를 보유하고 있는 보험회사나 다른 기관의 의무를 규제한 법이다. 이 법은 개인에게 자신의 정보에 접근할 권리를 주고 있으며, 데이터베이스 정보가 정확하지 않은 경우 개인은 보상을 받거나, 정보 정정을 요구하거나 데이터베이스에서 삭제하도록 요구할 수 있다.

Motor Insurers Anti-Fraud and Theft Register(MIAFTR)는 도난되었

거나 수리 불가능한 차량에 대한 데이터베이스이다. 보험회사들이 중복보상 등 자동차보험사기를 조사할 때 참고하는 데이터베이스이다. 현재 데이터의 정확성, 일관성 및 표준화를 위해서 이 데이터베이스의 업그레이드가 진행 중이다.

MyLicence는 보험사, 자동차등록청(DVLA; the Driver Vehicle and Licensing Authority) 및 교통부(Department of Transport)가 협력하여 만든 데이터베이스로 보험회사에게 보험료 계산 시, 보험료 중간정산 시 및 보험계약 갱신 시 convictions 및 entitlements 정보를 알려준다. 보험회사는 MyLicense 데이터베이스 "무사고할인"(No Claim Discount)에 접근할 수 있어 보험료 책정을 보다 정확하게 할 수 있게 된다.[90] 그 외에도 기업이 보유하고 있는 보험사기 적발 데이터베이스도 있다. 예를 들면, Netfoil은 Hill Dickinson이 보유하고 있는 '관계형' 클레임 데이트베이스이다. 총 2억 개의 데이터와 천만 건의 클레임 자료가 포함되어 있는데 매달 15만 건의 새로운 데이터가 업데이트된다. 이 데이터베이스에는 보험금 청구자의 이름, 주소, 전화번호 등 인구통계 변수와 차량ID, 사고일, 사고위치, 사고상황 등 약 200개의 변수 정보가 포함되어 있다.

▎ 영국의 CMC 보험사기 사례

영국에는 개인이나 조직의 '집사' 역할을 하는 배상, 보상 등 각종 금전적 청구를 관리하고 서비스히는 클래임관리회사(CMC; Claim Management Company)가 있다. CMC는 영국의 잉글랜드와 웨일즈에서 손해보상, 피해 배상, 보상, 환불 등의 청구 건에 대해 조언하거나, 서비스를 제공하며, 법정소송, 청구금액 자율 조정 등에 대한 서비스를 제공하기도 한다. 개인상해 청구에 대한 법적조력(legal aid)이 금지되고, 성공보수 문화 및 CMC 사업이 성장하면서 영국은

1990년 중반부터 법적 분쟁이 급격하게 증가하고 보상금 문화(compensation culture)가 활개 치는 부작용을 겪게 되었다.

2003년 대형 CMC 회사인 Accident Group이 파산하면서 보상금 청구에 대한 사회적 불신이 생겨나기 시작했다. 특히 2011년 이후 많은 CMC가 PPI(Payment Protection Insurance) 불완전판매에 대한 관련 보험계약자를 대리하면서 개인정보를 남용하는 영업전략, 보험금 청구금액의 과장, 불투명한 계약 및 과도한 수수료 등으로 소비자의 피해가 급증하였고 사회적 물의를 일으키게 되었다.[91] 원인이 된 PPI는 은행이나 신용조합에서 자금을 대출한 사람이 실직, 상병, 사고 등으로 소득을 창출할 수 없을 때 대출금을 대신 갚아주는 신용보험임에도 불구하고, 은행이나 신용조합은 대출을 해주면서 PPI의 내용도 제대로 설명하지 않고 자금을 대출받는 데 PPI에 가입하는 것이 유리한 것처럼 불완전판매를 했다는 것이다. PPI 불완전판매가 금융기관의 책임이라는 소송 결과가 나오면서 CMC는 PPI 보유 소비자에게 무차별적으로 접근하여 'No-win, No-fee' 마케팅전략, 즉 소송에서 승소를 못해도 공짜라는 전략으로 PPI 불완전판매 보상을 대리하는 과정에서 소비자를 기만하고 소비자의 개인정보를 남용했다는 것이다.

시민단체인 Citizens Advice에 의하면 소비자에게 귀속되어야 할 최대 50억 파운드 가량의 보상금을 CMC가 수수료로 챙겼다고 추정한다. 약 1,050개의 CMC 회사는 PPI 보상금을 받아주면서 그 대가로 최소 25%의 수수료를 가져갔다. PPI 불완전판매에 대한 평균 보상금액은 2,750파운드인데 이 금액에서 최소 700파운드 이상이 CMC로 흘러갔다고 추정할 수 있다. CMC는 PPI 불완전판매에 대한 보상서비스를 하면서 소비자에게 수수료를 공지하지 않았고, 계약 해지 권리에 대해서 안내하지 않은 경우가 많았다. Citizens Advice에 의하면 CMC를 이용한 소비자 28%는 CMC가 강압적인 영업을 했으며, 27%는 수수료에 대한 정보를 CMC로부터 받은 적이 없다는 것이다. 금융소비자를 보호하는 정부 기구인 the Financial Ombudsman Service는 'PPI 불완전판매'에 대해 보상 요구를 할 때 CMC를 활용할 필요가 전혀 없다고 강하게 지적한다. 그러나 소비자의 40%는 스스로 PPI 불완전판매 보상 요구를 할 수 있다는 것을 모르고 있었다고 한다.[92] 2007년 4월 23일부터 CMC는 Compensation Act 2006에 의거하여 규제를 받고 있으며 영국 정부는 소비자 보호를 위해 CMC 서비스에 대한 소비자 교육 및 홍보를 강화하고 있다.

영국의 한 CMC 회사 직원이 보험계약자를 사칭하여 보험회사로부터 교통사고 정보를 빼내려다가 체포되었다. 2014년 10월 28일 런던경찰청 보험범죄수사팀은 그 회사의 콜센터를 방문해서 혐의자를 체포하였다. 이 콜센터 직원들은 어떻게 알았는지 자동차사고가 난 피해자들에게 전화해서 경추염좌(whiplash)를 포함한 보상 보험금 청구를 하지 않겠냐고 권고하였던 것이다. IFED는 보험사기 대상이 된 보험회사의 신고를 받아 수사를 시작하여 버리(51세)와 스톡포트(23세)를 타인을 사칭(false representation)하고 자동차사고 피해자를 기망한 혐의로 체포되었다. 다른 사람을 사칭하여 수집할 권한도 없음에도 정보를 수집하는 것은 형사 범죄이다. 영국 경찰은 이 혐의자들이 접촉한 소비자가 자동차사고를 당했는지를 어떻게 알았는지 추가적으로 조사하고 있다고 한다.[93]

영국 사례의 시사점

영국은 금융소비자 권리를 매우 중요하게 생각하지만, 보험시장을 파괴하는 보험사기를 심각한 문제로 인식하고 있으며, 적발 시 제재도 엄정해지고 있다. 자동차보험의 상해 과다청구에 대해서 1년 징역형을 선고한 영국 법원의 사례에서 보듯이 '의심할 의지가 없는' 보험사기에 대해서는 처벌도 엄해지고 있다. 영국의 보험사기에 대한 적극적인 대응의 대표적인 모습은 런던 경찰청 산하에 보험범죄수사과(Insurance Fraud Enforcement Department)의 활동이다. 보험 범죄수사과 운영 경비는 전적으로 보험협회에서 지원하지만 완전히 독립적으로 운영되는 것이 우리나라 정서에서는 받아들이기 어려울 수도 있다. 하지만 '민'과 '관'이 실질적으로 협력하여 보험범죄에 대응하는 것은 연구하고 참고할 가치가 있다고 평가한다.

영국 사례의 시사점 중 하나는 범정부 보험사기TF(Insurance Fraud Task Force)이다. 영국 정부가 중심이 되지만 다수의 보험사기 관련 민간회사 및 기관의 전문가가 참여하고 있다. 흥미로운 것은 매달 회의 결과가 외부에 공지되고, 이해 당사자들이 회의 결과에 대한 의견을 제시하여 범정부TF가 형식적이 아니고 실질적으로 의사소통을 통해서 의견을 수렴하고 있다는 것을 알 수 있다. 우리나라에도 이와 유사한 민간과 정부가 공동으로 참여하는 조직이 있지만, 참여자는 물론 외부 이해관계자는 소극적으로 의사소통에 참여하는 경향이 있다.

제14장 독일 사례

시장 개요

인구가 약 8천만 명인 독일의 보험시장 규모는 2019년 보험료 기준으로 2,438억 달러로 세계 6위이다. 생명보험 보험료는 1,015억 달러이며 손해보험은 1,423억 달러이다.[94] 2018년 기준으로 199개의 손해보험회사, 96개의 생명보험회사, 33개의 장례서비스회사, 46개의 건강보험회사, 31개의 재보험회사, 139개의 연금기관, 33개의 연금펀드(pensionsfonds)가 등록되어 있다. 2018년 기준 손해보험 상위 5개사 점유율은 30.8%, 상위 10개사 점유율은 47%로 2014년에 비해 상위 5개사 점유율만 3%p 하락하였다. 2018년 기준 생명보험 시장집중도는 상위 5개사 점유율은 44%, 상위 10개사 점유율은 59%로 2014년에 비해 전자는 4%p, 후자는 3%p 증가하여 생보시장은 집중도가 다소 높아졌다. 독일은 원수보험산업도 발달했지만, 재보험산업의 규모가 매우 커서 세계 재보험시장의 30%를 차지하고 있다.[95] 독일의 보험시장에서 중요한 역할을 하는 것은 보험판매 일선에 있는 사람이다. 보험회사가 직접적으로 보험을 판매하는 비율은 10%를 하회하고 90% 이상은 보험판매중개조직에 의하여 보험이 판매되고 있다. 보험 관련 보험감독법과 보험계약법 등이 있지만 구체적으로는 행동규범이나 지침 등을 통하여 보험회사 스스로 통제시스템을 가동하고 있다.

독일에서 보험사기는 형사처벌 대상이며 미수에 거친 보험사기도 처벌이 된다. 독일에서도 보험사기는 사회적인 문제로 인식되고 있다. 독일의 연간 보험사기 피해금액은 약 40억 유로인데 주로 손해보험 및 상해보험에서 발생한다. 이 사기는 주로 자동차사고와 관련되어 있으며 기술적인 기기를 통한 보험사기도 급증하고 있다.

한 조사에 따르면 독일인의 43%가 가재도구보험(Hausratversicherung)에서 보험사기를 가장 저지르기 용이하다고 보고 있고, 책임보험의 경우에는 41% 이어 여행자보험(26%), 자동차책임보험(23%), 자기차량손해보험(23%), 건물보험(16%) 순으로 나타났다. 보험사기에 취약한 보험상품은 주로 손해보험에 몰려있다. 이런 조사 결과에 대하여 독일의 보험협회는 보험사기를 가볍게 여기는 준법의식의 부재 때문이라고 보고 있다. 보험사기를 가볍게 여기는 사람들이 사회적인 비용을 초래한다고 보고 있다.[96] 예컨대 100유로 가치를 가진 DVD 기록장치에 고의로 손상을 입힌 피보험자는 순수하게 100유로를 보험금으로 받아내면 될 것이라고 생각하지만 보험에서는 다음과 같은 실질적인 비용이 초래된다. 보험금 청구에 대하여 보험사기가 의심되는 경우 소요되는 비용으로 손해사정사에게 지급하는 비용은 166,27유로, 보험사의 전체적인 업무비용 200유로, 형사고발 시 관련 비용 450유로, 총 816,27유로의 비용을 초래한다. 보험사기를 저지르는 자가 청구한 100유로의 사기 여부를 확인하는 비용으로 816,27유로가 지출되어져야 하는 것은 보험경제에 치명적이다.

보험사기에 대한 법제

독일에서 보험사기는 민사법적인 책임과 형사법적 책임을 모두 져야 한다. 민사법적으로는 보험금 지급거절 사유가 되고, 보험으로부터 보호를 받을 수 없게 된다. 이미 지급된 급부나 비용이 있는 경우 이를 보험자에게 반환하여야 한다. 또한 민법 제314조에 따라 계약이 해지될 수 있다. 형사법적인 측면에서는 보험사기가 의심될 경우 공소 제기가 된다. 만일 이 과정을 지나 판결을 받게

된다면 벌금에서부터 자유형에 이르게 되어 5년에서 10년까지 형을 선고받을
수 있다.

독일의 경우 형법에 보험남용죄에 대한 규정을 가지고 있다. 구 형법 제265조
에 보험사기죄를 규정하고 있던 것을 개정하여 보험남용죄로 그 적용범위를
확대한 바 있다. 실제로 독일 형법 제263조는 사기죄를 정하고 있다. 독일
형법상 보험남용죄에 관한 규정은 사기에 관한 일반 규정을 보충하는 부수
규정으로써 실제로 보험사기 관련 처벌의 흠결을 제거하는 역할을 하기도
한다. 이 보험남용죄를 통한 처벌 가능성은 보험사고가 발생하였다는 손해의
통지 전에도 생겨난다는 특징이 있다. 다만 보험금을 목적으로 한 사기적 행위가
아닌 살인이나 방화와 같은 범죄는 각각 해당 형법 조항에 의해 처벌받게
된다. 따라서 행위자가 보험금을 지급받은 경우 보험회사의 재산상 손해가
발생하였다는 점에서 사기죄가 구성될 뿐 보험남용죄로 처벌받지는 않는다.
결국 이 조항은 보험과 관련한 사기죄의 전 단계에 해당하는 행위를 처벌하는
것을 목표로 하고, 그렇게 함으로써 보험범죄를 방지하기 위해 마련된 규정이라
고 볼 수 있다. 전술한 바와 같이 보험남용죄 조항은 사기죄와 보충적인 관계를
가지는데, 보험감독법이나 기타 특별법으로 보험사기에 대한 규제를 가하는
것보다 형법에 구성함으로써 기본 형법의 사문화를 방지한다는 측면에서 의미를
가진다고 본다. 독일 보험남용죄의 형법규정에 대한 의미는 형법학자와 보험학
자에게 조금 다르다. 즉 보험사기를 보험사기방지법과 같은 특별법에서 다루기
보다 기본법인 '형법'에 포함될 수 있도록 하는 방안을 선호하는 형법학자들과
그렇지 아니한 보험학자들과 구별되는 측면이다. 보험학계에서 보험업법 등에
처벌조항을 신설하거나 보험사기방지법과 같은 특별법을 제정하여 보험사기를
엄격히 규제하고자 하는 것과 차이가 있다.

보험사기를 형법상 규율하는 근거 규정으로 형법 제263조는 일반 사기죄를

규율하고 있는데 보험사기도 사기의 유형 중에 하나에 해당하므로 제263조가 적용됨은 말할 것도 없다. 그리고 형법 제265조에서는 보험남용에 대한 규율이 있다. 형법 제263조 제1항에서는 "위법한 재산상의 이익을 자신이 취득하거나 타인으로 하여금 취득하게 할 의사로 허위의 사실로 기망하거나 진실을 왜곡 또는 은폐하여 착오를 야기 또는 유지시킴으로써 타인의 재산에 손해를 가한 자는 5년 이하의 자유형 또는 벌금형에 처한다.", 그리고 제2항은 "미수범은 처벌한다."라고 규율하고 있다. 형법 제265조 제1항은 보험사기로 인한 남용에 대해 "자기 또는 제3자가 보험으로부터 급부를 취할 목적으로 물건의 소멸, 손상, 유용성의 침해, 분실 또는 도난 등에 대하여 보험이 체결된 물건을 훼손, 파괴, 그것의 유용성을 침해 내지 제거하거나 또는 타인에게 교부한 자는 그 행위가 제263조에 의한 형벌로 처벌되지 않는 경우에 3년 이하의 자유형 또는 벌금형에 처한다."라고 규정하고 있다. 그리고 제2항은 "본죄의 미수범은 처벌한다."라고 규정하여 보험사기에 엄격한 제재를 하고 있다. 형법 제265조는 제263조에 대하여 보충적인 관계에 있다.

▎보험사기에 대한 정부와 공적조직의 대응

독일의 보험사기 담당 공적 조직은 우리나라와 흡사하다. 검찰청 산하 특수국이나 특별부서를 두고 있지 아니한 점도 동일하다. 다만 일부 공·사가 공조체제를 유지하는 형태를 보이고 있다. 공·사 공조체제는 경찰과 사설기관이 수사 등에서 공조하는 방식으로 운용된다. 이를 위하여 보험사기를 근절하기 위한 조직의 양성소가 있다. 조직적으로 보험사기를 막기 위한 인력의 양성프로그램이 운용되고 있는데 이를 ZAD(Zentralstelle für die Ausbildung im Detektivgewerbe) 프로그램이라고 한다. 보험사는 이것을 보험탐정이라고 부른다. 이는 보험회사 외부조직으로서의 역할을 한다. 그러나 보험탐정은 일반적으로 단독으로 업무를 할 수는 없어 국제적인 네트워크를 가지고서 업무를 제휴하는 것이 보통이다. 그 외에도 유럽 사기대응 총국인 OLAF (Europäische Amt für Betrugsbekämpfung)와도 공조체제를 이루고 있다. OLAF가 보험사기만을 다루는 것은 아니고 EU 내에서 발생하는 다양한 사기행위에 대한 대응체제를 가지고 있다. 예컨대 과세를 피하기 위한 사기행각도 OLAF의 대응대상이 된다. 다만 OLAF가 유럽 내에서 사기를 근절시키는 데 현실적인 역할을 하기에는 부족한 측면이 있다. 공법상 보험범죄를 다루는 것과 관련한 형사소송법(StPO)상 근거는 제406e조 제5항, 제475조, 제477조, 제478조이다. 입법에 대한 정비가 비교적 충실한 독일은 실체법과 절차법의 완비를 통하여 보험사기에 적극적으로 대응하고 있다.

보험사기에 대한 민영조직 및 회사의 대응

보험사기를 예방하거나 보험사기를 확인하기 위하여 보험계약정보 등을 철저히 관리하고 있다. 보험협회가 직접 나서지는 않지만 보험협회가 리더십을 발휘하고 있다. 보험회사는 보험협회의 지도하에 보험사기 매뉴얼을 가동하고 있다. 이에 따르면 ① 보험사기만을 전담하는 부서배치 ② 전담부서에 인력확정, ③ 직원의 교육시스템 정비, ④ 새로운 사기 유형에 대한 지속적인 탐색 ⑤ 보험사기를 관리하기 위한 특별장치나 설비의 이용 ⑥ 기술의 투입, ⑦ 형사소추기관과의 공조 체계를 갖추어야 한다.

독일은 공적 신용정보집중기관(Central Credit Register, 이하 'CCR'이라 함)인 중앙은행(Deutsche Bundesbank)에서 신용정보를 집중·관리하고 있고, 민간 CB의 경우 Schufa 사가 거의 100%에 이르는 시장점유율을 차지한다. CCR은 성명, 주소 전화번호, 이메일 등의 개인식별정보와 자산목록, 파생상품 등 거래내역, 부동산담보대출, 보증현황 등 다양한 신용정보를 집중·관리하고 있으며, 이러한 정보를 중앙은행, 감독기관, 은행, 신용정보사, 회사, 개인 및 공공기관에 신용정보를 제공한다. 독일의 대표적인 CB는 Schufa 사인데 주요 업무로는 신용보고서 작성, 주소 업데이트, 본인확인 서비스 등의 정보관리 업무, 신용접수 업무 등을 하며, 약 6,620만 명을 대상으로 4억7,900만 건의 신용정보 기록을 관리한다.[97]

독일의 보험계약정보의 처리와 보험사기 방지

1) 보험사기방지에 대한 적극적 노력

독일은 보험계약의 인수 시에 심사를 철저하게 하고 이 과정을 통하여 보험사기에 대응하는 시스템이 잘 구축되어 있다. 위험심사와 보험사기의 문제 등을 연동하여 관리하는 곳이 독일의 HIS(Hinweis-und Informations System) 이다. 이 체계는 독일의 정보보호법(Datenschutzgesetz)에 따라 보험사기를 예방하는 차원에서 위탁의 형태로 운용되는데 유한회사의 형태로(Auskunftei von informa Insurance Risk and Fraud Prevention GmbH) 영업상 보험관련정보 를 제공하는 것을 목적으로 한다.

독일은 보험사기를 대응하기 위한 선제적인 방법으로 보험계약정보 등을 철저히 관리한다. 보험계약정보의 집중기관이 신용정보 집중기관과 분리되어 있는데, 보험계약정보의 경우 독일의 민간 비영리회사에서 집중하고 있다. 이 경향은 보험계약정보에 대해서는 별도의 민간 비영리법인을 집중기관으로 운영하겠다는 것으로써 기본적으로 신용정보와 보험계약정보를 별도로 분류하 고 있기 때문이다. 즉 독일에서는 생명보험회사와 손해보험회사를 대변하는 단독의 독일보험협회(GDV)가 존재하고, HIS라는 시스템을 통해서 보험계약정보를 집중·관리하는 위탁업체인 IIRFP가 있다. GDV에 가입한 모든 보험회사는 IIRFP에서 운영하는 HIS라는 시스템을 통해서 보험계약정보를 공유하여 계약심사나 보험금 지급심사 등에 효율적으로 활용하고 있다. 또한 독일에서는 HIS를 통한 보험계약정보의 공유와 관련하여 정보보안 절차, 정보등록, 정보제공 시 고객에 대한 통지의무를 엄격하게 운영하여 정보공유를 통하여 얻게 되는 보험회사의 이익과 정보의 공유로 인하여 침해되는 정보 주체의 프라이버시 보호 사이에 균형을 맞추고자 하였다.

2) 독일 보험계약정보조회시스템의 개요

보험계약정보와 관련하여 기존에는 GDV에서 보험계약정보 등록·조회시스템으로 운영했던 것을 연방정보보호법의 개정·시행에 따라 GDV에서는 2011년 4월부터 새롭게 구축한 보험계약정보조회시스템을 독립된 민간비영리회사인 '보험 위험 및 사기 예방회사'(Information Insurance Risk & Fraud Prevention, 이하 'IIRFP'라 함)에 위탁하여 운영하고 있다. HIS는 보험사기를 적발·예방하고 사고 이력을 고려하여 사실에 입각한 보험가입 시 심사·평가가 가능하도록 하기 위해 도입되었는데, HIS는 독일 연방정보보호법에 따라 보험계약정보의 수집, 저장 및 공유의 목적으로 사용·운영된다.

3) HIS의 활용 방식과 신용정보 관리

HIS는 보험금 청구 횟수·형태 등을 종합하여 보험사기로 의심되는 보험계약에 대해 보험계약자, 피보험자, 피해자, 목격자 등의 제3자 정보, 사고 자동차·건물·장소 등을 구체적으로 시스템에 등록해 체계적으로 관리하고, 보험회사로부터 정보조회 요청이 들어오면 해당 고객에 관한 데이터를 제공해주고 있다. HIS는 자동차보험, 상해보험, 재물보험 등의 보험종목들에 대한 정보등록요건을 수립해 두고 있으며, 각 보험회사는 고지내용에 대한 심사 또는 손해사고에 대한 설명 등과 관련하여 조작 혐의나 비정상적인 보험금 청구, 즉 보험사기의 여지가 있다고 판단될 때 이용한다. HIS는 보험회사 시스템들과는 완전히 별개로 운용되는데, HIS의 보험계약정보는 2가지 데이터 풀(data pool) 방식으로 독립적으로 처리된다. 즉 청약 시의 리스크 평가를 위한 조회는 A-풀이 사용되고, 계약 후의 유효성 평가를 위한 조회는 L-풀이 사용된다. GDV는 정보제공의 기준에 대해 주기적으로 법적 요건의 충족성 여부를 검사하고 있다. 보험가입자의 건강보험정보를 포함하여 특수유형에 포함되는 개인정보는 HIS에 등록되지 않는다. 한편 각 보험회사는 보험계약이 체결될 때 보험계약자에게 HIS에 집중항목으로 등록되는 내용은 물론, 사내 등록담당자의 인적 정보를 알려주어야 한다. 그 후 실제 조회가 발생한 경우, 조회한 데이터의 내용, 조회목적, 정보수신자, 추가 조회 여부 등을 해당 당사자들에게 고지하여야 한다.

HIS의 Petch 데이터는 각 보험회사의 응용 소프트웨어를 통해 다운로드가 가능한데, HIS를 통한 데이터 조회는 보험계약의 인수 여부 또는 보험금 지급 결정을 위한 절대적인 기준이 되지 못한다. 즉 조회된 정보는 보험자가 일반적으로 보험료 및 인수 여부에 관한 평가와 위험을 측정하는데 사용되는 단순한 참고용 정보일 뿐이다. 그 외에도 HIS는 계약심사 목적뿐만 아니라 무작위로 보험계약 건들의 적격성 여부를 판단하거나 감사 등의 목적으로 사용할 수도 있다. 그리고 특정 보험금 지급 건에서 법률적 이해당사자인지의 여부를 알고자 하는 경우, HIS는 해당 기관이나 회사와 정보교환을 할 수 있는데, 이 경우에는 사실관계 확인을 위해 꼭 필요한 범위로 한정한다. 그리고 사실관계 확인이 꼭 필요하지 않은 경우, 또는 해당 정보를 다른 방법을 통해 입수가 가능한 경우 등에는 여기서 정의한 정보교환은 허용되지 않는다.

HIS에 등록된 데이터는 4년째 되는 해의 연말을 기해 자동으로 삭제된다. 단, 생명보험의 경우 특정 요건 충족 시 최대 10년 또는 별도의 보관기간이 있는 경우에는 동 기간이 경과된 후, 미체결된 계약의 청약자료는 청약이 속한 년을 기준으로 3년째 되는 해의 연말을 기해 삭제된다. HIS의 운영은 위탁업체인 IIRFP를 통해 이루어지고 있지만, 위탁계약서에 따라 제대로 운영이 이루어지고 있는지 여부에 대한 관리·감독과 모니터링 업무는 GDV에서 수행하고 있다. 즉 GDV는 정보제공의 기준에 대해 주기적으로 법적 요건의 충족성 여부를 검사하고 있으며, 관련 정보보호 법규에 따라 HIS 사용이 이루어지도록 회원사들에게 구체적인 가이드라인을 제공해주고 있다. 독일의 경우에는 신용정보를 공적 신용정보집중기관에서 관리하고 있고, 이를 보완하기 위해서 민간 신용정보회사의 설립을 허가하고 있다. 이러한 방식은 이탈리아, 스페인, 오스트리아 등 많은 유럽 금융선진국에서 채택하고 있는데, 신용정보 보호업무의 일관성을 기할 수 있는 동시에 대량 정보유출의 위험을 여러 기관에 분산할 수 있어 정보 보호 측면에서 보았을 때 우수하다고 평가한다.

독일 사례의 시사점

독일은 보험사기에 엄격하다. 그 근거는 첫째 독일 형법은 보험사기 미수범도 처벌하도록 엄격하게 규율하고 있기 때문이다. 둘째 독일은 보험계약정보에 대한 관리를 매우 철저히 하고 있다. 이를 위하여 보험계약정보조회시스템을 민간기업에 위탁하는 방식으로 운영하고 있다. 독일의 개인정보 보호법 취지를 살려서 효율적으로 운영하는 것으로 평가된다. 나아가 보험사기에 대한 필요한 조치를 시행하는 SAS를 활용하여 계약체결단계에서 보험사기 가능한 고객을

차단하는 시스템 운용하여 보험사기를 선제적인 대응하는 방법을 선택하고
있다.

V
보험사기 이슈와 쟁점

보험사기 집중 탐구

보험사기 집중 탐구

제15장   보험사기와 소비자보호

▌ 보험사기에 엄격한 대응은 소비자보호와 충돌하나

　　보험사기에 대한 적발과 제재를 강화해야 한다는 주장에 대해 소비자권익을 강조하는 측의 반응은 조금 미지근하다. 아마도 보험사기 적발과 처벌의 공격적인 대응이 보험회사 이익만을 보호하고 보험소비자 권익을 침해할 수 있다는 의구심 때문일 것이다. 실제로 과거에 일부 보험회사는 협상력이 약한 소비자를 압박하고 보험청약 당시 보험 내용을 제대로 설명하지도 않았으며 보험금 지급을 회피했다는 비판을 받았다. 금융당국도 책임자의 성향에 따라 보험회사의 불법행위에 대해서 엄격히 제재하지 않았다는 지적도 있었다. 그렇다고 해서 보험사기 적발과 처벌이 소비자보호와 충돌하는가? 이 주장은 범죄자를 적발하고 처벌하는 것이 시민을 보호하는데 장애가 된다는 말처럼 모순적이다. 도둑을 잡아야 동네가 안전하다. 보험사기에 대한 엄격한 대응을 선량한 소비자가 걱정해야 하는 이유는 무엇일까? 아마도 보험소비자가 자신의 권리를 행사하여 정상적으로 보험금을 신청하고 치료를 받는데 이것을 보험회사에서 보험사기라고 간주하여 보험금 지급을 회피하거나 연기시키는 문제 때문일 것이다. 이 지점에서 보험사기에 대한 엄격한 대응과 소비자 권익보호는 충돌할 수 있다. 하지만 보험회사가 보험사기라고 입증할 수 없다면 보험회사는 보험금을 당연히 지급해야 한다.

　　정보비대칭이 심한 보험시장에서 공급자와 수요자의 다툼은 자연발생적이다. 이 분명한 사실 때문에 공급자나 수요자를 비난할 수 없다. 공급자인 보험회사는 실손보상의 원칙에 따라 사고와 손해의 사실을 정확히 파악해서 보험금을 지급해야 한다. 하지만 공급자는 수요자인 소비자에게 발생한 손해 특히 신체적, 정신적 고통 등을 정확하게 파악할 수 없다. 소비자도 이러한 자신의 내적인 손실을 100% 보험회사에 전달하기 어렵다. 특히 건강보험, 실손보험 및 자동차 보험의 치료비 등의 경우 이런 문제는 더 심각하다. 보험소비자가 설명하지 않는다면 개인의 신체적 고통이나 불편함을 진단하는 의사도 정확하게 파악하기는 어렵다. 따라서 입원의 기간 결정이나 치료의 연장 등은 치료를 받는 개인 또는 의료진에 의해서 결정될 수밖에 없다. 정보비대칭 하에 있는 보험회사는 치료비를 지급할 뿐 보험가입자와 의료진 주장의 진위를 확인하기 어렵다. 그렇다보니 해당 치료와 관련 비용(보험금)에 대한 객관적인 근거를 찾게 되고 과거 유사한 상황과 비교하게 된다. 객관적인 사실을 확인하고 싶은 보험회사의 행위는 보험소비자 입장에서 자신을 의심하는 것 같기도 하고 때론 여러 가지 질문을 하고 서류를 요청하는 것이 불편하기도 한 것이다.

공급자와 소비자의 다툼이 자연발생적이므로 약자인 소비자, 특히 선량한 소비자를 잘 보호하는 것이 보험회사의 경쟁력이기도 하다. 현대 보험시장에서 약자인 소비자를 잘 보호할 수 없다면 그 보험회사는 생존하기 어렵다. 보험회사의 자본 규제나 시장행태 규제가 기본적으로 소비자를 보호하는 규제이며 보험정책이나 감독 당국의 핵심 과제도 소비자보호에 있다. 공급자와 소비자의 자연발생적인 다툼에도 불구하고 보험사기 적발과 제재는 선량한 소비자를 보호하기 위한 보험회사와 감독 당국의 핵심활동이다. 보험사기자가 적발되지 않고 활개를 친다면 불의의 사고를 보장하는 본질적 보험기능은 희미해지고 보험은 사기의 대상으로 전락하게 될 우려가 있다. 망가진 보험시스템 하에서 보험료는 필요 이상으로 증가하게 될 것이고 선량한 소비자들은 보험가입을 꺼리게 될 것이다. 보험금 누수의 증가로 보험회사는 보험금 지급을 관리하는데 많은 비용이 들 것이고 보험상품의 다양성도 축소될 것이다. 이것이 시장 실패이며 시장 실패는 보험시장을 진공상태로 만든다. 따라서 보험사기 적발은 보험회사에도 필요하지만 보험소비자에게도 필수적이다. 범죄자가 없어야 시민이 행복한 것과 같은 논리다. 결국 보험사기를 적발하고 제재하는 것은 범죄자를 적발하는 것과 같이 선량한 시민을 보호하는 타협할 수 없는 중요한 일이다.[98]

소비자보호와 보험사기 관계에서 핵심 이슈는 소비자의 '보험에 대한 신뢰' 수준이다. 소비자의 보험(회사) 신뢰 수준이 높다면 보험사기를 용인할 가능성은 낮아진다. 보험사기 용인 수준(tolerance level)이 낮아지면 보험사기에 기회주의적으로 가담하는 것을 이웃, 즉 동료집단(peer group)이 부정적으로 생각할 것이다. 관계가 중요한 한국 사회에서 이웃이나 동료가 보험사기에 참여하는 것을 매우 부정적으로 본다면 보험사기는 당연히 감소할 것이다. 하지만 소비자들은 보험(회사)에 대한 신뢰가 낮으니 연성사기에 대해서도 '그럴 수도 있지'라고 용인하는 것이다. 소비자의 보험에 대한 신뢰 수준은 대게 직·간접으로 보험 거래의 경험에 의해서 결정될 수 있다. 즉 소비자는 경험한 보험회사가 공정하지 못했다든지, 판매 시와 사고 발생 시 일관성이 없었다든지 등에 따라 보험에 대한 신뢰 정도가 무의적적으로 형성될 수 있다. 또한 이해하지도 못할 복잡한 상품으로 보험금 지급을 까다롭게 하거나, 보험가입자에게 정확한 상품 정보를 제대로 전달하지 않았다면 보험회사에 대한 부정적인 인식이 누적되고 신뢰도 하락할 수 있다.

보험은 왜 분쟁이 많나

보험은 타 금융권에 비해 분쟁이 많다. 이것은 사실이지만 분쟁의 건수를 기준으로 타 금융권과 비교하여 '보험산업에 문제가 많다'는 비판은 잘못되었다.

마치 축구, 야구, 배구를 비교해서 축구는 반칙이 많으니 문제가 있다고 비판하는 것도 같은 논리이기 때문이다. 몸싸움을 용인하는 게임의 본질로 축구에 반칙이 많은 것과 마찬가지로 보험은 본질적으로 분쟁이 많을 수밖에 없는 두 가지 특성이 있다. 첫째 보험금은 특정한 조건들이 충족되어야만 지급되는데 가장 기본적인 것이 실손보상의 원칙이다. 이 조건을 대충 확인하고 보험금을 지급한다면 보험은 위험을 인수하는 리스크관리조직이 아닌 도박이나 사기의 대상이 된다. 따라서 실제 발생한 손실만큼만 정확하게 보험금을 지급하는 것 그리고 보험금을 지급해야 하는 조건을 충족했는지 정확하게 확인하는 것이 보험의 본질인데 보험가입자와 보험회사는 서로 반대 입장에 있어 다툼이 많을 수 있다. 만일 보험금 지급이 단순한 외부 지표나 조건으로 결정된다면 이러한 보험 분쟁을 획기적으로 감소시킬 수는 있다. 이런 보험을 파라메트릭보험(parametric insurance)이라고 하는데 향후 모든 정보가 디지털화된다면 분쟁이 획기적으로 감소한 이런 보험이 확대될 것으로 기대한다.[99]

둘째 보험은 타 금융권에 비해 정보비대칭이 커서 분쟁이 잦을 수밖에 없다. 이 정보비대칭은 쌍방향이다. 전통적으로 공급자가 수요자인 보험계약자의 정보를 알기 어렵다는 측면에서 도덕적 해이와 역선택 문제가 중심이었다. 그 대응으로 보험회사는 보험계약에 보험금을 받을 수 있는 조건을 정교하게 정하게 되는데, 이 정교한 조건을 보험가입자에게 전부 전달하기도 어렵고 전달한다고 하더라도 이해하기도 어렵다. 즉 지금은 보험상품이 점점 복잡해지면서 이제는 수요자인 보험가입자가 공급자인 보험회사의 상품을 알 수 없는 정보비대칭이 점점 더 심각해지고 있다. 이 정보비대칭 때문에 보험계약자가 인식하고 있는 '보장 범위'와 실제로 보험계약에서 보장하고 있는 범위의 차이가 존재할 가능성이 높다. 막상 사고가 발생하면 보험계약자는 본인이 인식하고 있는 보장의 범위를 기존으로 당연히 보상받을 것이라고 예상하지만, 보험회사는 보험계약에 명시된 보험금 지급 조건을 따지게 된다. 예를 들어 암보험에 가입한 보험계약자가 보장된다고 인식하는 암이라는 질병에 보장 범위와 보험계약서에 명시된 암이라는 구체적인 질병 정의, 보험금이 지급되는 진단, 치료, 수술 등의 범위는 상당히 다를 수 있다. 우리나라 보험상품의 특성은 정보비대칭을 확대한다. 선진국 보험상품과 달리 우리나라 보험상품은 주계약 위에 많은 특약이 첨부되고 있어 정보비대칭 문제를 더 심각하게 만든다. 이 정보비대칭 문제를 해결하기 위해서는 보험상품을 간단하게 만들면 되는데 이 경우 소비자들의 다양한 욕구를 충족하기도 어렵고 경쟁회사와 차별하기도 어렵다는 문제가 있다. 결국 보험상품을 정확히 이해하지 못한 것이 보험 분쟁의 불씨가 된다.

보험 특성상 분쟁이 많을 수밖에 없다는 사실이 결코 보험회사가 소송이나 분쟁을 남발해도 된다는 의미는 절대 아니다. 특히 설명의무를 제대로 다하지도 않고 보험상품을 판매한 후 보험금 지급에 대한 소송을 남발하면 결국 소비자 신뢰는 무너질 수밖에 없다. 보험 판매 시점에서 소비자가 제대로 보험상품을 이해하지 못 했다면 이는 미래의 분쟁 대상이 될 수 있고 보험과 그 보험회사에 대한 신뢰는 훼손될 수 있다. 따라서 보험회사는 보험상품을 개발할 시점부터 판매 시 어떻게 이 상품 내용을 쉽게 설명할 것인가, 그리고 미래의 보험사기로부터 어떻게 스스로 보호할 것인가에 대한 고민이 동시에 있어야 분쟁을 줄일 수 있다.

보험 관련 분쟁은 분쟁의 근거법령에 따라 민사분쟁, 형사분쟁 그리고 행정분쟁으로 구분할 수 있다.[100] 민사분쟁은 주로 보험계약과 관련되는데 여기에는 보험금 청구와 지급 관련 분쟁, 보험계약 해지 관련 분쟁 및 기타 분쟁(손해배상청구 등)으로 구분된다. 형사분쟁은 보험 관련 형사범죄에 관련되어 있는데 주로 보험사기가 여기에 포함된다. 그리고 행정분쟁은 행정법규 위반에 대한 감독당국의 제재 및 그에 대한 이의신청과 행정소송을 의미한다.

금융감독원 분쟁조정은 금융 관련 민사 분쟁에서 소송 대체수단으로 활용되고 있다. 보험소비자들이 신청한 분쟁조정 건수는 2019년 27,213건(생명보험 7,747건, 손해보험 19,466건)이 접수되었다. 2015~2017년 분쟁조정을 신청한 6만5천 건 중에서 분쟁조정위원회에 회부된 건은 총 49건인데 이 중 36건은 인용되었고 13건은 기각되었다. 즉 매우 한정된 건수만 분쟁조정위원회에 회부되어 소비자의 민원이 있을 수 있다.

[표 34] 보험금 청구·지급 관련 분쟁조정 신청 건수 (단위: 건)

구분	생명보험		손해보험		합계	
	전체	중복/반복 제외	전체	중복/반복 제외	전체	중복/반복 제외
2017	9,505	7,263	20,634	16,191	30,139	23,454
2018	11,940	9,483	21,946	17,260	33,886	26,743
2019	7,747	7,747	25,307	16,466	35,484	27,213

자료: 보험연구원(2020) CEO Report 2020-08 보험산업 진단과 과제(IV) 보험분쟁과 법제

보험회사와 보험소비자는 보험금 청구와 지급을 두고 민사 소송을 하는 경우가 많다. 보험금 청구·지급 소송 건수는 전체 보험금청구 10,000건 당 8건(0.008%)이다. 생명보험은 대략 연간 1,000건이며 손해보험은 꾸준히 감소하여 2014년 8,000건이 넘었지만 2019년에는 5,664건이었다.

[표 35] 보험회사의 보험금 청구·지급 관련 소송 건수

구분		2014	2015	2016	2017	2018	2019
생명 보험	보험회사 원고	437	363	357	448	611	505
	보험회사 피고	560	689	642	535	425	495
	생보 합계	997	1,052	999	983	1,036	1,000
손해 보험	보험회사 원고	5,145	5,060	4,562	4,757	2,680	2,246
	보험회사 피고	3,087	3,150	3,242	3,067	3,163	3,418
	손보 합계	8,232	8,210	7,804	7,824	5,743	5,664
생·손보 합계		9,229	9,262	8,803	8,807	6,779	6,664

자료: 보험연구원(2020) CEO Report 2020-08 보험산업 진단과 과제(IV) 보험분쟁과 법제

제16장 보험사기 실제 피해 규모와 최적조사

보험사기가 한 국가에 끼치는 피해 규모를 추정하는 것은 난제다. 2장에서 설명한 바와 같이 금융감독원은 2020년 민영보험에서 적발된 보험사기 피해금액을 9,980억 원으로 보고했다. 하지만 이 수치는 민영보험 보험사기로 사회보험의 보험사기는 통째로 빠져있다. 그리고 아래 그림에서 보듯이 보험사기의 실제 규모는 확인되지 않은 보험사기가 포함되어야 하는데 연성사기와 같은 경우 적발하기가 어려워 실제 규모는 추측 수준에 머물고 있다. 사회보험인 건강보험, 산재보험 및 고용보험의 보험사기(부정수급)와 연성사기를 합친다면 보험사기로 인해 피해금액은 그야말로 천문학적일 것이다.

[그림 19] 보험사기 실제 규모

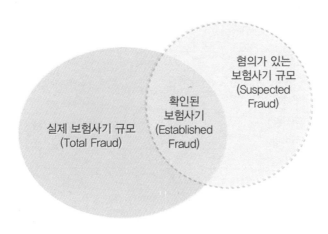

최근 연구는 우리나라 총 보험사기(Total Fraud) 규모를 추정하려고 시도하고 있다.[101] 민영보험의 보험사기 규모를 추정하는 연구에서는 보험사기 적발 통계

에서 사용되는 보험금 사기뿐만 아니라 보험료 사기를 포함하고 있는 것이 특징이다.[102] 여기에는 '부당하게 낮은 보험료를 적용받기 위해서 불성실·중과실·악의·고의 등의 행동'을 포함하여 보험사기를 정의하고 있다. 즉 고지의무 위반으로 인한 보험료 사기도 포함한 것이다. 2018년 기준으로 민영보험과 유사보험의 총 보험사기 규모는 약 6조 1,512억 원으로 추정하였다.[103] 이 중 보험금 사기 규모는 3조 9,308억 원이며 보험료 사기 규모는 약 2조 1,804억 원으로 추정하였다. 전체 보험사기 규모에서 94%를 민영보험이 차지하였고 유사보험(우체국과 수협)은 6% 정도였다. 이 연구는 Caron·Dionne(1996)의 방법론으로 적발된 보험사기 건수를 기초로 전체 보험사기 건수를 추정한 후, 이를 바탕으로 전체 보험금 규모를 추정하였다. 보험료 사기 금액 추정은 전문가 설문조사를 기초로 보험료 사기 비율을 추정한 후 이를 바탕으로 전체 보험료 사기 금액을 추정하였다.

[표 36] 민영보험과 유사보험의 보험사기 규모 추정*   (단위: 억 원)

구분		보험사기 규모		
		보험금사기	보험료사기	합계
민영보험	생명보험	7,764	7,950	15,715
	자동차보험	12,930	2,277	15,207
	장기손해보험	13,627	9,056	22,683
	일반손해보험	3,709	1,345	4,424
	소 계	37,400	20,628	58,028
유사보험	우체국보험	1,847	992	2,839
	수협보험	318	117	435
	신협보험	143	67	210
	소계	2,308	1,176	3,484

*금융감독원이 발주하고 보험연구원·서울대학교(2019)이 연구한 결과임
자료: 의학신문, 2020.05.04.,
http://www.bosa.co.kr/news/articleView.html?idxno=2126156

이 연구는 민영보험 보험사기로 인한 국민건강보험 재정누수 규모도 추정하였다. 아래 표에서 보듯이 국민건강보험 요양급여비용 누수 규모는 세 가지 인정 범위 경우에 따라 연간 7,003억 원에서 최고 1조8,894억 원으로 추정했고, 보험자 부담금 누수 고모는 연간 5,575억 원에서 최고 1조 4,620억 원으로 추정하였다. 최종적으로 연구자들은 '보험사기 인정범위'는 보험사기와 건강보험 청구일자가 100% 일치하는 조건과 1일 이상 겹치는 조건 사이의 금액이 더 타당성이 높다고 판단하여 요양급여비용 보험사기는 7,003억 원에서 1조 2,062억 원으로, 그리고 보험자 부담금 보험사기는 5,575억 원에서 9,503억 원으로 보고하였다.

[표 37] 민영보험과 연계된 국민건강보험 재정누수 추계* (단위: 억 원)

구 분		보험사기 인정 범위		
		보험사기와 건보 청구일자 100% 일치	보험사기와 건보 청구일자 1일 이상 일치	보험사기자의 건보 청구금액 (청구일자 불문)
보험사기 주체	I. 의료기관 직접 관련			
	요양급여 비용	3,977	7,005	10,063
	보험자 부담금	3,088	5,394	7,613
	II. 사기집단 간접연관			
	요양급여 비용	2,584	4,614	8,388
	보험자 부담금	2,134	3,759	6,664
	III = I + II			
	요양급여 비용	6,560	11,619	18,451
	보험자 부담금	5,222	9,154	14,277
	IV = III+자보			
	요양급여 비용	7,003	12,062	18,894
	보험자 부담금	5,575	9,503	14,620

*건강보험심사평가원이 발주한 과제를 보험연구원 · 서울대학교가 2020년에 연구한 결과임.
자료: 의학신문, 2020.5.4..
　　http://www.bosa.co.kr/news/articleView.html?idxno=2126156

탈세나 마약 거래 규모처럼 보험사기 규모도 적발된 보험사기 금액보다 월등히 많을 것이다. 2017년 기준 상기 연구에서 추정한 '보험금' 사기 금액은 3조 7,400억 원으로 금융감독원에서 적발한 보험금에 대한 보험사기 적발 금액의 5배이다.[104] 이 추정 수치를 문자 그대로 '가정에 기초한 추정된 금액'에 불과하다고 비판할 수 있지만 다른 객관적인 데이터가 없는 상황에서 그나마 가장 객관적인 정보라는 사실을 부인할 수는 없다. 사실 보험사기 규모를 정확하게 밝히는 것은 영원히 불가능할지도 모른다. 이는 형법적인 범죄라고 볼 수 있는 경성 보험사기 외에 보험소비자 스스로의 고백이 아니면 적발하기가 사실상 불가능한 연성 보험사기가 큰 비중을 차지하기 때문이다.

중소형 보험사의 경우 보험사기와 도덕적 해이 때문에 손해율이 급격히 악화되고 회사의 재무건전성도 하락하고 있다. 복지국가에 진입한 우리나라는 사회보험에서 보험사기와 도덕적 해이가 급격히 증가할 것이라고 우려하고 있다. 향후 보험사기와 도덕적 해이가 보험회사와 사회보험의 재정 상태에 심각한 영향을 줄 수 있다는 전문가의 경고에 귀를 기울여야 한다.

[그림 20] 보험사기 혐의 특성에 따른 조사 분류

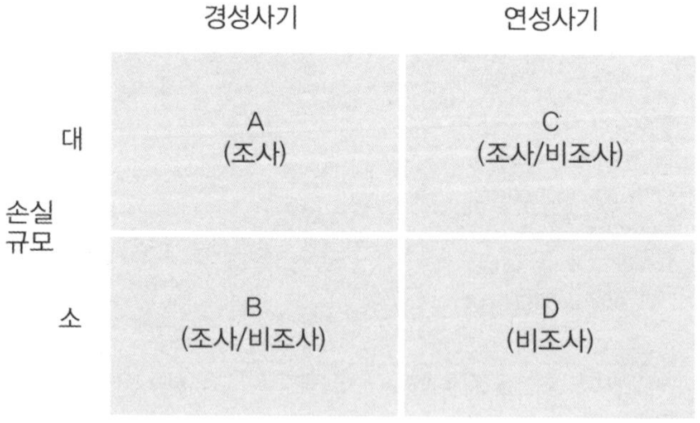

	경성사기	연성사기
대	A (조사)	C (조사/비조사)
손실 규모		
소	B (조사/비조사)	D (비조사)

- A(고손해–경성사기): 손실 규모가 크며, 경성사기 혐의가 있는 건이다. 보험살인이나 병원이나 정비공장의 조직적인 보험사기 기획이 의심스러운 건으로 조사 대상이다.
- B(저손해–경성사기): 손실 규모는 작지만 사전에 기획된 보험사기로 의심되는 건이다. 예를 들면 차량 진행 중 갑자기 정지하여 우행 차량이 추돌하자 경추염좌로 입원한 건이다. 고의사고라는 의심은 가지만 이 사건 단독으로만 보험사기 혐의를 적용하기는 어려운 건이다.
- C(고손해–연성사기): 손실 규모는 크지만 연성사기로 의심되는 건이다. 예를 들면 입원 일당 급부가 있는 실손보험에 가입한 A는 일년동안 열 번 입원하여(총 40일) 각종 치료비로 500만 원과 입원 일당 200만 원을 보상받았다면 과잉치료 또는 연성사기를 의심할 수도 있다.
- D(저손해–연성사기): 기회주의적으로 발생한 보험사기이지만 관련 금액은 소액인 사건이다. 경미한 교통사고 후 거의 다치지 않은 듯 한데 경추염좌를 호소하며 5일 입원한 후 합의금으로 50만 원을 요청한 경우를 생각할 수 있다.

위 네 가지 종류의 보험사기 중 A는 적발 시 형사적 처벌을 받게 되지만 B와 C는 가벼운 형사적 처벌 또는 보험회사의 면책 정도로 결론이 내려질 가능성이 높다. 하지만 빈도가 높은 D는 거의 적발이 어렵다. 그렇다면 한정된 SIU 인력과 재원을 가지고 있는 보험회사는 선별적으로 조사할 수밖에 없다. 예산 제약하에 있는 보험회사로서는 보험사기 적발과 조사에 투여할 인력과 재원이 사실상 정해져 있다. 따라서 보험회사는 주어진 예산 범위 내에서 최적의 조사를 통해서 보험사기를 적발해야 한다.

보험회사의 최적조사에 대해서는 Dionne 외(2009)가 이론적 모형을 제시하였고 우리나라에서는 송윤아(2010)가 Dionne 외(2009) 모형을 기초로 연구한 바 있다. 보험사기 조사 현실을 감안하면 보험회사는 보험금 청구 건에 대하여 위의 그림보다는 정교한 몇 가지 기준 또는 사기징후지표(Red Flag)를 이용하여 임계치를 초과하면 조사하는 체계를 갖추고 있는 것이 일반적이다. 일부 회사는 1차 임계치를 초과하면 서면(컴퓨터) 조사만 하지만 2차 임계치를 초과하면 현장조사를 하고 심각할 경우 금융감독원, 경찰 등에게 조사 및 수사를 의뢰할 것이다. 아래 표는 보험사기 징후지표의 예를 보여준다. 대부분의 청구 건은 사기징후지표가 특정 점수 이하이므로 즉시 보험금을 지급한다. 위 그림에서 D는 여기에 포함되므로 비록 과잉진료나 과다청구가 있다고 하더라도 결코 적발할 수 없다는 한계가 있다. 보험사기에 대한 최적조사는 보험 프로세스상 후방업무로 제한되므로 전망업무인 상품개발, 영업, 계약심사에서 보험사기에 대한 적절한 사전 점검 프로세스가 반드시 있어야 한다. 이런 일련의 과정이 있어야 '보험사기에 대한 최적 대응'이라고 평가할 수 있다.

[표 38] 보험사기(자동차, 장기) 혐의 점수 예시

보험사기 징후지표	산식	조건	적용 점수
사고 피해건수	과거 1년간 사고횟수+{(과거 7년간 사고횟수−과거 1년간 사고횟수)x0.5}	a >= 5	24
		5 > a >= 3	20
		a < 3	12
보험금 수령액	과거 1년간 보험금 수령액+{(과거 7년간 수령액−과거 1년간 보험금 수령액)x0.5}	a >= 1천만 원	18
		1천만 원 > a >= 5천만 원	15
		a < 5천만 원	9
가족보험금 수령액	과거 1년간 보험금 수령액+{(과거 7년간 보험금 수령액−과거 1년간 보험금 수령액)x0.5}	a >= 1천만 원	18
		1천만 원 > a >= 5백만 원	15
		a < 5백만 원	9
입원일수 합계	과거 1년간 총입원일수+{(과거 7년간 총입원일수−과거 1년간 총입원일수)x0.5}	a >= 30	18
		30 > a >= 20	15
		a < 20	9
평균 입원일수	(과거 1년간 평균 입원일수x0.7)+(과거 7년간 평균 입원일수x0.3)	a >= 14일	18
		14일 > a >= 7일	15
		a < 7일	9
자동차사고 가해건수	과거 1년간 자동차가해사고횟수+{(과거 7년간 자동차가해사고횟수−과거 1년간 자동차가해사고횟수)x0.5}	a >= 3	12
		3 > a >= 1.5	10
		a < 1.5	4
장기상해 사고건수	과거 1년간 상해사고횟수+{(과거 7년간 상해사고횟수−과거 1년간 상해사고횟수)x0.5}	a >= 3	12
		3 > a >= 1.5	10
		a < 1.5	4

자료: 송윤아(2011)

제17장 범죄로서 보험사기의 유죄 입증

미국 매사추세츠 주 사례

보험사기는 경성사기와 연성사기뿐만 아니라 다양한 양상을 가지고 있어서 모든 보험사기를 형법적 범죄로 단정하기는 어렵다. Derrig · Zicko(2002)는 범죄적 행위로서 보험사기에는 다음 네 가지가 포함되어야 한다고 주장한다.

- 악의(intent: a willful act)
- 불법(illegal: proscribed by statue)
- 재정적 이득(financial gain: obtaining something of value)
- 기망(falsification: under material misrepresentation)

이 정의에 의하면 보험제도의 남용이나 연성사기로 의심되는 건을 '형법상 범죄인 보험사기'로 정의하기는 어렵다. 예를 들면 자동차보험에서 경미한 경추염좌 임에도 불구하고 병원 치료를 30번 받았다면 이는 과잉치료, 보험제도 남용 또는 연성사기로 의심할 수는 있지만 형법상 범죄인 보험사기와는 거리가 멀다. 이 문제는 제도 설계를 통해 도덕적 해이를 통제하는 것이 필요하지 형사적으로 처벌하려는 것은 바람직하지도 않고 적절하지도 않다. 미국 매사추세츠 주 IFB(insurance fraud bureau)는 1991년부터 보험사기 신고를 받고 이 건중 형법적으로 범죄로 의심되는 건은 기소하여 유죄를 입증하려고 하였다. 1991년부터 2000년까지 약 9년 반 동안 신고받은 건수는 17,274건 이었고 이 중 조사를 한 사례는 19.4%(3,349건)였다.

[표 39] 미국 매사추세츠 주의 보험사기 누적 신고 및 조사 건 수(1991~2000)

구분	자동차보험	산재(WC)	산재 보험료	기타	합계
신고 건	10,233	4,566	418	2,057	17,274
조사 건	1,838	789	172	550	3,349

자료: 김헌수 · 김은경(2015)

IFB가 조사한 3,349건 중 실제 기소로 이어진 건수는 293건으로 8.7%에 해당한다. 전체 신고건수 대비 기소 건수 비율은 1.7%에 해당한다. 동 기간 중 총 불기소한 건수 는 2,203건(기소포기 건수 2,084건 + 기소 중 120건)으로 기소 건수는 불기소 건수 대비 13.3%이다. 기소된 보험사기 건 중 유죄 입증 등으로 판결된 사례는 84%였다. 총 신고건수 대비 총 유죄 판결 건수는 1.4%였다. 이 통계의 시사점은 수많은 보험사기 혐의 건이 신고된다고 하더라도 기소를 거쳐 유죄로 입증되는 비율은 1.4%라는 것은 사전적인 예방과 적발이 매우 중요하다는 것이다. 우리나라 금융감독원은 적발된 보험사기 건 중 25%를 기소 요청한다고 알려져 있지만 직접 기소되는 비율이나 유죄 판결 비율은 알려져 있지 않다.

[표 40] 매사추세스 주 IFB에 신고 된 보험사기의 처리 (1991~2000)

구분	자동차 보험	산재(WC)	산재 보험료	기타	합계
대기 중	340	52	8	50	450
배분됨	107	45	24	46	222
무혐의 종결 (Closed no Prosecution)	1,156	524	70	334	2084
타부서 전달	15	11	2	13	41
현재 검사실	49	35	25	30	139
기소 거부 (Prosecution declined)	50	40	9	21	120
기소 완결	121	82	34	56	293
합계	1,838	789	172	550	3,349

자료: Derrig(2002)

매사추세츠 주 IFB 사례에서 보듯이 보험사기로 유죄를 입증하는 것은 쉽지 않다. 매사추세츠 주는 신고 대비 기소 비율은 1.7%, 신고 대비 유죄 판결 비율은 1.4%였다. 형법 판결에서 유죄를 입증해야 하는 검찰은 분명한 증거를 제시해야 하는데 직접적인 목격자가 거의 없는 보험사기 범죄는 입증이 쉽지 않다. 보험사기는 법적 관점에서 허위사고, 고의사고 및 허위과다입원 등으로 구분할 수 있다. 허위사고는 보험계약자 등이 실제로는 사고가 일어나지 않았음에도 사고가 발생한 것처럼 허위사실을 날조하여 보험금을 청구하는 행위이다. 예를 들면 자동차사고가 발생하지 않았지만 사고가 발생한 것처럼 꾸며서 보험금을 청구하는 행위이다. 고의사고란 보험계약자 등이 고의로 사고를 유발시켰음에도 불구하고 우연히 사고가 발생한 것처럼 꾸며서 보험금을 청구하는 행위이다. 예를 들면 운행 중인 차와 고의로 추돌을 유발시켜 놓고 부상을 당했다고 보험금을 청구하는 행위이다. 허위사고와 고의사고는 그 자체로 보험사기임이 명백하다. 허위사고는 발생하지 않았던 사고를 허위를 날조했는지(허위사고)만 밝히면 보험사기자의 유죄를 입증하는 것은 어렵지 않다. 고의사고는 사고가 있었다는 것은 사실이지만 그 사고가 고의로 유발되었다는 것을 입증해야 하므로 허위사고보다는 입증하기가 좀 더 어렵다고 볼 수 있다.

▌ 우리나라의 허위과다입원 유죄입증의 법적 이슈

허위사고나 고의사고에 비해 '허위과다입원'은 유죄 입증이 쉽지 않다.[105] 허위과다입원이란 과다입원 보험사기라는 의미로 '보험금을 편취하기 위해서 과다하게 입원을 하고 보험금을 청구하는 행위'이다. '허위과다입원'으로 보험사기를 입증하는 것이 어려운 이유는 두 가지다. 첫째, 입원하는 사람들이 실제로 질병을 앓거나 상해를 당한 사람이기 때문이다. 둘째, 입원은 입원자의 결정이 아니라 의료전문가인 의사의 입원 지시로 이루어진다. 따라서 어떤 사람이 과다하게 오래 입원했다고 해서 보험사기로 단정하기는 어렵다. 조효민(2017)은 판례 분석을 통해서 질병에 의한 과다입원 보험사기에 대한 법원의 판단을 다음과 같이 정리하였다.

1) 입원자가 실제 환자라고 하더라도, 객관적으로 의료전문가의 판단에 의한 입원적정성이 없는 상태에서 입원자가 자신의 입원필요성(비전문가인 입원자 본인의 판단)이 없다는 사실을 주관적으로 인식하면서도 고의로 입원하는 경우에는 허위과다입원 보험사기로 볼 수 있다.

2) 입원자가 자신의 입원필요성이 없다는 것을 인식하고 있음에도 불구하고 증상을 허위로 과장하는 등 의사를 기망하여 입원한 경우 또는 의사가 입원자를 입원시킨 행위를 부적절하다고 볼 수 있으며(예: 사무장병원이 병원 운영 목적으로 입원시킴) 그러한 정황을 입원자도 인식하고 이용하였다고 볼 수 있는 경우에는 허위과다입원 보험사기가 성립할 수 있다.

3) 판례는 단순한 장기입원만으로는 사기고의를 인정하지는 않으며, 입원 관련 제반 상황을 종합하여 판단할 때 사기고의 존재가 인정되는 경우에 허위과다입원 보험사기를 인정하고 있다.

허위과다입원 보험사기로 기소된 건에 대해 유죄 판결이 내려진 경우는 아래 그림과 같이 두 가지 경우이다. 첫째 입원자의 입원적정성이 없는 경우 유죄로 결정된다. 둘째 입원자에게 형사상 사기고의가 존재하는 경우 유죄로 종결된다. 둘째는 다시 두 가지 유형이 구분되는데 먼저 입원자의 사기고의를 인정할 근거가 되는 정황 사실이 충분하거나 아니면 입원자의 부적절한 의도성이 인정되고 그 정도가 사기고의로 판단되는 경우이다.

[그림 21] 허위과다입원 보험사기 유죄판결 이유

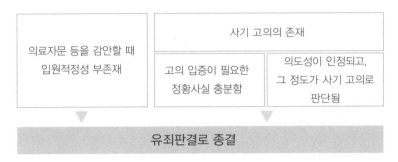

조효민(2017)은 과다입원을 보험사기로 판단하는 법원의 기준을 두 가지로 정리했다. 첫째, 입원적정성의 존재 여부, 즉 입원적정성이 없다면 허위과다입원 보험사기라고 판결했다. 둘째, 사기고의의 존재로 입원을 하는데 사기고의가 있었다면 보험사기라고 판결했다.

법원이 보험사기라고 판단하는 첫째 이유인 입원적정성을 살펴본다.106 입원적정성은 원칙적으로 의료전문가에 의해서 판단되어야 한다. 즉, ① 입원 당시에는 입원한 당사자를 직접 진찰한 의사가 입원 여부를 판단하고, ② 입원적정성과 관련하여 분쟁이 발생한 경우에는 법원 등 분쟁해결에 권한이 있는 제3자가 건강보험심사평가원 등 다른 의료전문가의 의료자문까지 추가적으로 감안하여 입원 당시의 입원적정성 여부를 판단한다. 법원은 입원적정성 여부의 판단에서 '입원 당시 입원자를 직접 진료한 의사'의 판단이 가장 중요하다고 설명하고 있다. 그러나 ① 입원자가 입원 시에 적극적으로 의사를 기망한 정황이 존재하는 경우, ② 의사의 전문성과 성실성을 전적으로 신뢰할 수 없는 특별한 사정이 존재하는 경우(사무장병원, 의사가 입원자의 보험사기행위에 연루된 경우, 원무실장 등 의사가 아닌 병원 직원이 입원자가 실손보험가입자인지 확인한 후에 입원을 권유하는 행위 등) ③ 기타 다수의 객관적인 정황을 고려할 때 입원 당시의 입원적정성 판단을 재고하고 있으며 판단의 근거로 심평원 회신, 입원기록을 근거로 한

다른 의료전문가의 의료자문, 적정 입원일수 통계 등을 활용하고 있다. 법정에서 사후적으로 부적절한 입원으로 인정되는 경우 동 입원에 대한 책임은 1차적으로는 의료전문가인 의사에게 있을 것이다. 그러나 입원자가 의사를 기망하였거나 또는 의사가 허위과다입원을 공모하는 등의 경우에는 의료전문가뿐만 아니라 입원자에게도 부적절한 입원에 대한 책임이 귀속된다. 이 경우 입원적정성의 부존재뿐만 아니라 입원자의 사기고의 또한 추정될 수 있다.

법원이 보험사기라고 판단한 두 번째 이유인 입원자의 사기고의를 살펴본다. 입원자에게 사기의 고의가 있다는 의미는 3가지 사실로 구성된다. ① 입원자가 자신의 입원필요성이 없음을 입원 당시 인식하고 있어야 하며, ② 동 사실을 인식하고 있음에도 불구하고 의도적으로 입원하였고, ③ 그 의도가 형법상 사기죄의 고의에 이르는 정도이어야 한다. '의도'와 '고의'의 차이는 명확하지 않으나, 고지의무 관련 판례를 살펴보면 법원은 의도와 고의를 구분하여 고지의무 위반의 의도가 있었다 하더라도 사기고의까지는 인정하기 어려운 경우 무죄로 종결하고 있다. 대법원 판례(대법원 2012.11.15. 선고 2010도6910 판결)를 보면 고지의무를 위반하였다고 하더라도 사기 고의가 아닐 수 있다. 이 판례에 의하면 "상법상 고지의무를 위반하였다고 하더라도 이 사건 보험사고가 피고인의 의사나 어떠한 행위에 의하여 그 발생 여부가 좌우될 수 있는 성질의 것이 아닌 이상, 보험계약 체결 당시 이미 이 사건 보험사고가 발생하여 피고인이 이를 알고 있었다거나 보험사고의 발생가능성을 예견할 만한 상황 속에서 피고인이 이를 인식하고 보험계약의 체결에 나아간 경우가 아니라면 위와 같은 고지의무 위반만으로는 이 사건 보험계약 체결 행위가 보험금 편취를 위한 고의의 기망행위에 해당한다고 볼 수 없다."고 하였다. 즉 법원의 판단은 고지의무 위반행위가 보험사고의 우연성을 훼손하지 않는 한 사기의 고의까지는 인정하기는 어렵다고 판단한 것이다. 하지만 보험사고가 이미 발생하였거나 발생의 개연성이 농후함을 인식한 상태에서 고지의무를 위반하여 보험에 가입한 경우에는 보험사기의 고의를 인정할 수 있다.

한 판례(대법원 2007.4.12. 선고 2007도967 판결)는 특정 질병을 앓고 있는 사람이 보험회사가 정한 약관에 그 질병에 대한 고지의무 규정을 알면서도 이를 고지하지 않고 그 사실을 모르는 보험회사와 그 질병을 담보하는 보험계약을 체결한 다음 바로 그 질병의 발생을 사유로 보험금을 청구하였다면 특별한 사정이 없는 한 사기죄에 있어서의 기망행위 내지 편취의 범위를 인정할 수 있다고 판결하였다. 위 고지의무 관련 대법원 판례(2007도967 판결)를 허위과다입원에 적용하면 보험사고의 우연성을 심각하게 훼손하였다면 입원자의 사기고의가 인정될 수 있을 것이다. 즉 ① 입원자가 자신의 입원필요성이 없다는 것을 명확하게 인식하고 있음에도 불구하고 의도적으로 입원을 하거나, 또는 ② 의사가 입원자에게 기망당한 경우 또는 부적절한 방식으로 입원자의 입원을 용이하게 하였으며 입원자도 이를 인식하고 이용하였다고 볼 수 있는 경우이다.

이상에서 살펴본 바와 같이 허위과다입원을 보험사기로 유죄를 입증하는 것은 가능하지만 실무적으로 입증하는 것은 매우 어렵다는 것이 조사전문가들의 의견이다. 실제로 금감원 등에서 허위과다입원으로 적발된 건수는 많지만 최종적으로 유죄판결을 받은 건수가 얼마나 되는지에 대한 정보는 알려져 있지 않다. 아마도 적발 건수 대비해서 유죄판결 건수는 상당히 낮을 것으로 추측된다. 따라서 유죄입증을 위해 법 개정을 통해서 보험 조사 및 수사를 용이하게 하도록 하는 노력도 각계에서 진행 중이다. 소비자 권익을 침해하지 않는 범위 내에서 보험사기 조사 및 수사를 효과적으로 할 수 있도록 제도 정비가 필요한 시점이다.

제18장 SIU 보험사기 조사전문가 인터뷰

보험사기를 적발하는 현장 전문가로는 보험회사에 근무하는 SIU(보험사기특별조사반) 조사관이 있다. SIU는 사설 탐정과 비슷한 역할을 하므로 오래전부터 영미 영화에 자주 등장하였다. Double Indemnity(1944), Insurance Investigator(1951), The Thomas Crown Affair(1968, 1999), Memento(2000) 등에서 보험조사관이 등장한다. 대부분 영화에서 주인공은 보험조사관이거나 과거에 보험조사관이었던 경우가 많다. 하지만 Insurance Investigator는 주인공 Richard Denning가 보험조사관 톰 데이비슨 역할을 하였고 의심스러운 사망사고를 직접 조사하여 범인을 밝히는 보험조사관 중심 영화이다.

보험조사관이 주인공으로 나온 한국 영화로는 '검은 집'이 있다. 이 영화는 1997년 일본 기시 유스케의 동명 소설이 원작이다. 주인공 전준오(황정민)은 의문스러운 죽음을 쫓는 보험조사관이다. 2021년 이영애가 주인공으로 활약한 '구경이'에서 구경이(이영애)는 연쇄살인범을 추격하는 보험조사관이다. 영화나 드라마는 SIU 보험조사관을 범죄자를 집요하게 추적하는 전문가로 멋지게 표현하고 있지만 현실에서 보험조사관은 직무 권한과 범위의 한계로 힘들게 조사 업무를 수행하고 있다. 이 장에서는 보험사기 적발의 일선에 있는 SIU 조사관을 인터뷰하여 그 들의 생생한 목소리를 전한다. SIU의 고충과 견해도 직접 들어보았다. 이 인터뷰는 2021년 8월 말에서 10월 말 사이에 10년 이상 보험회사에서 근무한 다수의 SIU를 대상으로 진행하였다.

•SIU의 하루 일과는?

SIU는 대개 오전 중에는 사무실에서 근무하고 오후에는 외근을 하는 경우가 많다. 오전에는 내부 시스템으로부터 배당되거나 타 부서(보상서베이, 보상팀, 분석팀 등)로부터 조사 의뢰가 들어오는 혐의 건을 조사한다. 모든 보험사기 혐의 건은 SIU에서 일차적으로 조사하도록 하고 있다. 접수된 혐의 건에 대해 사무실에서 기초조사(사고이력, 사진, 블랙박스 영상, 보험가입 및 보상 데이터 등)를 통해 보험사기일 가능성이 높다고 판단되면 현장조사 등 집중적으로 더 조사하게 된다. 시스템이나 타 부서에서 봤을 때 보험사기 혐의가 있다고 해서 SIU로 배당되었지만 SIU에서는 보험사기를 입증할 증거가 있는가 하는 관점에서 판단한다. 기초조사를 한 후 일부 건에 대해서만 추가적으로 집중 조사하게 된다. 오후에는 현장 방문을 하거나 기획조사 건을 조사하거나, 외부 기관 등을 방문하여 협력 조사를 실시하고 수사 등을 지원하기도 한다.

A회사 SIU 보험조사팀으로 들어오는 제보 사건 중 20~30%를 직접 조사한다고 밝혔다. 통상 같은 회사의 보상팀에서 제보하는 경우가 많으며 보상팀은 직관과 심증으로 보험사기로 의심된다고 제보한다. 하지만 SIU는 제보된 건이 고의사고나 허위사고로 입증할 수 있느냐에 관점에서 접근하다 보니 직접 조사의 수는 적을 수밖에 없는 것 같다. 예를 들어 자동차사고의 경우 마디모로 판독 결과로 장기입원이 필요 없다고 할 수 있지만 본인이 통증을 호소해서 입원하는 경우 어쩔 수 없다는 것이다. 경운기 사고도 마찬가지다. 한 달에 3~7건 정도 경찰에 수사를 의뢰한다고 밝혔다. 경찰이 수사하면 CCTV 등 중요한 단서를 찾을 수 있기 때문에 의심 사건은 경찰 수사로 이어진다.

•업무를 하면서 회사에 대한 바람이 있다면?

인터뷰를 한 모든 SIU는 안타깝지만 보험회사는 '영업 중심일 수밖에 없다'라는 사실을 인정한다. 그래서 보험사기 적발이나 SIU 업무는 부차적인 업무라고 말하기도 한다. 하지만 영업을 위해서 인기 있는(도덕적 해이에 취약한) 상품을 집중적으로 마케팅하는 경우 계약심사도 기준이 낮게 탄력적으로 적용되기 때문에 그런 상품은 도덕적 해이와 보험사기에 취약할 수밖에 없다고 한다. 도덕적 해이에 취약한 상품을 공격적으로 마케팅한 후 사차 관리에 대한 책임을 보상팀이나 SIU에서 묻는 것은 '사후약방문' 격이라고 지적한다. SIU는 도덕적 해이나 보험사기에 잘 대응하기 위해서는 입구(상품개발, 영업)에서 더 적극적인 역할을 해야 한다고 생각한다. 그리고 보상직원들도 합의를 더 중요하게 생각하는 경향이 있고 보험사기 적발을 이차적으로 간주하는 것을 안타깝게 생각한다. 그리고 인터뷰한 SIU 직원은 SIU의 처우나 SIU에 대한 인식이 낮다는 것을 안타깝게 생각한다. 우리나라 보험시장에서 새로운 보험 수요가 적어 보험회사들은 급부를 공격적으로 올려 경쟁하고 있다면서 승자의 저주, 즉 단기적으로 시장점유율을 높인 회사(맛집이 된 회사라고 표현)가 장기적으로 사차가 악화되는 악순환이 있는 것을 지적한다. 소액암, 갑상선, 치매보험 등을 예로 언급하였다.

•보험사기 적발 업무에 관해 아쉬운 점은?

보험사기 적발을 위해 SIU에서 필요로 하는 정보를 얻기가 매우 어렵다. 병원은 물론이고 모든 기관에서 보험회사에서 정보 협조를 요청하면 대부분 개인정보법, 의료법 등 때문에 정보를 줄 수 없다고 한다. 결국 경찰이나 검찰을 통해서만 정보를 얻을 수밖에 없는데 이 경우 일부 건만 수사를 의뢰할 수밖에 없으며 시간도 많이 소요된다. 즉 상당수의 의심 건수가 충분한 정보가 없어서 넘어간다. 대부분의 SIU 직원은 보험사기 혐의자에 대한 치료 진료 기록 등 기초적인 정보를 적어도 공적 기관인 금융감독원에서는 조회할 수 있도록 하는 제도 개선이 있어야 한다고 생각하였다. 보험사기 업무가 복잡하고 유죄입증도 어렵다 보니 경찰도 보험사기 건을 별로 반기지 않아서 보험사기 적발이 점점 더 어려워진다는 느낌이다.

회사 내에서도 영업이나 마케팅이 우선이다 보니 보상이나 SIU 업무가 변방 업무라는 인식이 높다. 거기에다 SIU는 보상업무의 일부분이다. 보상이나 SIU 직급은 일반직급으로 타부서와 차이가 없는 회사도 있고 일부는 직급이 분리되어 있는 회사도 있었다. 일부 회사는 경찰출신 SIU의 경우 타 부서로 발령나지 않을까 걱정하기도 한다. 일부 회사는 SIU를 퇴직 프로그램으로 인식하고, 보직해임자나 퇴직을 앞둔 사람을 발령하기도 한다. 그렇다 보니 실력 있고 역량 있는 사람이 많지 않다.

일부 회사의 경우에 한정되지만 SIU 정보 수집에 지원되는 비용이 한계가 있다 보니 현장에 나가는 서베이나 서비스 직원에 보내주는 영상의 질이 좋지 못하다. 예를 들면 자동차사고 현장을 방문한 서베이 직원이 핸드폰으로 블랙박스 영상 일부만을 휴대폰으로 재촬영해서 보내준다. 블랙박스 원본 영상은 질이 좋지만 휴대폰으로 재촬영한 영상은 질도 좋지 않고 원본 중 일부만 보내주니 전체 사고상황을 알 수 없다. 이 원인은 보험회사에서 서베이 직원에게 지급하는 동영상 비용은 질에 관계없이 건당 동일하기 때문에 블랙박스 원본 영상을 송출하기보다는 손쉬운 핸드폰 재촬영 영상을 송출하는 것이다. 하지만 경찰에게 사건을 수사 요청하는 경우에도 블랙박스 원본 영상을 선호하며 검찰도 당연히 증거 능력이 더 좋은 원본 영상을 요청한다.

•보험사기(도덕적 해이)라는 심증은 확실했지만 어쩔 수 없이 보험금을 지급했던 사건은?

(이에 대한 인터뷰 내용은 많았지만 몇 개만 소개한다) 자동차 단독사고 후 그 다음 날에 되어서야 사고 신고를 하는 경우가 제법 있는데 음주운전일 가능성이 높다. 사고 후 하루가 지나면 음주운전의 증거를 찾기는 불가능하기 때문에 이 경우 보험금을 지급할 수밖에 없다. 의심되지만 운전자가 사고 후 사라지거나 차를 거리에 두고 집에 간다든지 등 음주운전이라는 심증은 거의 확실하지만 보험금을 지급할 수밖에 없다. 사실 음주운전은 심각한 위험이라고 인식하는 미국 등과는 달리 여전히 우리나라는 음주운전이 빈번하고 음주 측정 거부에 대한 제재도 가볍다. 이렇다 보니 음주측정을 거부하고 이에 대한 제재 수준이 음주운전으로 제재를 받는 수준보다 가볍기 때문에 발생한다.[107]

치아보험 등 일부 건강보험을 당일 다수 계약을 체결하는 경우 중복보험 체크가 불가한데 보험에 대한 지식이 많은 판매자들이 이러한 당일 다수 계약을 유도하는 경우도 있는 것 같다. 그렇다 보니 대기기간이 지나면 치아보험의 경우 중복보험으로 수백만 원 이상의 금액을 수령하는 경우가 있는데 도덕적 해이가 분명해 보이지만 보험금을 지급해 줄 수밖에 없다. 제도적으로 건강보험 도 사망보험처럼 중복보험을 걸러내는 장치가 필요하다고 생각한다.

경미한 교통사고로 입원과 통원 치료를 받은 지 2년이 지났음에도 불구하는 여전히 일주일에 한번씩 통원 치료를 받으면서 합의금으로 수천만 원을 요구하는 사람이 실제로 있다. 거액의 합의금을 요구하는 보험소비자의 도덕적 해이를 통제하기 위해서는 상해등급별로 치료 기간을 정하는 것이 합리적이라고 생각한다.

•소비자에게 당부하고 싶은 말이 있다면?

'보험사기 별 거 아니다'라는 식으로 가볍게 생각하는 사람이 너무 많은 것 같다. 쉽게 돈을 벌 수 있다는 다른 사람 말만 듣다가 평생 전과자가 되는 경우가 많다. 예를 들어 상해보험은 이륜차 운전으로 발생하는 사고에 대한 보상을 하지 않는다고 분명히 명기하고 있지만, (오토바이를 타고가 사고가 났지만) 자전거를 타다가 넘어졌다고 상해보험 보험금을 청구하는 경우가 제법 있었다. 하지만 보험금 청구일과 오토바이 사고일을 체크하자 무더기로 적발되어 기소된 사례가 있다. 사고 후 쉽게 보험금을 편취할 수 있다는 생각에 보험금을 청구하다 전과자가 된 것이다. 적은 금액이라도, 사후적으로 보험회사를 속이는 경우라도 보험사기를 저지르면 범죄자가 된다는 것을 잘 모르고 있다. 교육과 홍보를 통해서 시민들이 '보험사기에 절대 참여해서 안 된다'는 인식을 꼭 가졌으면 좋겠다. 시민 스스로도 보험사기도 탈세나 절도와 같은 범죄라는 인식을 반드시 가졌으면 좋겠다.

• SIU 업무는 앞으로 어떻게 변할 것 같은가? 어떤 인재가 이 분야에 필요하다고 생각하나?

향후 SIU 업무는 현장을 찾아가서 혐의자를 직접 만나고 조사하는 일보다 정보, 즉 빅데이터를 분석하는 역량이 더 중요해질 것으로 생각한다. 혐의자를 직접 수사하는 일은 다양한 정보를 확보할 수 있는 경찰이 담당하게 될 것 같고 SIU는 사무실에서 빅데이터 분석을 통해서 일차적으로 혐의자를 추출하게 될 가능성이 높다. 따라서 젊고 전산 분석이나 컴퓨터를 잘 활용하는 디지털 인재가 많이 필요할 것 같다. 또 다른 인터뷰어는 보험사기는 점점 교활해지고 조직화 되고 있어서 SIU 업무가 점점 복잡해지고 전문화될 것 같다고 생각한다면서 사기(탐정)조사 관심자, 법률전문가, 의료전문가도 필요하다는 의견을 개진했다.

제19장 보험사기에 대한 최적 대응

보험사기는 공정사회와 복지국가 체계를 왜곡시키는 병이다. 이 병은 적발과 처벌이라는 수술만으로 제거될 수 없다. 보험사기의 근본적 처방은 소비자의 참여가 필수적이다. 보험사기는 범죄와 마찬가지로 국가와 사회 문제로 범사회적인 대응이 필요하다. 어떻게 보험사기에 대응할 하는 것이 최적인지 그 방안을 살펴본다.

▎시민의 보험사기 대응

첫째 우리 모두는 보험사기가 이웃에게 피해를 주는 범죄로 인식해야 한다. 민영보험, 사회보험 관계없이 보험은 집단의 공동 윤리가 기초다. 1장에서 언급한 것처럼 보험은 집단을 이루어서 개인에게 닥친 불행에 대응한다. 보험은 불의의 사고 위험에 있는 가입자 간의 연대(solidarity)로 만들어지고, 가입자 간 공정과 형평성이 있어야 연대는 공고해진다. 즉 보험가입자 모두의 공정한 거래를 통해서 연대가 원활하게 작동하는 것이다. 내가 보험금을 편취하면 내가 속한 보험 연대에 구멍을 내는 것이며 보험의 연대는 약해진다. 대부분 보험소비자는 보험의 연대와 윤리를 지키고 있지만 보험사기자는 그렇지 않다. 보험사기자는 본인의 이익 추구를 위해서 보험풀(insurance pool)에 같이 속해있는 이웃에게 손해를 끼치고 연대를 파괴하기 때문이다. 우리나라 소비자가 주요국 소비자에 비해서 부정직하다는 증거는 없지만, 보험사기를 용인하는 정도는 높은 편이다. 특히 공리주의에 익숙한 현대인은 보험의 특징인 사행계약성을 받아들이기보다는 '낸 보험료만큼 보험금으로 돌려받아야 한다'는 잘못된 생각에 빠질 수 있다. 이 왜곡된 생각은 보험료를 내고 얻는 마음의 안정과 평화의 가치를 무시하여 극단적인 도덕적 해이에 빠질 위험이 있다. 소비자의 연대와 공정에 대한 보험 교육이 절실하다. 보험학자의 역할이 중요한 대목이다. 보험제도 내의 연대와 공정이 이루어질 수 있도록 보험소비자 교육은 유치원, 초등학교 시절부터 고등학교까지 반복적으로 이루어져야 한다. 주입식 교육이 아니라 토론식 교육으로 스스로 연대 구성원으로 책임을 인식할 수 있어야 한다. 보험사기로부터 복지 사회를 지키기 위해서는 보험 연대가 유지되어야 하고 보험사기는 보험가입자 간 연대를 파괴하는 행위라는 것이 시민의 마음 속에 자리잡아야 한다. 한 가지 명심할 것은 시민에게 보험의 연대와 윤리를 지켜야 한다고 강조하는 것과 동시에 보험공급자인 보험회사 등은 당연히 보험소비자의 권익을 철저히 보호해야 한다.

둘째, 소비자가 보험사기를 당하지 않기 위해서는 자신이 보험계약자 또는 피보험자로 있는 보험계약을 찾아서 정리해 두는 것이 좋다. 생명(손해)보험협회 홈페이지에서 본인 정보를 입력하면 본인이 피보험자나 보험계약자로 되어 있는 보험상품명, 보험증권번호, 모집점포 및 전화번호 외에 실효된 보험계약도 포함된 정보를 찾을 수 있다. 이 조회는 주계약만 알 수 있으므로 특약으로 가입한 사망보험금 등은 조회되지 않는다. 그 정보는 보험회사에 요청해서 정확한 보험가입 정보를 알고 있어야 한다. 보험회사 외 그 외 금융기관(새마을금고, 우체국, 신협, 수협 등)에서 가입한 공제(보험)상품도 조회한 후 스스로 보험 정보를 잘 보관하는 지혜가 필요하다. 이는 중복보험과 과다보험가입을 피하는 방법이기도 하다.

셋째, 보험사기로 의심되는 사건을 목격한 경우, 피해를 받은 경우 또는 보험사기에 참여해 달라는 유혹을 받은 경우, 즉시 금융감독원 보험범죄신터 (insucop.fss.or.kr) 또는 다른 보험범죄센터로 신고해야 한다. 본인이 사고를 당해 가해자가 과실을 인정했다고 하더라도 사고의 상황이 너무 이상하다면 신고하는 것이 좋다. 5장 조직적 보험사기 사례에서 설명했지만 고의로 사고를 내고 본인 과실을 상대방에게 인정해서 여러 보험회사로부터 고액의 운전자보험 보험금을 편취하는 보험사기도 있기 때문이다. 보험금 처리와 관련하여 서비스를 제공하는 병원, 정비소 또는 보험설계사 등이 과다하게 보험을 활용하도록 유도하는 것도 당연히 보험범죄센터에 신고해야 한다. 보험사기가 점점 조직화되고 있기 때문이다. 정부나 지방자치단체는 시민들의 고발을 적극적으로 격려하고 지원해야 한다. 사실 부정부패, 탈세뿐만 아니라 불법주차, 환경보호 등 모든 분야에서 시민의 적극적인 참여가 있어야 사회의 안전, 질서 및 정의를 바로 잡을 수 있다. 공무원이나 관련 인력이 이 모든 분야의 문제를 감시하는 것은 불가능하다. 보험사기는 탈세와 유사한 성격으로 그 부작용도 유사하다. 시민의 적극적인 신고만이 보험사기자를 제압할 수 있다.

▮ 보험회사의 역할과 책임

동네에 도둑이 자주 든다면 제일 먼저 해야 하는 일이 무엇일까? 문단속을 잘하고, 사각지대가 없도록 CCTV와 가로등을 설치하고 방범을 강화하는 것이 먼저다. 그 다음에 도둑을 잡아서 처벌하는 것이다. 보험사기도 마찬가지다. 감독 당국과 보험회사는 보험사기가 지속적으로 증가한다는 사실을 강조하면서 소비자의 윤리에 호소하고 적발과 처벌 강화를 강조하고 있다. 하지만 보험회사가 문지기(gate-keeper)로서 스스로 '문단속'은 제대로 하고 있는지에 대해서는 덜 강조하는 듯하다.

보험회사는 생존과 성장을 위해 영업과 이익을 강조한다. 하지만 소비자의 선택이 그 전제라면 소비자와의 관계를 거래 대상에서 상생과 가치의 co-creator로 격상시키는 근원적인 변화가 필요하다. 대부분 보험사기는 사후적으로 발생하는 연성사기인 기회주의적 행동으로 발생한다. 연성사기의 발생에 중요한 원인 중 하나는 소비자에게 보험을 제공하는 보험회사를 신뢰하지 않고 거래 상대로만 생각하기 때문이다. 즉 소비자와 보험회사의 관계를 상생 및 연대(solidarity)의 대상이기보다는 각자 이익을 극대화하는 각자 도생의 거래 관계로 보기 때문이다. 1장에서 설명했지만 보험이란 원래 구성원의 연대(solidarity)로 '일인은 만인을 위하여, 만인은 일인을 위하여'라는 원칙하에 만들어졌다. 보험공급자와 수요자가 연대하여 같이 위험에 대응하고 가치를 창출할 수 있다면 적어도 연성사기는 획기적으로 감소할 것이다. 소비자와 보험회사의 관계가 단순한 거래관계를 넘어서 상생하여 가치를 같이 창출하는 (co-creation) 관계로 발전하는 것은 기업의 미래 비전이고도 하고 성장 전략이기도 하다. 이런 관점에서 경영자들은 고객과의 관계를 재설정하는 것이 필요하다. 연성사기는 공권력을 강화해서도 적발기법을 고도화하더라도 결코 대응할 수 없다. 고객이 거래하는 보험회사를 신뢰하여 상생의 대상으로 간주해야 연성사기를 통제할 수 있다.

보험회사가 보험사기 문지기로서 해야 하는 두 번째 일은 보험사기(도덕적해이)로 받은 피해 내용과 관련 상품을 철저히 분석한 후 이에 대한 예방 활동으로 연계해야 한다. 보험상품에서 어떤 방식으로 보험금이 편취되는지를 전방위적으로 조사하고 분석해야 한다. 적발 확률을 높이기 위해서는 잠재적인 보험사기자가 보험사기를 사전적으로 포기하도록 만드는 사전적(ex ante) 방안과 보험사기자가 보험사기 행위에 가담한 후 적발하는 사후적(ex post) 방안으로 나눌 수 있다.

사전적(ex ante) 방안에는 경영적 측면인 상품개발, 영업 및 마케팅, 계약심사 (언더라이팅)이 있고, 그리고 소비자보호 측면이 있다. 경영적 측면의 보험사기에 대한 사전적 방안은 상위 경영 목적인 이익 극대화에 종속되는 한계가 있다. 경영적 측면에서 상품개발 과정의 보험사기 방지 방안은 감독당국의 지시로 이미 보험상품의 보험사기 영향 평가 등의 방법으로 시행되고 있다. 보험사기 가능성이 큰 상품은 '판매를 지양하라'는 것이 감독당국의 메시지이기 하지만 보험회사 입장에서는 보험사기에 노출된다고 하더라도 이익극대화 및 매출 확대에 도움이 된다면 그 상품은 판매하게 된다는 한계가 있다. 개발한 보험상품 의 도덕적 해이 리스크를 인지하면서 그 상품을 출시한 경우에는 괜찮지만 개발한 보험상품의 리스크를 인지하지 못한 상태에서 그 보험상품이 시장에 출시되면 이른바 '여성시대건강보험'과 같은 걷잡을 수 없는 보험금 누수가 발생하게 된다. 또한 상품판매 시 모집인(대리점)이 직접 보험가입자를 접촉하므 로 보험가입자의 보험사기 가능성을 스크리닝 하는 것이 바람직하지만 현실적으 로 보험영업 성과가 더 중요한 판매자(모집인, 보험설계사, 대리점, GA)에게 이 역할을 적극적으로 기대하기는 어렵다. 따라서 보험회사는 판매자에게 반드시 점검해야 할 체크리스트를 제공하고, 판매자는 신의성실 의무하에서 이 체크리 스트를 작성하여 보험회사에 제공하도록 의무화하는 제도 정착 및 이에 대한 인센티브 구조를 마련할 것을 권고한다. 개인보험은 언더라이팅 과정에서 명백 한 근거가 있는 경우를 제외하면 적극적인 스크리닝을 통한 사전적으로 보험사기 위험을 차단하기는 어렵다. 결국 경영측면에서 사전적(ex ante) 대응은 소비자보 호를 통한 소비자의 인식 변화가 장기적으로 효과적일 수 있다.

보험자의 보험사기 사전적(ex ante) 대응은 구조적 한계가 있기 때문에 사후적(ex post) 대응에 집중적으로 투자한다. 사후적 대응에는 손해사정을 통한 비정상 청구 파악, 각종 데이터를 활용한 비정상적인 보험금 청구 조사 및 의심스러운 건에 대한 철저한 SIU의 조사 등이다. 거의 모든 자료가 디지털화 되는 상황에서 보험업계 내외를 포함한 데이터베이스를 세밀하게 구축하여 데이터를 활용한 비정상 청구와 보험사기 혐의자를 걸러내는 방법이 효과적인 대안이 될 수 있다. 향후 보험회사들은 SNS 정보를 원래의 보험금 청구 정보와 보험계약 정보와 연계한 빅데이터 분석을 통해서 보험사기 혐의자를 더 효과적으 로 걸러낼 수 있을 것이다. 사회보험인 건강보험, 고용보험, 산재보험, 국민연금 을 운영하는 기관은 이익과 효율성을 추구하는 민영보험회사와는 달리 지출하는 보험금 관리에 그렇게 민감하지 않다. 하지만 미국의 건강보험사기 예에서 보듯이 사회보험에 대한 보험사기도 민영보험 못지않게 빈도와 심도가 높다. 따라서 사회보험기관도 보험사기 적발 및 보험사기 제재 수위에 더 적극적인 자세를 보여주는 것이 바람직할 것 같다.

보험회사의 보험사기 적발과 예방 활동 중 주목받는 것은 빅데이터를 활용한 AI 보험사기 적발모형이다. 보험계약이 점점 소액화되고 디지털화되면서 보험 계약 및 보험금 신청 건수는 급격히 증가할 가능성이 크다. 이 많은 건수를 수작업으로 관리하고 특히 보험사기 정도를 평가하는 것은 거의 불가능하다. 보험사기 가능성을 평가하는 모형이 더욱 정교화되고 실시간 데이터를 반영할 수 있는 고차원적인 보험사기 적발모형이 필요한 이유이다. SIU를 통한 조사는 보험사기를 입증하기 위해서 여전히 필요하지만 교묘해지고 디지털화되는 보험 사기를 적발하기에는 한계가 있다. 고차원적 적발모형은 민영보험뿐만 아니라 건강보험 등 사회보험에서도 활용해야 한다. 건보공단도 불법개설기관 적발률 향상을 위해 공단 데이터를 활용한 사전분석 강화, 불법개설 의료기관 감지시스 템 고도화 등을 추진 중이며 향후 AI(인공지능)를 활용해 적발률을 높이기 위한 모형을 개발하고 있다.

금융 당국의 역할 확대

금융 당국의 첫 번째 역할은 당연히 적절한 규제이다. 소비자의 보험(회사)에 대한 신뢰를 높이는 것은 단기간에 이룰 수 없는 보험산업의 장기 과제이다. 하지만 선의의 규제를 통해서 감독 당국도 보험(회사)에 대한 소비자 신뢰를 제고할 수 있다. 장기적인 신뢰 강화를 위해서는 보험상품은 더 단순화되어야 하고 보험거래는 더 투명해져야 한다. 이에 대한 규제 인센티브가 작동할 수 있도록 해야 한다. 그리고 감독당국은 보험회사의 단기적 이익 추구를 위한 리스크-테이킹(risk taking)에 대해 자본규제를 적용해서 규제차익을 최대한 제거해야 한다. 도덕적 해이 위험이 높은 상품이 시장에 나오는 이유는 단기적으로는 영업이익을 취할 수 있기 때문인데, 상품 개발의 자율성을 보장하면서도 리스크-테이킹으로 증가하는 리스크는 자본 규제를 통해서 보험회사 스스로 책임지도록 해야 한다.

금융당국의 두 번째 역할은 신속한 제도 개선이다. 보험사기와 도덕적 해이는 보험상품의 약한 고리를 찾아 지속적으로 변화하고 진화한다. 보험공급자는 사고를 현장에서 목격할 수 없고, 보험가입자의 행태를 직접 관찰할 수도 없다. 보험공급자는 보험금 신청이 접수된 이후 그 사실을 간접적 근거로 확인할 수밖에 없다. 사기자들은 공급자의 이러한 약점을 잘 알고 이 사실을 집요하게 이용한다. 나아가 보험사기자는 보험상품과 보험제도의 약점을 잘 알고 집요하고 파고든다. 예를 들어 과거 생명보험회사가 타사에 가입된 사망보험계약을 체크할 수 없었을 때 보험범죄자들은 사망보험을 중복해 가입해서 보험살인을 저지르기도 했다. 하지만 생명보험회사들이 사망보험가입금액을 서로 체크하면서 생명보험회사에서 중복 사망보험을 가입하기는 어려워졌다. 그 후 보험사기자들은 사망보험금 중복 체크가 어려운 손해보험회사의 사고 특약에 가입하고,

우체국, 협동조합 등 유사보험회사에서 사망보험을 중복가입한다. 비슷한 예는 한때 빈도가 매우 높았던 외체자를 이용한 보험사기다. 외제차는 수리 비용도 비싸고, 렌트카 비용도 비싸 보험사기자의 좋은 먹이감이었다. 외제차를 이용해서 고의사고를 유발한 후 보험금과 렌트 비용 등을 편취하는 수법이다. 진화하는 보험사기 수법에는 일부 보험설계사, 병의원과 정비·렌트 업체의 도덕적 해이와 유인수요가 존재하는 경우가 많다. 정부와 감독 당국은 보험사기 트렌드를 지속적으로 확인하여 적시에 제도를 보완하고 개선해야 한다. 제도 개선은 문제보다 후행할 수밖에 없지만 문제를 조기에 파악한다면 보험사기 피해를 대폭 경감 할 수 있다. 적절한 제도 개선을 통해서 보험사기 유인 효과가 큰 상품에 대한 관리, 법제 개선을 통한 보험금 편취 회로 차단 그리고 보험사기에 대한 적발 및 처벌 강화를 기대할 수 있다.

금융당국의 세 번째 역할은 보험사기 조사 강화하는 것이다. 보험업법 제162조는 보험사기 조사에 대한 내용을 규정하고 있다. 먼저 제1항은'이 법 및 이 법에 따른 명령 또는 조치를 위반한 사실이 있거나, 공익 또는 건전한 보험거래질서의 확립을 위하여 필요한 경우'에 금융위원회는 '보험회사, 보험계약자, 피보험자, 보험금을 취득할 자, 그 밖에 보험계약에 관하여 이해관계가 있는 자(이하 관계자)에 대한 조사할 수' 있도록 하고 있다. 나아가 제2항에서는 조사가 필요한 경우 관계자에게 '조사사항에 대한 사실과 상황에 대한 진술서의 제출, 조사에 필요한 장부, 서류, 그 밖의 물건의 제출'을 요구할 수 있다고 규정하고 있다. 또한 제4항은 금융위원회의 "조사를 방해하거나 제출된 자료를 거짓으로 작성하거나, 그 제출을 게을리 한 경우 관계자가 소속된 단체의 장에게 관계자에 대한 문책을 요구할 수 있다."고 하고 있다.

보험업법 제162조는 금융위원회(금융감독원)에 관계자에 대한 진술서 등 자료제출요구권을 부여하였지만, 출석요구권, 공공정보 요청권을 부여하지 않았다. 따라서 보험사기 관련자에 대한 직접적인 진술청취 등이 곤란하고, 보험사기 조사과정에서 국가·공공기관 등의 정보를 활용할 필요성이 크지만, 이를 요청할 법적 근거가 없다. 금융감독원의 보험사기 조사와 유사한 자본시장의 불공정거래조사의 경우에는 출석요구권, 공공정보 요청권 외에 압수수색(특별사법경찰권의 경우) 권한도 보유하고 있고 큰 차이가 있다.108 자본시장의 불공정거래조사가 금융시스템에 악영향을 차단하기 위한 것이라면 보험사기 조사는 사회적인 도덕적 해이를 차단하기 위한 것으로 볼 수 있어 보험사기 조사 시 출석요구권과 공공정보요청권을 부여하는 것을 검토할 필요가 있다고 본다.

[표 41] 보험업법의 보험사기 조사 관련 규정

제162조(조사대상 및 방법 등) ① 금융위원회는 다음 각 호의 어느 하나에 해당하는 경우에는 보험회사, 보험계약자, 피보험자, 보험금을 취득할 자, 그 밖에 보험계약에 관하여 이해관계가 있는 자(이하 이 장에서 "관계자"라 한다)에 대한 조사를 할 수 있다.
  1. 이 법 및 이 법에 따른 명령 또는 조치를 위반한 사실이 있는 경우
  2. 공익 또는 건전한 보험거래질서의 확립을 위하여 필요한 경우
② 금융위원회는 제1항에 따른 조사를 위하여 필요하다고 인정되는 경우에는 관계자에게 다음 각 호의 사항을 요구할 수 있다.
  1. 조사사항에 대한 사실과 상황에 대한 진술서의 제출
  2. 조사에 필요한 장부, 서류, 그 밖의 물건의 제출
③ 제1항 및 제2항의 조사에 관하여는 제133조 제4항을 준용한다.
④ 금융위원회는 관계자가 제1항에 따른 조사를 방해하거나 제2항에 따라 제출하는 자료를 거짓으로 작성하거나 그 제출을 게을리한 경우에는 관계자가 소속된 단체의 장에게 관계자에 대한 문책 등을 요구할 수 있다. [전문개정 2010.7.23]

참고로 뉴욕 주 보험사기국의 사법경찰관(Peace Officer)은 확실한 보험사기 조사 권한을 가지고 있다. 우선 혐의자에 대한 광범위한 정보접근권이 있다. 여기에는 보험정보, 질병정보, 납세정보, 차량정보 등이 포함된 공공정보 요구권이 포함된다. 그리고 혐의자에 대한 개인정보 열람권이 있다. 이를 통해서 계좌정보, 통화기록 등 주요정보를 파악할 수 있다. 나아가 혐의자에 대한 소환권뿐만 아니라 압수할 권한 및 체포할 권한도 가지고 있다.

[표 42] 금융사기 조사를 위한 증거 확보 관련 법적 조사 권한 비교

구분	진술서	관계자 자료제출	출석요구	공공기관 자료제출	압수
보험사기 조사	○	○	×	×	×
불공정거래조사 (자본시장)	○	○	○	○	○
불법외환 거래조사	○	○	○	○	×
회계감리	○	○	○	○	×

감독 당국은 보험회사가 스스로 보험사기를 통제하는 의무를 이행하는지 감독해야 한다. 이익과 매출 확대를 추구하는 사기업의 속성상 보험회사는 보험사기보다 영업을 훨씬 중요하게 생각한다. 따라서 적극적인 상품 개발 및 영업을 지원하는 경향이 강하지 리스크 관리나 보험사기 위험에는 소극적이다. 하지만 보험사기는 사회구성원의 상호 신뢰뿐만 아니라 보험계약자 공통의 연대를 위해서 엄격히 통제되어야 한다. 특히 전체 보험회사가 일관된 원칙과 엄격한 관리를 하지 않는다면 보험사기 범죄자는 약한 고리를 치고 나가서 둑은 무너질 수 있다는 사실을 알아야 한다. 이 책에서 언급된 보험사기와 도덕적 해이 사례를 보면 보험사기에 취약한 상품이나 다수의 고액 중복보험 등을 사전에 걸러내지 못해서 보험금이 누수된 측면도 제법 있다. 감독당국은 보험회사 스스로 보험사기에 취약한 상품을 철회하고 리스크 관리를 하도록 유도해야 한다.

보험사기에 참여한 병의원 등에 대한 제재 강화

병의원이 보험사기을 주도하거나 참여한 사례가 우리나라뿐만 아니라 주요 국에서도 빈번하게 발생한다. 국가에서 운영하는 건강보험이나 산재보험의 보험사기(부정수급)도 병의원이 주도하거나 참여하는 경우가 많다.[109] 100세 시대를 맞이하여 소비자의 건강에 대한 관심은 매우 높아 병의원의 유인수요 자극이나 과다한 의료서비스에 쉽게 당할 가능성이 매우 크다. 하지만 보험사기로 적발된 병의원에 대한 제재는 약한 편이다. 보험사기를 보험회사나 경찰이 적발한다고 하더라도 영업정지나 특히 보험사기에 가담한 의료진에 대한 면허 취소는 드물다. 보험사기를 주도하거나 가담한 병의원에 대해서는 보건복지부나 건강보험심사평가원 등이 적극적으로 제재해야 한다.

보험사기가 가장 많은 자동차보험과 실손보험에서 병의원이나 정비업체 등이 보험사기를 주도하거나 참여하는 경우가 많다. 특히 실손보험이 일반화되면서 병의원 등 의료진이 주도하거나 참여한 보험사기는 많지만 이에 대한 제재는 미약하다. 불법 행위에 대한 처벌이 약하다 보니 보험사기를 통제하기는 매우 어렵다. 아래 표는 현재 국회에는 보험사기특별법 개정을 위해 발의한 4개의 법률안을 비교하고 있다. 개정안 내용 중 중복되는 것은 보험사고 관련된 의료인과 정비업자에 대한 가중 처벌이다. 국회에서도 이 문제의 심각성을 인지하고 안건에 대한 숙의를 거쳐 통과되기를 바란다.

[표 43] 2021년말 현재 발의된 보험사기특별법 개정안 비교

발의 개정안의 주요 내용	발의 의원
– 보험업 관계자(의료인 · 정비업자 등)의 보험사기 가중처벌* * (현행) 10년 이하 징역, 5천만 원 이하 벌금 → (관계자) 1/2 가중처벌 – 금융위(금감원)의 보험사기 근절을 위한 자료제공 요청권* 신설 * (요청대상) 정부 · 보험회사 등 대통령령으로 정하는 기관 – 보험사기로 누수된 보험금 환수 강화* 및 보험계약 해지권 신설 * 보험사기범, 보험사기 확정판결 시 편취한 보험금 반환토록 의무 신설 등	이주환 의원 (산자위) 2020.6.30
– 보험업 관계자(의료인 · 정비업자 등)의 보험사기 가중처벌* * (현행) 10년 이하 징역, 5천만 원 이하 벌금 → (관계자) 15년, 1억 원 – 보험사기로 누수 된 보험금 환수 강화 * 보험사기범, 보험사기 확정판결 시 편취한 보험금 반환토록 의무 신설 등	윤창현 의원 (정무위) 발의 2020.7.31
– 보험업 관계자(의료인 · 정비업자 등)의 보험사기 가중처벌* * (현행) 10년 이하 징역, 5천만 원 이하 벌금 → (관계자) 1/2 가중처벌 – 금융위(금감원)의 보험사기 근절을 위한 자료제공 요청권* 신설 * (요청대상) 정부 · 보험회사 등 대통령령으로 정하는 기관 – 금융위가 정하는 보험회사, 전담조직 마련 등 의무 신설 – 금융위의 보험회사에 대한 보험사기 관련 검사권 신설 – 보험회사의 자동차보험사기 할증보험료 환급의무 신설	홍성국 의원 (정무위) 2020.12.9
– 보험업 관계자(의료인 · 정비업자 등)의 보험사기 가중처벌* * (현행) 10년 이하 징역, 5천만 원 이하 벌금 → (관계자) 10년 이하 징역, 1억 원 이하 벌금 – 금융위(금감원)의 보험사기 근절을 위한 자료제공 요청권* 신설 * (요청대상) 정부 · 보험회사 등 대통령령으로 정하는 기관 – 보험사기로 누수된 보험금 환수 강화* 및 보험계약 해지권 신설 * 보험사기범, 보험사기 확정판결 시 편취한 보험금 반환토록 의무 신설 등 – 금융위가 정하는 보험회사, 보험사기 전담조직 마련 등 의무 신설 – 금융위의 보험회사에 대한 보험사기 관련 검사권 신설 – 보험회사의 수사기관 보험사기 자료제출 시, 신정법상 통보의무 면제 – 심평원의 입원적정성 심사기준 마련 근거 신설 – 보험사기 행위와 관련한 알선, 광고 금지규정 신설 * 위반 시 1천만 원 이하의 과태료	김한정 의원 (정무위) 2020.12.23

▌경찰과 검찰의 보험사기 수사조직 상설화

보험사기를 억제하는 대안 중 가장 직접적인 방안은 보험사기 범죄자에 대해서 집요한 수사 및 엄격한 처벌이다. 보험사기 적발 확률이 높아지고 처벌 수위가 엄격해지면 경제적 동인에 의해 보험사기에 참여하는 보험사기자의 범죄 가담 가능성은 하락할 것이다. 적발 확률을 높이고, 적발 시 제재를 강화하기 위해서는 보험범죄 수사조직의 강화가 필요하다. 2021년 현재 검·경수사권 조정으로 보험사기는 경찰에서 수사를 담당하고 검찰은 기소를 담당하는 구조로 정리된 상태이다. 정부는 2009년 국무총리 주재 제28차 국가정책조정회의에서 '보험범죄전담합동대책단'을 두기로 결정하여 2009년 7월 서울중앙지검 형사4부 소속으로 '보험범죄 전담 합동대책반'을 설치하여 9개 기관에서 파견 직원을 받아 상설체로 운영하였다. 2019년 3월 이 대책반은 대검찰청 형사과를 이관되면서 9개 기관의 회의체로 축소되었다. 그 후 검·경 수사권 조정이 이루어지면서 현재는 이 대책반은 운영되고 있지 않은 상태이다. 보험범죄 전담 합동대책반이 이대로 유명무실해지거나 해체될 경우 보험범죄 수사의 컨트롤 기능을 상실할 우려가 있다. 보험사기(범죄) 피해는 민영보험뿐만 아니라 사회보험이나 사회복지로 광범위하게 발생하고 점점 증가할 것으로 예상되는데 정부의 보험사기에 대한 종합대책반이 없다면 효과적이고 전방위적인 보험사기 대응은 어렵다. 향후 사회보험과 복지에 대한 부정수급 등에 효과적으로 대응하기 위해서라도 정부 차원의 보험범죄전담합동대책반을 상설 기구화하는 방안이 필요할 것이다.

미국 뉴저지 주 등 7개가 주에서도 검찰이 보험범죄를 주도적으로 대응하고 있다. 뉴저지 주는 주 검찰청 산하의 보험범죄검사실(Office of Insurance Fraud Prosecutor)을 설치하여 보험범죄검사실이 보험사기 수사를 지휘하는 것은 물론 보험범죄 조사기관의 허브 역할을 하고 있다. 보험범죄검사실의 설치는 보험범죄 근절에 대한 그 사회의 관심 및 노력을 보여주는 것으로 그 결과 보험사기자에 대한 형량이 대폭 증가하였고 징역기간도 길어졌다. 현재 대검찰청 산하 한시적인 조직인 '보험범죄전담합동대책반'을 대검찰청 산하 상설조직으로 운영한다면 보험범죄에 대해 보다 적극적이고 전문적으로 수사를 진행할 수 있을 것이다.

국가수사본부 산하 시·도경찰청 경제범죄수사과 및 교통범죄수사과는 보험사기뿐만 아니라 다른 지능범죄 및 교통범죄를 함께 수사하고 있어 집중적이고 효율적인 보험사기 수사가 어려운 상황이다. 경찰도 영국의 IFED(Insurance Fraud Enforcement Department)와 유사한 공식적인 보험범죄수사 조직을 만들어 보험사기 수사에 집중화한다면 보험사기 적발 수사에 대한 전문성을 제고시킬 수 있다. 현재는 보험사기가 민영보험에 집중되어 있지만 향후 고용보험, 장기간병보험, 산재보험, 건강보험 등 사회보험에서 많은 보험사기(부정수급)가 나타날 가능성이 있으므로 경찰에 공식적인 보험범죄 수사조직을 둘 필요가 있다. 나아가 보험범죄 수사에 대한 교육 및 훈련을 통해 보험사기 수사기법을 전문화하여 보험사기 전문수사관을 양성하기에도 용이할 것이다.

▌보험사기에 대한 최적 대응 전략

보험회사의 일반적인 경영 목표는 생존과 성장이고 이를 위해서 영업과 수익성에 집중한다. 하지만 보험회사가 생존과 성장하기 위한 전제는 소비자의 선택이다. 따라서 소비자와 상생(Win-Win)하는 것이 생존과 성장의 유일한 길이다. 과거 소비자 힘의 약했던 시절에는 금융당국은 공급자 중심이었고 소비자는 보험회사 성장에 중요 변수가 아니었다. 하지만 디지털시대인 21세기에 소비자는 보험회사 생존의 핵심 요인이다. 보험회사가 단기적으로 이익을 많이 내지만, 소비자는 불만스럽고 그 회사를 신뢰하지 않는다면 그 회사의 미래는 어둡고 내리막이다. 고객의 평판과 신뢰가 낮은 보험회사가 디지털시대에 생존하기는 어렵다. 과거처럼 소비자는 단순히 공급자의 거래 상대방이며 비즈니스 대상이 아니다. 소비자의 위험을 인수, 평가하고 사고 시 보상해야 하는 보험회사에게 소비자는 운명공동체이며 같이 생존하고 성장해야 하는 파트너여야 한다. 소비자는 보험 가치를 만드는 co-creator로서 회사의 운명을 결정하는 존재이다.

보험회사가 고객과 상생(Win-Win)하겠다는 미션은 기업 가치의 창출, 충성고객의 확보에 중요할 뿐 아니라 보험사기의 대부분을 차지하는 연성사기와 도덕적 해이를 통제하는데 매우 효과적이다. 보험회사가 소비자와 같이 보험가치를 창출하는 co-creator가 되기 위해서는 고객의 관점에서 상품이 만들어지고, 보상이 이루어져야 한다. 이익추구나 매출성장만이 보험회사 경영 목표가 아니고 소비자보호도 경영 목표에 당연히 포함되어야 보험에 대한 소비자의 인식전환을 가져올 수 있다. 이를 위해서는 상품 설명이 제대로 이행되지 않고 보험금 지급 시 약자인 고객의 권리를 존중해야 한다. 이러한 '고객중심'의 경영 목표는 보험사기를 넘어서 회사의 경영 전략을 대폭 수정해야 할지도 모르는 큰 변화가 될 수 있다. 이런 변화 없이는 연성사기와 도덕적 해이를 결코 통제할 수 없다. 도덕적 해이는 고도의 적발이나 제재 기법으로도 통제하기 어렵고 고객 스스로의 자제로서만 가능하기 때문이다. 사회적인 도덕과 윤리를 개별 회사가 통제하기 어렵지만 기업은 스스로와 고객과의 관계는 재설정할 수 있다.

보험사기자는 사기의 기대이익이 적발의 예상손실보다 크기 때문에 보험사기를 저지른다. 경제범죄인 보험사기를 예방하고 억제하기 위한 기본전략은 보험사기 행위가 적발되어 발생하는 보험사기자의 예상손실(징역, 비난 등)을 증가시키는 한편, 보험사기 행위의 비적발(성공)에 따른 기대편익을 줄여야 한다. 범죄경제학 모델에서 보험사기 적발 시의 예상손실은 적발확률과 적발 시 제재 정도(penalty severity)로 구성된다고 본다.

회학과 심리학의 보험사기 연구에서는 보험사기를 예방하고 억제하는데 소비자의 보험사기에 대한 용인태도 및 도덕성을 핵심적인 변수로 간주한다.[110] 기회주의적 보험범죄인 연성 보험사기의 경우 개인의 도덕성 수준이나 보험사기에 대한 용인태도에 따라 보험사기 가담 여부가 결정된다고 분석한다. 특히 보험회사가 실손보험상품이 아닌 정액보상 상품을 많이 출시하는 현실에서 보상받을 소비자의 권리와 연성 보험사기를 구별하기 어려운 상황이 발생하는데 이 경우 확실한 근거가 없다면 당연히 소비자의 선의라고 해석하고 보상해야 한다. 2015년 영국정부의 보험사기TF나 미국 CAIF 등 많은 기관에서도 보험사기를 억제하고 예방하는 기본적인 조건으로 철저한 적발, 엄격한 처벌과 함께 보험사기에 대한 윤리의식을 꼽고 있다.

소비자와 보험회사가 상생하겠다는 비전하에 보험사기 예방과 억제를 위한 세 가지 원칙은 ① 보험 공급자의 철저한 예방, ②철저한 적발 및 엄격한

[그림 22] 보험사기 예방과 억제를 위한 비전과 원칙

제재, ③ 소비자에 대한 교육과 홍보이다. 이 세 가지 원칙을 달성하기 위해서 각 주체인 보험회사(기관), 정부 및 감독 당국, 소비자의 개선과 변화가 필요하다. 무엇보다 먼저 보험사기의 대상이며 보험공급자인 보험회사(기관)는 변화와

개선을 통해서 보험사기를 예방할 수 있어야 한다. 대표적으로 보험상품을 복잡하게 만들기보다는 단순화해서 보험사기의 대상이 되지 않도록 해야 한다. 감독 당국은 복잡한 상품에 대해서는 소비자보호 및 도덕적 해이가 통제되고 있는지 상시적으로 감독해야 할 필요가 있다. 보험회사는 '철저한 적발'을 위해서 투자하고 전문화해야 한다. 심증은 있지만 물증이 없어서 분쟁의 소지가 있다면 보험회사는 보험금을 지불할 수밖에 없다. 애매한 건에 대한 소송은 실질적인 재판결과도 공급자가 불리할 것이며 특히 자사에 대한 신뢰만 하락시킬 뿐이다. 소비자의 정당한 권리와 보험사기 혐의가 충돌하는 애매한 경우에는 소비자 권리가 우선이라는 사실을 받아들여야 소비자의 신뢰를 얻을 수 있다.

둘째 보험사기 적발 확률 및 제재 강도를 제고해야 하므로 정부와 수사기관의 보험범죄 수사에 대한 상실조직 및 전문 인력을 확보해야 한다. 보험사기에 대한 제재 수위를 높여 '보험사기는 범죄다'라는 인식을 전 국민에게 확산할 필요가 있다. 이를 위해 필요한 경우 보험사기에 대한 법제 개선을 연구할 필요도 있다. 특히 보험사기에 참여한 병의원이나 정비업체 등 조직과 보험설계사와 의료인 등 개인에 대해서도 보다 엄격한 제재가 필요하다. 이를 위한 보험사기특별법에 대한 개정도 시급하다.

셋째 소비자 교육과 홍보이다. 보험사기에 대한 사회적 용인은 보험사기의 확산을 부추긴다. 소비자 윤리를 정립하기 위한 연구나 운동은 정부나 보험업계보다는 학계나 시민단체를 중심으로 시작되는 것이 바람직하다. 다만 일방적으로 보험소비자의 윤리를 강조하기보다는 공급자인 보험회사의 '친소비자적 변화'가 동반되면서 보험소비자에 대한 교육과 윤리운동이 전개되어야 한다. 아래 표는 보험범죄 대응 방향, 전략 및 세부 방안을 정리한 것이다. 보험공급자는 신뢰를 통해서 소비자와 상생을 이루고, 이 상생을 통해서 보험사기에 대한 적극적인 통제가 이루어질 수 있다.

[표 54] 보험사기 대응 전략 및 필요 활동

구분	방향	전략	세부 전략	필요 활동
예상손실 최대화 전략	보험사기 용인태도 개혁	보험사기 야기하는 사회적 인식/태도 척결	– 보험사기를 용인하는 원인 제거 – 보험사기를 권고하는 원인 제거 – 거짓말(사기)을 배척하는 문화 장려	초·중 윤리/보험 교육 강화 보험사기 방지 교육
		보험사기 야기하는 보험회사의 문제 개혁	– 경영행태 (소비자에 대한 인식) 전환 – 불완전판매 문제의 최소화 – 합리적 보상 문화 정착	경영 혁신 실행
	보험사기 적발확률 제고*	보험회사 입구전략: 계약심사 (언더라이팅) 강화	– 상품개발과정에서 보험사기 가능성 반영 – 판매자의 일차적 계약심사 기능 정착 – 인수 데이터 분석을 통한 계약심사 정착	상품별 보험사기(모럴 해저드 포함) 지수 계산 및 적용
		보험회사/금감원의 적발 활동 강화	– 데이터 분석을 통한 적발 활동 강화 – SIU를 통한 적발 활동 강화 – 금감원은 타 기관과 데이터 공조 활성화	적발시스템 고도화 SIU·보상 처우 개선 공사 정보 공유
		수사기관의 활동	– 검찰과 경찰의 적극적인 수사 – 검찰의 적극적인 기소와 엄격한 양형 적용	법 개정 및 전담 대책반 상설화
		시민(소비자)의 적극적인 제보	– 보험사기의 사회에 대한 악영향 홍보 – 적극적 제보를 위한 인센티브 제도	고발제도 활성화
	보험사기 적발 시 제재 (penalty) 강화	법적 제재 강화	– 형사처벌(징역 등) 엄격하게 구형 – 민사적 제재(손해배상) 제재 강화	특별법 개정 및 보험사기 양형강화
		보험회사의 통제	사기(혐의)자에 대한 정보 공유	보험사기 정보 공유
		친구, 가족 등에 의한 내적 통제기재 강화	– 보험사기에 대한 인식 전환 – 내적 통제기재의 작동 강화	초·중 도덕/보험교육 방송·언론 통한 보험사기 대응

예상편익 최소화 전략	보험사기 편익 최소화	실손보상 원칙의 준수	− 보험회사의 정액 보상 자제 − 신속 합의를 위한 현금 보상 자제	취약상품 출시 사전 통제
		정액상품의 정교화	− 정액상품은 정교한 설계 및 계약 심사(언더라이팅) 전제	취약상품 출시 사전 통제
	보험사기 성공확률 최소화*	보험회사 입구전략: 계약심사(언더라이팅) 강화	− 상품개발과정에서 보험사기 가능성 반영 − 판매자의 일차적 계약심사 기능 정착 − 인수 데이터 분석을 통한 계약심사 정착	상품별 사기지수 계산 및 적용
		보험회사/금감원의 적발 활동 강화	− 데이터 분석을 통한 적발 활동 강화 − SIU를 통한 적발 활동 강화 금감원과 다른 기관과 데이터 공조 활성화	적발시스템 고도화 SIU·보상 처후 개선 공사 정보 공유
		수사기관의 활동	− 검찰과 경찰의 적극적인 수사 − 검찰의 적극적인 기소와 엄격한 양형 적용	법 개정 및 정부의 전담대책반 상설화
		시민(소비자)의 제보	− 보험사기의 사회에 대한 악영향 홍보 − 적극적 제보를 위한 인센티브 제도	고발제도 활성화

*보험사기 적발확률 제고 방안과 보험사기 성공확률 최소화 방안은 동일함.

미주

1 미국 연방수사국(FBI)는 이러한 행위도 보험사기에 포함된다.

2 이 문제는 보험계약은 등가계약이 아니라 사행계약이기 때문에 발생한다고 볼 수도 있다. 이 '본전 찾기' 생각은 불의의 피해자를 위해 다수가 공동 대응하는 '일인은 만인을 위하여, 만인은 일인을 위하여'의 보험 기본원리를 정면으로 부인하는 것이다.

3 보험사기로 인한 민영보험 누수금액은 5.8조 원, 국민건강보험 누수액은 1.8조 원이라는 연구 결과도 있음(보험연구원 · 서울대, 2019) 자세한 내용은 이 책의 16장을 참고하기 바람.

4 보험과 연대에 대한 자세한 논의는 김헌수 외(2013) '보험, 연대를 말하다'를 참고바람.

5 형법 347조에서는 "사람을 기망하여 재물의 교부를 받거나 재산상의 이익을 취득한 자는 사기죄에 해당하여 10년 이하의 징역 또는 2천만 원 이하의 벌금에 처하고 제3자로 하여금 재물의 교부를 받게 하거나 재산상의 이익을 취득하게 한 때에도 사기죄로 규정"하고 있는데, 이를 보험에 대비시켜 보면 보험자를 기망하여 보험금을 편취하거나 제3자로 하여금 보험금을 교부받게 할 경우 형법 상 사기죄의 구성요건을 충족한다.

6 머니투데이, 2019년 1월 4일
(https://news.mt.co.kr/mtview.php?no=2019010319051469054)

7 이하 내용은 상기 참고한 머니투데이 2019년 1월 4일 기사에서 발췌 · 정리함.

8 자세한 설명은 김헌수(2014) '보험사기: 연구성과, 현황 및 쟁점'을 참고 바람

9 미국 손해보험에서 보험사기 규모는 지급보험금의 10% 정도라고 일반적으로 추측한다.

10 https://www.fbi.gov/stats-services/publications/insurance-fraud

11 보험금 지급 여부가 혼재된 경우 보험금 지급금액과 보험사기로 수령 가능 금액(예상손해액)을 합해서 보고된다.

12 이 장 통계는 금융감독원에서 지금까지 발표한 각종 통계를 통합해서 만들어진 것임.

13 보험사기 적발 규모는 총 보험사기(적발+비적발) 규모가 클수록 그리고 적발노력이 클수록 증가한다.

14 한국형사정책연구원(2012)은 지난 5년(2008~2012)간 보험범죄 판례에 나타난 1,719명의 보험범죄자는 남자 79%, 여자 21%로 보고하였다.

15 여기에 직역연금인 공무원연금, 군인연금 및 사학연금을 포함하여 8대 사회보험으로 통칭하기도 함.

16 건보공단이 실제로 징수한 금액은 약 1,159억 원으로 전체 환수결정액 대비 5%에 못미치는 4.37%에 불과했다. 2016년에는 약 284억 원으로 환수결정액 대비 6.81%까지 징수했지만, 지난해와 올해는 겨우 2%대 징수율에 그쳤다. 의학신문 2021년 8월 18일 기사.

17 https://www.medigatenews.com/news/2211677510, 2020년 10월 13일 내용과 국회 예산정책처(2019)를 중심으로 정리함.

18 http://www.daenews.co.kr/news/view.php?no=15361, 2021년 8월 17일 동아경제의 내용을 중심으로 정리함.

19 https://www.yna.co.kr/view/AKR20190831022000004, 연합뉴스 2019년 9월 1일 기사 재

정리함.

20 검찰의 직접수사범위를 부패, 경제, 공직자, 선거, 방위산업, 대형참사범죄 6대범죄와 경찰관범죄, 경찰송치범죄로 한정함.

21 경찰청 수사는 국가수사본부장을 중심으로, 지방경찰청은 수사부장(차장)이 수사를 담당하고 경찰청장(지방경찰청장)은 국가수사본부장(수사부장)에게 구체적인 수사지휘는 불가함.

22 형법 제347조에 의하면 사람을 기망하여 재물의 교부를 받거나 재산상의 이익을 취득한 자는 10년 이하의 징역 또는 2천만 원 이하의 벌금에 처한다. 제3자로 하여금 재물의 교부를 받게 하거나 재산상의 이익을 취득하게 한 때에도 같은 제재를 받는다. 형법 제352조는 사기죄 미수범도 처벌하도록 하고 있다.

23 보험연구원(2020) CEO Report 2020-07 보험산업 진단과 과제(IV) 보험분쟁과 법제

24 https://roamsys-next.com/2020/10/22/insights-18-historical-fraud-incidents/

25 브라운(2010) 생명보험사

26 해상대차는 다음과 같이 이루어진다. 자본가는 항해자에게 자금을 제공하며 이 자금은 차입자가 소유·활용하고 자본가는 대부 원금에 이자를 붙인 가격으로 항해위험을 인수한다. 항해가 무사히 성공한 경우에만 원금과 이자가 반환되고 항해에 실패한 경우(침몰 등) 대부 자금을 반환할 필요가 없다.

27 http://legacy.h21.hani.co.kr/h21/data/L990308/1paq3807.html

28 https://kennedyslaw.com/thought-leadership/blogs/a-short-history-of-insurance-fraud/

29 https://insucop.fss.or.kr/fss/insucop/define01.jsp

30 http://www.hani.co.kr/arti/economy/consumer/90951.html#csidx1d6ed9ed65326ca805a75af3415325c

31 이 부분은 SBS '그것이 알고 싶다', 방송과 언론 보도, 나무위키(namu.wiki) 등을 참고하여 정리함.

32 연합뉴스(https://www.yna.co.kr) 2021년 11월 17일

33 금융감독원 보험조사국(2015) 보도자료 내용을 정리함.

34 http://www.mdtoday.co.kr/mdtoday/index.html?no=255275

35 보험사기와 도덕적 해이에 관한 학문적 연구에 대해서는 III부에서 다루기로 함.

36 김창호(2020), '자동차보험 한방진료의 현황과 개선과제'; 국회입법조사처(2020.7.10) 보고서를 기초로 정리함.

37 건강보험심사평가원은 경상환자에 대한 별도 기준이 없으나 주상병이 자동차보험 12~14급에 해당하는 뇌진탕, 경추염좌, 요추염좌를 기준으로 통계가 산출됨.

38 금융감독원의 2021년 9월 30일 보도자료를 중심으로 정리함.
(https://www.fss.or.kr/fss/kr/promo/bodobbs_view.jsp?seqno=24238&no=16220&s_title=&s_kind=&page=1)

39 보험연구원 KIRI리포트(2021.7.19.), '백내장수술의 실손의료보험 보험금 현황과 과제'를 기초로 정리함.

40 연합뉴스 2020년 6월 30일(https://www.yna.co.kr/view/AKR20200629100800002)

41 이 부분은 건강보험의 진화와 미래(보험미래포럼) 285~289쪽 내용을 정리함.

42 김헌수(2014) 연구 결과를 업데이트하여 통합한 것임.

43 이원돈 외(2015) 제2장

44 보험학에서 hazard는 위태로 번역되어 이하 위태로 사용한다. 한편 위태는 손해의 직접적인 원인(immediate cause of loss, cause of loss)인 손인(peril)이나 위험(리스크)과 다름.

45 보험사기가 사고 후 보험금을 편취하려는 행위로 정의되기 때문에 사전적인 행위인 역선택은 제외한다. 물론 역선택으로 보험료를 적게 내기 위해서 보험자를 기만하는 행위도 '보험료 사기'에 해당한다고 볼 수 있다.

46 보험기간이 장기인 생명보험에서 동일 조건이면 해약은 건강체에서 주로 발생하므로 보험풀(pool)에는 비건강체만 점점 남게 되어, 계약 초기보다 평균 위험 수준이 증가할 수 있는데, 이것도 일종의 역선택이다. 해약에 대해서 일종의 패널티인 비용을 부과하는 것은 이런 역선택에 대한 보험자의 대응이기도 하다.

47 무과실보험(No-fault)이란 자동차사고가 발생했을 때 누구의 과실인지 따지지 않고 자사 보험사에서 보상하는 방식으로 이 경우 과실이 누구때문인지 가리지 않기 때문에 도덕적 해이 때문에 보험사기가 발생할 개연성이 높음.

48 사회학, 심리학, 범죄학을 중심으로 하여 경제·경영학과 법학은 포함하지 않음.

49 김태호(2015) 내용을 정리함.

50 변혜원·손지영(2020)

51 한국신용정보원은 보험회사 및 공제기관 등 43개 회사의 보험계약 및 보험금 지급정보를 집적하여 동 회사들에게 제공하고 있음.

52 김헌수·김은경(2015) 연구 결과를 기초로 업데이트하여 정리함.

53 Sigma는 매년 국가별 보험 통계를 집적하는데 생명보험은 순보험료 기준이며, 손해보험은 총보험료+재보험료 기준임. 건강보험은 유럽 방식으로 손해보험과 같이 통계를 집적하여 손해보험 규모가 큰 것처럼 나타남.
https://www.swissre.com/dam/jcr:05ba8605-48d3-40b6-bb79-b891cbd11c36/sigma4_2020_en.pdf

54 미국의 산업재해보험(Worker's Compensation)은 의무화하도록 되어 있지만 운영 방식은 주별로 다르다. 대부분 주는 민영보험회사와 공영기금(state-run fund)이 경쟁하는 형태이고 공영기금만으로 worker's compensation을 운영하는 주는 4개주(North Dakota, Ohio, Washington, and Wyoming)이다.

55 http://www.insurancefraud.org/80-billion.htm

56 https://www.fbi.gov/stats-services/publications/insurance-fraud.

57 https://news.gallup.com/poll/1603/crime.aspx

58 로슬링(2019) FACTFULNESS에서는 사람들은 부정본능(The Negativity Instinct)을 가지고 있어서 세상이 실제보다 나빠지고 있다는 오해를 한다고 지적했다.

59 관련 연구는 김헌수(2005) 내용을 참고할 것

60 Josephson Institute of Ethics(2009)

61 https://www.congress.gov/bill/103rd-congress/house-bill/665

62 David(2002)

63 http://www.naic.org/store/free/MDL-680.pdf

64 노명선(2014)

65 NAIC 자료와 CAIF 자료에 기초함(https://insurancefraud.org/fraud-stats/#category)

66 Coalition Against Insurance Fraud, Study of State Insurance Fraud Agencies, 2011

67 뉴욕의 역외적용성(extraterritoriality) 때문에 일부 대형사는 뉴욕 주에서 보험업 면허를 받지 않기도 함.

68 뉴욕 보험사기국(http://www.dfs.ny.gov/insurance/frauds/fd1abouc.htm)

69 1991년 IFB가 설립된 이후 총 83,935건이 신고됨.

70 뉴저지 주의 보험범죄 관련 대표적인 법률은 'Fraud Prevention Act'임.

71 http://www.nj.gov/oag/insurancefraud/about.html

72 OIFP 2013년 연차보고서 자료를 근거로 사용함.

73 http://www.insurancefraud.org/statistics.htm#.Ve9taxGqpBc

74 http://www.economist.com/news/united-states/21603078-why-thieves-love-americas-health-care-system-272-billion-swindle

75 민영건강보험을 포함하면 미국의 건강보험 규모는 12.7 trillion(미국 GDP 17%)임.

76 http://www.justice.gov/usao-ct/pr/attorney-sentenced-51-months-federal-prison-role-extensive-insurance-fraud-conspiracy
   및 http://www.insurancefraud.org/IFNS-detail.htm?key=17922#.Vg9FkPntlBc

77 코네티컷 주에서는 자동차사고를 당한 사람을 모집하는 것은 불법임.

78 로이즈는 에드워드 로이드(Edward Lloyd, 1648~1713)란 1688년 런던의 템스 강변의 오픈한 커피 하우스(Lloyd's Coffeehouse)가 기원임. 이 커피하우스는 식민지 해상무역에 종사하는 해운업자, 무역상 및 금융업자들에게 신속하고 귀중한 선박의 입출항과 조난사고 등 해운 소식 및 식민지 무역 동향 등을 접하는 정보의 집산지였고 항해의 위험 전가 및 안전을 담보할 수 있는 해운보험계약을 맺는 보험거래소였음. 로이즈는 법인 및 주식회사로서의 일반 보험사가 아니고 개인 및 단체 회원으로 구성된 개별적인 보험 인수인들의 단체이자 협회로서 법인격을 가진 조합이다. 각각의 신디케이트(syndicate, 보험인수단)가 조합을 구성하고, 로이즈 브로커가 물건의 담보(coverage)를 의뢰하는 것을 보험으로 공동인수하는 것이 로이드시장임. 그 후 1871년 사단법인으로서의 로이즈조합(로이즈보험 인수업자 조합)이라는 정식 명칭을 갖게 됨.

79 https://www.swissre.com/dam/jcr:05ba8605-48d3-40b6-bb79-b891cbd11c36/sigma4_2020_en.pdf

80 PI(persoanl injury)에 대한 제도 개혁이 2019년 4월이 도입되기 전에 PI 보험사기가 빈번했다는 것을 암시함.

81 https://www.abi.org.uk/news/news-articles/2020/09/detected-insurance-fraud/

82 http://www.legislation.gov.uk/ukpga/2006/35/pdfs/ukpga_20060035_en.pdf

83 http://www.cps.gov.uk/legal/d_to_g/fraud_act/#a04

84 https://www.sentencingcouncil.org.uk/wp-content/uploads/Fraud_bribery_and_mo ney_laundering_offences_-_Definitive_guideline.pdf

85 https://www.sentencingcouncil.org.uk/wp-content/uploads/Fraud_bribery_and_money _laundering_offences_-_Definitive_guideline.pdf

86 영국은 크게 잉글랜드, 웨일즈, 스코틀랜드, 북아일랜드 4개의 지방으로 구성되어 있음.

87 http://www.theukcardsassociation.org.uk/what_we_do/dcpcu.asp

88 https://www.gov.uk/government/publications/insurance-fraud-taskforce-report

89 영국의 IFB는 민영조직이지만 같은 이름의 미국의 IFB는 주 정부의 보험사기국을 의미함.

90 무사고할인(No Claim Discount) 데이터베이스는 보험회사가 자동차보험 소비자에게 자동 차보험에 대한 보험료를 부과할 때 보험금청구 건이 없으면 할인을 해주는데, 무사고할인 데이터베이스가 없을 때에는 수작업으로 각 소비자의 과거 기록을 찾아서 확인해야 했음.

91 https://www.gov.uk/complain-about-claims-company

92 http://www.theguardian.com/money/2014/mar/05/claims-firms-ppi-mis-selling -payment-protection-insurance

93 https://www.cityoflondon.police.uk/advice-and-support/fraud-and-economic-cri me/ifed/ifed-news/Pages/No-win-no-fee.aspx

94 https://www.swissre.com/dam/jcr:05ba8605-48d3-40b6-bb79-b891cbd11c36/sigma4 _2020_en.pdf
Sigma는 국가의 보험 통계를 집적하는데 생명보험은 순보험료 기준이며, 손해보험은 총 보험료+재보험료 기준임. 건강보험은 유럽 방식으로 손해보험과 같이 통계를 집적하여 손 해보험 규모는 크게 나타남.

95 AXCO(2020c)와 AXCO(2020d) 자료

96 http://www.gdv.de/versicherungsbetrug/rechtliche-konsequenzen/

97 Yearly report for SCHUFA Holding AG 2010

98 추가 논의는 김헌수(2019a) 참고 바람.

99 파라메트릭보험는 정해진 변수(parameters)와 모형에 의해서 보험금을 정함. 현재 손실규 모를 측정하기 어려운 홍수나 재해 손실에 대비한 보험이나 농작물보험에 적용되고 있다. 손실을 측정할 필요가 없고 강수량, 온도 등 사전에 약속한 변수에 의해서 보험금이 자동 적으로 정해짐. 미리 정해진 보험금을 지급하는 사망보험도 정액보상 기준이라 원리는 유 사하다. 비행기연착보험(flight delay insurance)도 좋은 예임. 비행기가 정해진 시간 이 상 연착되었다는 정보가 전달되면 보험금이 자동적으로 지급됨. 추가 논의는 김헌수 (2019b) 참고 바람.

100 이하 부분은 보험연구원(2020), CEO Report 2020-08 보험산업 진단과 과제(IV)-보험 분쟁과 법제을 주로 참고함.

101 이하 자료는 금융감독원과 건강보험심사평가원과 발주하여 보험연구원·서울대학교(2019) '공사보험 재정 누수 규모 산출 및 제도 개선방안연구'를 기초로 함.

102 보험사기방지특별법(2016) 제2조는 보험사기행위를 보험사고의 발생, 원인 또는 내용에 관하여 보험자를 기망하여 보험금을 청구하는 행위라고 정의하여 보험금 사기만을 포함하고 있음.

103 추정의 기초자료인 보험사기 적발 건에는 수사건(경찰이 수사한 후 검찰에 송치한 건)과 비수사건(보험회사가 보험사기를 인지했으나 경찰에 수사를 의뢰하지 않은 건)이 모두 포함됨.

104 연구에서 추정한 총 민영보험 보험사기는 5조 8천억 원(보험금 사기 3조 7,400억 원, 보험료 사기 2조 600억 원)

105 허위과다입원에 대한 내용은 조효민(2017) 보험사기 판례정리집의 내용을 중심으로 재정리함.

106 이하는 조효민(2017) 일부를 발췌하여 정리함.

107 2021년 9월 18일 국회의원 아들인 J 씨가 무면허운전을 하다가 음주측정을 거부하고 음주 측정을 요구한 경찰관을 폭행한 혐의로 입건된 사건도 음주운전으로 발각되는 것이 두려워서 발생한 사건임. 현행 도로교통법 제148조2의 제2항은 경찰의 음주측정에 불응할 경우 1년 이상 5년 이하의 징역이나 500만 원 이상 2000만 원 이하의 벌금에 처하게 돼 있다. 제3항은 혈중알콜농도 0.2% 이상이면 2년 이상 5년 이하의 징역이나 1,000만 원 이상 2,000만 원 이하 벌금에 처하게 돼 있음. 즉 현행 도로교통법은 음주운전을 하면 음주측정을 거부하는 것이 더 유리하도록 만들어져 있음. 2020년 한 해 동안 음주측정거부 건수는 4,400건이 발생하였다고 함.

108 보험사기조사와 자본시장조사의 세부적인 비교는 〈부록 4〉를 참고 바람.

109 3장 사회보험 보험사기와 7장 연성사기와 도덕적 해이에서 이 내용을 설명함.

110 Ericson, Barry 및 Doyle(2000)의 연구를 보면 사람들은 보험사기에 대한 사회적 규범에 영향을 받아 보험사기에 참여하는 경향이 크고 Mazar, Amir 및 Ariely(2007) 연구를 보면 거짓말(사기)을 용인하지 않는 내적 통제기제(예: 태도 및 도덕성)를 가진 사람은 사기의 적발확률이나 적발 시 제재 수준과 관계없이 사기 행위에 참여하지 않는다고 보고함.

참고문헌

한국어 자료

보험연구원(2020) CEO Report 2020-07 보험산업 진단과 과제(IV) 보험분쟁과 법제.

금융감독원 보험조사국, 고액 사망보험금을 노린 보험사기 특성 분석 결과, 보도자료, 2015.12.17.

김남현·박현호, "보험범죄 수사체계에 관한 연구", 손해보험협회, 2007년 7월.

김대현, "보험시장의 역선택·도덕적 해이 관리방안에 관한 연구", 연세대학교 사회복지학 석사학위 논문, 2002.

김광용 "보험사기의 조기적발을 위한 전문가시스템의 개발", 보험개발연구 18호, 1996.

김용덕·안철경 "보험사기조사의 효과성에 관한 실증연구 - 미국의 주 보험사기국을 중심으로" 보험학회지 61집, 2002.

김은경, 보험계약법상 보험사기에 대한 고찰 -보험사기의 유형화를 중심으로-, 안암법학 제43권 2014.

김은경, 보험계약자 입장에서 바라본 보험사기의 법적 관점, 경영법률, 제22권 제4호 (2012).

김태호, 외산차 보험사기 적발을 위한 보형개발 및 활용방안, 손해보험 2015년 7월호.

김태호, 물차 특성을 반영한 플랫폼기반 외산이륜차 보험사기 적발모형 개발과 활용방안, 손해보험 2021년 1월호.

김헌수, "엄격한 보험사기 대응은 반소비자보호인가"헤럴드경제 컬럼, 2019a.7.19.

김헌수, "꿈의 보험이여 어서오라" 헤럴드경제 컬럼, 2019b.1.11.

김헌수, "보험사기에 대한 연구성과와 연구 전망", 보험학 연구의 미래, 이원돈, 김헌수, 성주호, 김범 공저, 2015년 6월, 성문기획.

김헌수, "보험사기: 연구성과, 현황 및 쟁점", 2014년 보험관련연합학술대회 정책세미나, 2014년 8월 20일.

김헌수 "보험가입자의 연성 보험사기 행위에 대한 실험분석적 검토", 보험개발연구 45호, 2005.

김헌수 "비통계적 링크분석을 활용한 보험사기의 효과적 적발방법 연구", 보험개발연구 39호, 2003.

김헌수 "보험전문가의 지식을 이용한 보험사기의 조기경보 모형의 개발에 관한 연구", 리스크관리연구 13권 1호, 2000.

김헌수, 김은경 "보험범죄 예방을 위한 제도개선 방안 연구—외국 사례 연구", 대검찰청 2015년 대검찰청 연구용역 과제.

김정동, 박정수 "자동차보험 사기 적발 모형에 관한 연구", 리스크관리연구 17권1호, 2006.

김창호, "자동차보험 한방진료의 현황과 개선과제", 국회입법조사처, 2020.7.10.

국회예산정책처, "2019~2028 8대사회보험 재정전망", 2019.

   (https://www.nabo.go.kr/JSPserviet/download)

노명선, "보험사기 근절을 위한 형법 개정 방안", 2014.3. 공청회 자료집.

대검찰청, 2020 범죄분석, 대검찰청.

   (https://www.spo.go.kr/site/spo/crimeAnalysis.do)

생명보험협회, "2015 생명보험 성향조사", 생명보험협회.

송기철 "보험과 범죄", 보험학회지 22권, 1983.

신동호 "도난차량 사고 감소책과 보험사기에 대한 연구" 보험학회지 52집, 1998.

보험연구원·서울대학교(2019) '공사보험 재정 누수 규모 산출 및 제도개선방안연구' 용역연구보고서.

보험미래포럼 "건강보험의 진화와 미래" 21세기북스.

변혜원·손지영, "데이터분석을 이용한 보험사기 방지", KIRI리포트 보험연구원., 2020. 11.23.

브라운, 생명보험사, 생명보험사회공헌위원회, 2010(원저 1925, Heinrich Braun).

성영애·김민정, 사회적 신뢰와 보험, 보험연구원 연구보고서 2020-10, 2020.

송윤아, 사기성클레임에 대한 최적조사방안, 보험연구원 경영보고서, 2011.

송윤아, 보험사기 용인도 분석에 의한 보험사기 방지방안, KIRI Weekly 2010.4.12.

안철경 "모럴해저드의 경제학적 이해 및 효과적 대응수단 연구: 법제적 측면의 인프라 구축방안을 중심으로" 보험개발연구 29호, 2000.

이송우 · 김동훈, "민영건강보험의 도덕적해이와 본인부담금의 도입 효과 분석", 리스크 관리연구 23권 2호 37~74, 2012.

이경주 "보험사기의 구조에 관한 이론적 연구"보험학회지 63집, 2002.

이윤호 "보험사기에 대한 수사권 문제와 최적제재에 관한 연구" 보험학회지 61집, 2002a.

이윤호 "보험사기에 대한 제재시스템에 관한 연구 -손실회피모형의 관점에서", 리스크 관리연구 13권1호, 2002b.

이윤호 "보험사기에 대한 모니터링 효과의 국제비교", 리스크관리연구 13권1호, 2000.

조해균, "보험범죄의 발생원인과 그 대처방안에 관한 연구", 보험학회지, 제35집, 한국 보험학회, 1990.

조해균, "생명보험 Moral Risk 관리방안", 보험개발연구, 22호, 1997.

조해균 · 양왕승, "범 국가적 차원의 보험사기 대처방안에 관한 연구", 보험개발연구, 33 호, 2001.

지홍민 "보험사기와 최적보험계약", 리스크관리연구, 12권 2호, 2001.

금융감독원, 각종 보도자료.

한국형사정책연구원, '우리나라 보험사기 방지 선진화 방향 연구', 연구총서 06-001, 2006.

한스 로슬링, FACTFULNESS, 2019, 김영사.

황진태 · 서대교, "민영의료보험에 따른 의료이용 차이와 도덕적 해이에 기초한 보장범 위 선택 문제", 보험학회지 113권 59~89, 2018.

외국어 자료

Abrahamsen, David, Crime and the Human Mind, Columbia University Press, 1944.

Artis, M., Ayuso, M., and Guillen, M., Detection of Automobile Insurance Fraud With Discrete Choice Models and Misclassified Claims, Journal of Risk and Insurance 69.3 (2002): 325−340.

AXCO, Life and Benefits Insurance Market Reports(United Kingdom), 2020a.

AXCO, Non−Life Insurance Market Reports(United Kingdom), 2020b.

AXCO, Life and Benefits Insurance Market Reports(Germany), 2020c.

AXCO, Non−Life Insurance Market Reports(Germany), 2020d.

Baker, T., "Constructing the Insurance Relationship; Sales Stories, Claims Stories, and Insurance Contract Damages", Texan Law Review 72 (1994): 1395−1443.

Becker, Gary S. "Crime and Punishment: An Economic Approach. " Journal of Political Economy 77, 1969: 161−217.

Belhadji, E. B., Dionne, "Development of an Expert System for the Automobile Detection of Automobile Insurance Fraud", Working Paper 9(1997).

Brinkmann, J., "Understanding Insurance Customer Dishonesty: Outline of a Situational Approach", Journal of Business Ethics, 61(2005) 183−197.

Briakmann, J. and Lentz, P., "Understanding Insurance Customer Dishonesty: Outline of a Moral−Sociological Approach", Journal of Business Ethics, 66(2006): 177−195.

Brockett, P. L., Xia, S., and Derrig, R. A., "Using Kohohen's Self−Organizing Map to Uncover Automobile Bodily Injury Claims Fraud", Journal of Risk and Insurance, 65.2(1998): 245~274.

Cummins, J. D., and Derrig, R. A., "Fuzzy Trend in Property-Liability Insurance Claims Costs", Journal of Risk and Insurance, 60(1993): 429~465.

Coalition Against Insurance Fraud, Study of State Insurane Fraud Agencies, 2011.

Bruck/Möller, VVG De Gruyter, 2010.

Darby, Michael, and Edi Karni. "Free Competition and the Optimal Amount of Fraud." Journal of Law and Economics 16:1 (1973): 67-88.

Derrig, R. A. and Ostaszewski, K. M. "Fuzzy Techniques of Pattern Recognition in Risk and Claim Classification", Journal of Risk and Insurance 62(1995): 447-482.

Derrig, R. A. and Zicko, Valerie, "Prosecuting Insurance Fraud-A Case Study of the Massachusetts Experience in the 1990, Risk Management and Insurance Review 5(2002) 2: 77-104.

DeWit, G. W., "Understanding and Uncertainty", Insurance Mathematics and Economics, 1(1982): 277-285.

Dionne, G., Fiuliano, F., and Picard, P., "Optimal Auditing with Scoring: Theory and Application to Insurance Fraud". Management Science 55.1 (2009) : 58-70.

Duffield, G. and Grabosky, P. "The Psychology of Fraud", Trens & Issues in Crime and Criminal Justice, Australian Institute of Criminology, March 2001:1-6.

Ericson, Richard, Dean Barry, and Aaron Doyle. "The Moral Hazards of Neoliberalism: Lessions from the Private Insurance Industry."Economy and Society 29: 4, 2000: 532-558.

Ernst & Young, "Fraud in Insurance on Rise", Survey 2010.10.

Hoyt, R., Mustard, D. and Powell, L., "The Effectiveness of State Legislation in Mitigating Moral Hazard: Evidence from Automobile

Insurance", Journal of Law and Economics 49 (2006 October): 427-450.

Kim, H. and Kwon, J. W., "A Multi-Line Insurance Fraud Recongnition System: A Government-Led Approach in Korea", Risk Management and Insurance Review 9(2) 2006: 131-147.

Goel, R.K. "Insurance Fraud and Corruption in the United States", Applied Financial Economics 24.4(2014): 241-246.

Guth, Werner, Schmittberger, R. and Schwarz, B., "An Experimental Analysis of Ultimatum Bargaining", Journal of Economic Behavior and Organization, December 1982, 3, 367-388

Hyman, David, A., "HIPAA and Health Care Fraud: An Empirical Perspective", Cato Journal, Vol. 22, No. 1, 2002.
(https://www.law.illinois.edu/faculty/misc/hyman_pdfs/Hymancj22n1-10.pdf)

Lesch, W. C. and Brinkmann, J., Consumer Insurance Fraud/Abuse as Co-creation and Co-responsibility: A New Paradigm, Journal of Business Ethics 103(2011) 17-32.

Josephson Institute of Ethics, "A Study of Value and Behavior Concerning Integrity: The Impact of Age, Cynicism and High School Character, 2009.
(http://josephsoninstitute.org/surveys/)

Lemaire, M., "Fuzzy Insurance", ASTIN BULLETIN, 20(1990): 33-35.

Mazar, Nina, and Dan Ariely. "Dishonesty in Everyday life and Its Pohcy Implications." Journal of Public Policy and Marketing 25:1 (2006); 117-126.

Mookherjee, D. and Ping, I., 1989, "Optimal Auditing, Insurance and Redistribution", Quarterly Journal of Economics 63.

Picard, P., 1996 "Auditing Claims in Insurance Market with Fraud: The Credibility Issue", Journal of Public Economcis 63, 1996.

Mookherjee, D. and Ping, I., 1989, "Optimal Auditing, Insurance and

Redistribution", Quarterly Journal of Economics 63.

Picard, P., 1996 "Auditing Claims in Insurance Market with Fraud: The Credibility Issue", Journal of Public Economcis 63, 1996.

Sentencing Council, 'Fraud, Bribery and Money Laundering Offences, Definitive Guideline' 2014.

(https://www.sentencingcouncil.org.uk.uploads)

Tennyson, S., "Moral, Social, and Economic Dimensions of Insurance Claims Fraud", Social Research 75.4(2008 Winter): 1181–1204.

Viaene, S., Ayuso, M., Guillen, M., and Gheel, D. V. "Strategies for detecting fraudulent claims in the automobile insurance industry", European Journal of Operational Research 176.1 (2007): 565–583.

Viaene, S. and Dedene, G. "Insurance Fraud: Issues and Challenges", The Geneva Papers on Risk and Insurance 29.2(April 2004): 313–333.

Weisberg, H. I. and Derrig, R. A., "Fraud and Automobile Insurance: A Report on the Baseline Study of Bodily Injury Claims in Massachusetts", journal of Insurance Regulation, 9(1991): 427~541.

Weisberg, H. I. and Derrig, R. A., "Massachusetts Automobile Bodily Injury Tort Reform", Journal of Insurance.

인터넷 국내 자료

https://news.mt.co.kr/mtview.php?no=2019010319051469054

http://www.daenews.co.kr/news/view.php?no=15361, 동아경제 2021년 8월 17일

https://www.medigatenews.com/news/2211677510, 메디게이트뉴스 2020년 10월 13일

　https://www.yna.co.kr/view/AKR20190831022000004, 연합뉴스 2019년 9월 1일

https://www.yna.co.kr) 연합뉴스 2021년 11월 17일

http://legacy.h21.hani.co.kr/h21/data/L990308/1paq3807.html

http://www.hani.co.kr/arti/economy/consumer/90951.html#csidx1d6ed9ed6532
　　　6ca805a75af3415325c

http://www.mdtoday.co.kr/mdtoday/index.html?no=255275

https://insucop.fss.or.kr/fss/insucop/define01.jsp

https://www.fss.or.kr/fss/kr/promo/bodobbs_view.jsp?seqno=24238&no=16220
　　　&s_title=&s_kind=&page=1

http://www.bosa.co.kr/news/articleView.html?idxno=2126156, 의학신문 2020.5.24

http://news.heraldcorp.com/view.php?ud=200906020238&md=20100331175726_AT

인터넷 외국 자료

https://www.cityoflondon.police.uk/advice-and-support/fraud-and-economic
　　　-crime/ifed/ifed-news/Pages/No-win-no-fee.aspx

https://www.cityoflondon.police.uk/advice-and-support/fraud-and-economic
　　　-crime/oacu/Pages/default.aspx

https://www.cityoflondon.police.uk/advice-and-support/fraud-and-economic
　　　-crime/ifed/ifed-news/Pages/No-win-no-fee.aspx

https://www.congress.gov/bill/103rd-congress/house-bill/665

http://www.cps.gov.uk/legal/d_to_g/fraud_act/

http://www.dfs.ny.gov/insurance/frauds/fd1abouc.htm

https://www.dfs.ny.gov/reports_and_publications/dfs_annual_reports

http://www.economist.com/news/united-states/21603078-why-thieves-love-
    americas-health-care-system-272-billion-swindle

https://www.fbi.gov/stats-services/publications/insurance-fraud

http://www.financial-ombudsman.org.uk/about/Joint-FCA-note.pdf

www.gov.uk/government/publications

https://www.gov.uk/government/organisations/department-for-international
    -development/about

https://www.gov.uk/complain-about-claims-company

http://www.ifb.org/ContentPages/DocumentView.aspx?DocId=1347

https://www.ifb.org/ContentPages/DocumentView.aspx?DocId=4565

http://www.insuranceage.co.uk/insurance-age/news/2037949/dealt-prison-se
    ntence-personal-injury-fraudhttp://www.insurancedatabases.co.uk/

www.insurancefraud.org

http://www.insurancefraud.org/80-billion.htm

https://insurancefraud.org/fraud-stats/#category

http://www.insurancefraud.org/statistics.htm#.Ve9taxGqpBc

http://www.insurancefraud.org/IFNS-detail.htm?key=17922#.Vg9FkPntlBc

http://www.iii.org/issue-update/insurance-fraud

http://josephsoninstitute.org/surveys/

http://www.justice.gov/usao-ct/pr/attorney-sentenced-51-months-federal-p
    rison-role-extensive-insurance-fraud-conspiracy

https://kennedyslaw.com/thought-leadership/blogs/a-short-history-of-insur
    ance-fraud/

https://www.law.illinois.edu/faculty/misc/hyman_pdfs/Hymancj22n1-10.pdf

http://www.legislation.gov.uk/ukpga/2006/35/pdfs/ukpga_20060035_en.pdf

http://www.naic.org

http://www.naic.org/store/free/MDL-680.pdf

http://www.naic.org/store/free/FRD-OP.pdf

https://news.gallup.com/poll/1603/crime.aspx

https://www.nicb.org/

http://www.nj.gov/oag/insurancefraud/about.html

http://www.nj.gov/oag/insurancefraud/report/oifp-ar-2013-complete.pdf

http://www.nj.gov/oag/insurancefraud/

http://www.postonline.co.uk/digital_assets/6184/APPG_-_Introducing_IFED.pdf

https://roamsys-next.com/2020/10/22/insights-18-historical-fraud-incidents/

https://www.sentencingcouncil.org.uk/wp-content/uploads/Fraud_bribery_and
_money_laundering_offences_-_Definitive_guideline.pdf,

https://www.sentencingcouncil.org.uk/wp-content/uploads/Fraud_bribery_and
_money_laundering_offences_-_Definitive_guideline.pdf

https://www.sentencingcouncil.org.uk/wp-content/uploads/Fraud_bribery_and
_money_laundering_offences_-_Definitive_guideline.pdf

https://www.swissre.com/dam/jcr:05ba8605-48d3-40b6-bb79-b891cbd11c36/s
igma4_2020_en.pdf

https://www.swissre.com/dam/jcr:05ba8605-48d3-40b6-bb79-b891cbd11c36/s
igma4_2020_en.pdf

http://www.theukcardsassociation.org.uk/what_we_do/dcpcu.asp

http://www.theguardian.com/money/2014/mar/05/claims-firms-ppi-mis-selli
ng-payment-protection-insurance

[부록 1] 자동차보험에 대한 보험사기 분류

구분		설명
대분류	소분류	
고의	자해	자해와 관련된 부당 보험금 청구
	살인, 상해	살인, 상해와 관련된 부당 보험금 청구
	고의충돌	법규위반, 여성운전자, 음주운전자 등 제3차량을 대상으로 한 고의추돌 및 지인들 간 가피공모사고 유발
	차량손괴	차량의 유기 및 방화, 재물 손괴
	보유불명사고	가해자 불명사고로 보험금 청구
허위 (보험 사고 가공)	피해자(물) 끼워 넣기	사고가 발생하지 않는 피해자(물)를 부풀려 보험금 과다 청구
	사고내용조작	발생하지 않은 사고나 사고 내용을 허위 조작 (일반 상해를 자동차 사고로 조작 등)
	음주, 무면허 운전	운전이 허락되지 않는 운전자(음주,무면허 등)의 운행으로 인한 사고 조작
	사고발생후 보험가입	자동차 사고일자 조작 등
	운전자 바꿔치기	자동차사고 후 운전자 바꿔치기
	사고차량 바꿔치기	자동차사고 후 사고차량 바꿔치기
	차량도난 (내수·수출)	허위차량도난신고 또는 차량도난 후 국내외 유통
피해과장	자동차사고 피해과장	피보험자 등에 인한 피해과장
	병원의 과장청구	병원관계자들의 치료비 등 허위, 과다청구 및 의료법위반 행위를 통한 부당보험금 수령 등
	정비공장의 과장청구	정비공장 관계자들의 수리비허위, 과다, 편승청구 등
기타	기타	위 사고 유형에 들어 있지 않은 경우

자료: 금융감독원

[부록 2] 자동차보험을 제외한 보험(생보, 손보)에 대한 보험사기 분류

구분		내용
대분류	소분류	
고의	자살, 자해	자해와 관련된 부당 보험금 청구
	살인, 상해	살인, 상해와 관련된 부당 보험금 청구
	자기재산손괴	자기재물 고의파손 등
	방화	보험금을 목적으로 한 방화
허위·과다	허위(과다)입원	서류상입원으로 실제로 입원하지 않거나, 경미한 질병·재해로 인한 피해를 의도적으로 부풀려 보험금 청구
	허위(과다)진단	발병사실이 없음에도 진단을 허위 또는 의도적으로 과장하여 받아내는 경우
	허위(과다)장해	장해가 없음에도 장해가 발생한 것으로 위장거나, 의도적으로 장해정도를 부풀려 보험금 청구
	허위사망·실종	실제 사망 또는 실종되지 않음
	허위수술	수술하지 않았음에도 수술한것처럼 청구
	사고내용조작	질병을 상해사고로 조작, 배상책임보험 등 사고가 발생한 피해물을 부풀리거나 허위로 사고를 조작하여 보험금 청구 등
	고지의무 위반	상법 제651조 준용하여 고지의무 위반으로 '부지급(면책) 해지' 처리한 건만 실적 인정하는 것을 원칙으로 하되, 기망의도를 명확히 확인할 수 있는 경우에만 인정
기타	기타	위 사고 유형에 들어 있지 않은 경우

자료: 금융감독원

[부록 3] 미국 각 주의 보험범죄 정보교환 면책 규정

주 (State)	보험사간 정보교환 면책 규정 존재	다음 기관에 정보 보고하는 경우 면책된다는 규정 존재		
		수사기관	보험사기국	NAIC
Alaska		•	•	•
Arizona		•	•	•
Arkansas	•		•	•
California		•	•	
Colorado	•	•		
Connecticut		•		
Delaware	•	•	•	•
D.C.	•	•	•	
Florida	•	•	•	•
Georgia	•	•	•	•
Hawaii	•	•	•	•
Idaho	•	•	•	•
Illinois		•		
Indiana	•	•		•
Iowa	•	•	•	•
Kansas	•	•	•	•
Kentucky			•	•
Louisiana			•	•
Maine		•		
Maryland		•	•	
Massachusetts	•	•	•	
Michigan		•		•
Minnesota		•	•	
Missouri	•	•	•	
Montana	•	•	•	•
Nebraska	•	•	•	•
Nevada		•	•	
New Hampshire	•	•	•	•
New Jersey			•	
New Mexico	•	•	•	•

New York	•	•	•	•
North Carolina	•	•	•	
North Dakota		•		•
Ohio	•	•	•	•
Oklahoma		•	•	
Oregon		•		
Pennsylvania	•	•	•	
Rhode Island	•	•		
South Carolina	•	•	•	•
South Dakota	•	•	•	•
Tennessee (wc)	•	•	•	•
Texas	•	•	•	•
Utah		•	•	
Vermont		•		
Virginia	•	•	•	•
Washington				
West Virginia				
Wisconsin	•	•	•	•

자료: CAIF(www.insurancefraud.org)

[부록 4] 보험사기조사와 자본시장조사 비교

구분		보험사기조사		자본시장조사(불공정거래조사)
조사 의의 · 성격	의의	선량한 다수 보험가입자의 보호, 보험제도의 순기능 확보, 보험경영의 건전성 유지, 범죄예방 및 사회정의 구현	의의	증권시장의 공정성을 저해하는 불공정행위를 단속하기 위하여 위법행위자와 위법사실을 적출하여 형사상·행정상 조치를 취하는 일련의 절차
	성격	강제력이 담보되지 않는 임의조사권(금융감독원 직원)	성격	청문적 성격의 임의조사권(금융감독원 직원)과 압수수색 등 강제력을 가진 강제조사권(금융위 소속공무원)이 혼합된 특수한 행정조사권
조사대상 행위	연성 사기	보험계약자/보험금 청구권자가 합법적인 청구를 과장 또는 확대 신규계약 체결시 거짓정보를 제공함으로써 낮은 보험료를 내는 행위	규제 대상	시세조종행위(자본시장법 제176조) 부정거래(자본시장법 제178조) 시장질서 교란행위(자본시장법 제178조의2) 미공개정보 이용행위(자본시장법 제174조) 공매도금지(자본시장법 제180조) 주식 대량보유등의 보고의무(자본시장법 제147조, 제173조의2) 임원등의 소유주식 보고의무(자본시장법 제173조) 단기매매차익 취득(자본시장법 제172조)
	경성 사기	재해, 상해, 도난, 방화, 기타의 손실을 의도적으로 각색 조작하는 행위		
법적 근거	보험 업법 제133조	① 금융위원회는 공익 또는 보험계약자 등의 보호를 위하여 보험회사에게 이 법이 정하는 감독업무의 수행과 관련한 주주의 현황 그 밖에 사업에관한 보고 또는 자료제출을 명할 수 있다. ③ 금융감독원장은 제2항의 규정에 의한 검사를 함에 있어서 필요하다고 인정하는 경우에는 보험회사에대하여 업무 또는 자산에 관한 보고, 자료의 제출, 관계인의 출석 및 의견의 진술을 요구할 수 있다.	자본 시장법 제426조	금융위원회(제172조부터 제174조까지, 제176조, 제178조,제178조의2 및 제180조를 위반한 사항인 경우에는 증권선물위원회를 말한다. 이하 이 조에서 같다)는 이 법 또는 이 법에 따른 명령이나 처분을 위반한 사항이 있거나 투자자 보호 또는 건전한 거래질서를 위하여 필요하다고 인정되는 경우에는 위반행위의 혐의가 있는 자, 그 밖의 관계자에게 참고가 될 보고 또는 자료의 제출을 명하거나 금융감독원장에게 장부·서류, 그 밖의 물건을 조사하게 할 수 있다.
	보험 업법	금융위원회는 이 법 및 이 법에 의한 명령 또는 조치에 위반된 사		

	제162조	실이 있거나 공익 또는 건전한 보험거래질서의 확립을 위하여 필요하다고 인정하는 경우에는 보험회사, 보험계약자, 피보험자, 보험금을 취득할 자 그 밖에 보험계약에 관하여 이해관계가 있는 자 (이하 이 장에서 "관계자"라 한다) 에 대한 조사를 할 수 있다.		
	금융위 설치법 제67조	금융감독원장은 직무수행상 필요하다고 인정하는 경우에는 행정기관 기타 관계기관에 대하여 협조를 요청할 수 있다.	자본 시장법 제438조	② 금융위원회는 이 법에 따른 권한의 일부를 대통령령으로 정하는 바에 따라 증권선물위원회에 위임할 수 있다. ③ 금융위원회는 이 법에 따른 권한의 일부를 대통령령으로 정하는 바에 따라 거래소 또는 협회에 위탁할 수 있다. ④ 금융위원회 또는 증권선물위원회는 이 법에 따른 권한의 일부를 대통령령으로 정하는 바에 따라 금융감독원장에게 위탁할 수 있다.
금감원 조사권 범위	자료 제출 요구	보험업법 제133조, 제162조, 금융위 설치법 67조에 근거	출석 요구서	자본시장법 제426조에 따른 출석 요구
			진술서 제출 요구서	자본시장법 제426조에 따른 진술서 제출
			자료 제출 요구서	자본시장법 제426조에 따른 자료 제출
	현장 조사 및 잠복 등	조사권 행사를 강제하는 처벌규정 없음. 훈시규정적 성격	처벌 조항	출석요구, 진술서 제출요구, 자료제출요구 등에 응하지 않을 경우 (자본시장법 제445조, 징역 3년 또는 1억 원 이하의 벌금)
	진술서 및 문답 실시		물건의 영치	자본시장법 제426조에 의한 장부, 서류, 물건 등을 영치
			현장 조사	자본시장법 제426조에 의한 현장 조사
			금융 거래정보 요구	금융실명거래 및 비밀보장에 관한 법률 제4조 제1항

조사 Process	보험 사기 인지	보험회사 인지보고(FINES), 보험 범죄 신고센터 등	사건 수리	업무관련 혐의사항(시장감시팀 등), 거래소 이첩 사건, 기타 제보 사항	
	기초 조사	객관적 증거가 불충분하거나 혐 의자 등 관계자의 범위가 불명확 한 경우에는 본조사를 실시하기 에 앞서 기초조사를 실시	사건 배정	금감원 조직관리 세칙의 업무분 장을 기준으로 담당 부서장으로 배정	
	착수 보고서 및 본 조사	보험업법 제133조, 제162조의 규 정에 의한 자료제출요구 등 조사 실시	조사 실시	'조사실시품의서' 작성(금감원장 승인), 문답실시 등 조사권을 활용	
	조사결과 보고서 작성	조사자료를 집적하여 총체적인 결론 도출 '결과보고서' 작성	결과 보고	위법행위 발견시 '조사결과 및 처리안 작성' 후 심사	
	결과 처리	혐의입증가능건 내부결재(본부장) 후 고발/수사의뢰 처리	결과 처리	조사총괄팀→제재심의국→자본 시장조사심의위원회→증권선물 위원회	
처벌 내용	고발/ 수사 의뢰	조사결과 발견된 보험사기로서 형사벌칙의 대상이 되는 행위에 대해서는 관련자를 고발 또는 수 사기관에 통보	고발/ 수사 의뢰	위법행위로서 형사벌칙의 대상이 되는 행위는 자본시장법 426조, 178조의3의 규정에 따라 관계자 를 고발 또는 수사기관에 통보	
			과징금 부과	위법행위가 자본시장법 제430조 의 규정에 의한 과징금의 부과대 상에 해당 세부적인 과징금 부과 기준 설정	
			과태료 부과	위법행위가 자본시장법 제449조 의 규정에 의한 과태료 부과대상에 해당	
			시정 명령	자본시장법 제426조	
			경고 등	자본시장법 제426조, 시행령 376 조 - 감독원의 검사대상 기관 및 임직원에 대한 경고	

김헌수

조지아주립대학교 경영학 박사(보험 전공)
조지아주립대학교 RMI 석사
부산대학교 경영학 학사

아시아태평양보험학회(APRIA) 회장
한국보험학회 회장
한국리스크관리학회 회장
순천향대학교 글로벌경영대학 학장
금융위원회 금융행정혁신위 위원, 보험조사협의회 위원, 금융발전심의회 위원
금융감독원 금융감독자문위 보험분과위원장, 옴브즈만 위원, 제재심의회 위원
보험연구원 보험연구자문위원장
예금보험공사 자문위원
현) 순천향대학교 IT금융경영학과/금융보험학과 교수

보험사기 집중 탐구

초판발행	2022년 1월 30일
지은이	김헌수
펴낸이	안종만·안상준
편 집	정수정
기획/마케팅	오치웅
표지디자인	BEN STORY
제 작	고철민·조영환
펴낸곳	(주) **박영사**
	서울특별시 금천구 가산디지털2로 53, 210호(가산동, 한라시그마밸리)
	등록 1959. 3. 11. 제300-1959-1호(倫)
전 화	02)733-6771
f a x	02)736-4818
e-mail	pys@pybook.co.kr
homepage	www.pybook.co.kr
ISBN	979-11-303-1473-0 93320

copyright©김헌수, 2022, Printed in Korea

정 가   19,000원